当代世界农业丛书

德国农业

李 婷 主编

中国农业出版社
北 京

图书在版编目（CIP）数据

德国农业 / 李婷主编. —北京：中国农业出版社，
2021.12
（当代世界农业丛书）
ISBN 978-7-109-28988-8

Ⅰ.①德…　Ⅱ.①李…　Ⅲ.①农业经济发展－研究－
德国　Ⅳ.①F351.63

中国版本图书馆 CIP 数据核字（2021）第 270330 号

德国农业
DEGUO NONGYE

中国农业出版社出版
地址：北京市朝阳区麦子店街 18 号楼
邮编：100125
出版人：陈邦勋
策划统筹：胡乐鸣　苑　荣　赵　刚　徐　晖　张丽四　闫保荣
责任编辑：姚　佳　肖　杨
版式设计：王　晨　责任校对：沙凯霖
印刷：北京通州皇家印刷厂
版次：2021 年 12 月第 1 版
印次：2021 年 12 月北京第 1 次印刷
发行：新华书店北京发行所
开本：787mm×1092mm　1/16
印张：17.25
字数：300 千字
定价：98.00 元

当代世界农业丛书编委会

主　任：余欣荣

副主任：魏百刚　唐　珂　隋鹏飞　杜志雄　陈邦勋

编　委（按姓氏笔画排序）：

丁士军　刀青云　马学忠　马洪涛　王　晶

王凤忠　王文生　王勇辉　毛世平　尹昌斌

孔祥智　史俊宏　宁启文　朱满德　刘英杰

刘毅群　孙一恒　孙守钧　严东权　芦千文

苏　洋　李　岩　李　婷　李先德　李春顶

李柏军　杨东霞　杨敏丽　吴昌学　何秀荣

张　悦　张广胜　张永霞　张亚辉　张陆彪

苑　荣　周向阳　周应恒　周清波　封　岩

郝卫平　胡乐鸣　胡冰川　柯小华　聂凤英

高　芳　郭翔宇　曹　斌　崔宁波　蒋和平

韩一军　童玉娥　谢建民　潘伟光　魏　凤

德 国 农 业

当代世界农业丛书

本书编写组

主　　编：李　婷

副 主 编：周向阳

编写人员：宋彦峰　张成玉　丁琳琳　张崇尚　曹　佳

序

| *Preface* |

    2018 年 6 月，习近平总书记在中央外事工作会议上提出"当前中国处于近代以来最好的发展时期，世界处于百年未有之大变局"的重大战略论断，对包括农业在内的各领域以创新的精神、开放的视野，认识新阶段、坚持新理念、谋划新格局具有重要指导意义。农业是衣食之源、民生之基。中国农业现代化取得举世瞩目的巨大成就，不仅为中国经济社会发展奠定了坚实基础，而且为当代世界农业发展提供了新经验、注入了新动力。与此同时，中国农业现代化的巨大进步，与中国不断学习借鉴世界农业现代化的先进技术和成功经验，与不断融入世界农业现代化的进程是分不开的。今天，在世界处于百年未有之大变局、世界经济全球化进程深入发展、中国农业现代化进入新阶段的重要历史时刻，更加深入、系统、全面地研究和了解世界农业变化及发展规律，同时从当代世界农业发展的角度，诠释中国农业现代化的成就及其经验，是当前我国农业工作重要而紧迫的任务。为贯彻国务院领导同志的要求，2019 年 7 月农业农村部决定组织编著出版"当代世界农业丛书"，专门成立了由部领导牵头的丛书编辑委员会，从全国遴选了相关部门（单位）负责人、对世界农业研究有造诣的权威专家学者和中国驻外使馆工作人员，参与丛书的编著工作。丛书共设 25 卷，包含 1 本总论卷（《当代世界农业》）和 24 本国别卷，国别卷涵盖了除中国外的所有 G20 成员，还有五大洲的其他一些农业重要国家和地区，尤其是发展中国家和地区。

　　在编写过程中，大家感到，丛书的编写，是一次对国内关于世界农业研究力量的总动员，业界很受鼓舞。编委会以及所有参与者表示一定要尽心尽责，把它编纂成高质量权威读物，使之对于促进中国与世界农业国际交流与合作，推动世界农业科研教学等有重要参考价值。但同时，大家也切实感到，至今我国对世界农业的研究基础薄弱，对发达国家（地区）与发展中国家（地区）的农业研究很不平衡，有关研究国外农业的理论成果少，基础资料少，获取国外资料存在诸多不便。编委会、各卷作者、编审人员本着认真负责、深入研究、质量第一的原则，克服新冠肺炎疫情带来的诸多困难。编委会多次组织召开专家研讨会，拟订丛书编写大纲、制订详细写作指南。各卷作者、编审人员千方百计收集资料，不厌其烦研讨，字斟句酌修改，一丝不苟地推进丛书编著工作。在初稿完成后，丛书编委会还先后组织农业农村部有关领导和专家对书稿进行反复审核，对有些书稿的部分章节做了大幅修改；之后又特别请中国国际问题研究院院长徐步、中国农业大学世界农业问题研究专家樊胜根对丛书进行审改。中国农业出版社高度重视，从领导到职工认真负责、精益求精。历经两年三个月时间，在国务院领导和农业农村部领导的关心、指导下，在所有参与者的无私奉献、辛勤努力下，丛书终于付梓与读者见面。在此，一并表示衷心感谢和敬意！

　　即便如此，呈现在广大读者面前的成书，也肯定存在许多不足之处，恳请广大读者和行业专家提出宝贵意见，以便修订再版时完善。

唐欣荣

2021 年 10 月

前　言
| Foreword |

　　德国作为世界经济强国，不仅工业高度发达，同时也拥有高效率的农业，这与德国政府对农业多元化、全方位的政策支持是密不可分的。德国农业政策实行双轨制，即受欧盟农业政策与本国农业政策的双重约束。在欧盟农业政策整体框架下制定的德国农业政策，符合本国实际情况，具有一定的自身特色，总体上来看是比较成功的典型。如今，中国农业发展进入了一个新的历史发展阶段，面临着新特征、新情况和新问题。当前，如何去借鉴发达国家的农业发展新思路，及时转变中国农业发展战略已迫在眉睫，因此对德国农业与政策进行研究和借鉴具有重要的现实意义。

　　中德两国同属农业大国，农业产业各具特色和优势，互补性较强，且农产品贸易相对平衡。早在1981年，中德就成立了农业科技合作组；2006年，两国农业部签署《中德农业合作协议》，双方在种植业、畜牧业生产和疫病防治、渔业生产、农产品加工、农业生物技术、乡村发展等12个领域开展了500多个科技合作项目。2014年3月，习近平主席访德期间，两国农业部签署了框架协议，共同在华建立"中德农业中心"，旨在整合资源、共同打造中德农业合作的统一平台。在中德农业中心框架下开展的双边合作项目有：中德农业现代化种植示范农场、中德畜牧合作项目、中德沼气技术合作与工程示范、中德企业技术创新展示园等。2017年11月，第三届中德农业合作项目交流会在京举办，对全年中德农业中心框架下的各个项目进行了系统梳理和全面总结。近三年来，中德农业中心继续在政策对话、企业交往、学术交流和技术示范等多个领域开展活动，切实有效地推动了中德农业合作的务实发展。

　　为了更好地借鉴德国农业发展的新思路、新做法，进一步促进中国农业发展，深化中德两国农业互利合作，本书对德国农产品流通与加工、农产品消费与贸易、农地制度、农业财政与金融、农业劳动力就业、农业教科研、农业合作社、农村社会保障、中德农业合作等方面进行了详细介绍，以期能全方位展现德国农业现状，并从中总结出可供借鉴的经验及对中国的启示。

本书由李婷（河北经贸大学）、周向阳（中国农业科学院）分别担任主编、副主编，其他作者有丁琳琳、宋彦峰、张崇尚、张成玉和曹佳。各章的具体编写分工为：丁琳琳第一、二章，宋彦峰第三、十章，周向阳第四、六章，张崇尚第五、十二章，李婷第七、十一章，曹佳第八章，张成玉第九、十三章。由李婷负责全书的审阅、修改与定稿。

本书在编写过程中，参阅了众多专家学者的相关研究成果，同时也在网络资源中汲取了许多重要信息与资料，在此对有关人士深表感谢！由于编者的知识水平和时间有限，书中疏漏和错误在所难免，我们对此表示歉意，并恳请广大读者给予批评指正。

编　者

2021 年 10 月

目 录
| Contents |

1

第一章 CHAPTER 1

德国概况 ▶▶▶

对德国概况的认知有助于从整体上理解德国农业政策的制定背景、形成原因、实施情况与政策效果等问题。本章分别就德国的地理概况、农业资源状况、国民经济基本情况和人口与就业等几个方面进行了介绍。

第一节　地理概况

德国位于欧洲中部，国土面积为 35 万多千米^2，南北直线距离为 800 多千米，东西之间相距 600 多千米。最外的边境点分别是北部济耳特岛（Ji-Ohr i.）上的理斯特（Lester）、西部北莱茵-威斯特法伦州（Nordrhein-Westfalen）的塞尔夫康特（Cerf Conte）、南部巴伐利亚州（Bayern）的奥伯斯特道夫（Oberst Adolf）、东部萨克森州（Sachsen）的泰斯卡（Tai Sika），边境线全长为 3 000 多千米。1995 年 1 月 1 日起，根据 1982 年国际海洋法协定，德国在北海和东海的领海由 3 海里增至 12 海里（约 22 千米），其面积各增加 4 100千米^2 和 1 700 千米^2。德国东邻波兰、捷克，南接奥地利、瑞士，西接荷兰、比利时、卢森堡、法国，北接丹麦，濒临北海和波罗的海，是欧洲邻国最多的国家。自 1990 年 10 月 3 日德国实现统一以来，中心地理位置变得更为突出。它是东西欧之间的交通枢纽，其间水、陆、空路线条条通过德国。作为欧盟和北约的一员，德国被称为"欧洲的走廊"。

德国的地形多种多样，有连绵起伏的山峦、高原台地、丘陵、山地、湖泊，还有辽阔宽广的平原。德国的地势北低南高，北部低地的特点是湖泊星罗棋布，沿海高燥地和黏土台地与草原、泥沼地以及肥沃黄土地错落混杂。中等山脉隆起地带将德国的北部与南部割开。德国西南部中等山脉梯形地带包括上莱茵（Oberrhein）低地及其边缘山区以及发耳茨林山（Hair Ohr Ci Lin）河施瓦本-法兰克（Schwäbische River-Frank）台地。德国南部阿尔卑斯山前沿地带的典型特征是沼泽地、圆形山顶式的湖泊丘陵带和小山庄。德国境内的阿尔卑斯山区包括阿尔高伊（Al-Gally）、巴伐利亚（Bayern）和贝希特斯加登（Berchtesgaden）的阿尔卑斯山。德国的主要河流有莱茵河（Rhein）（流经境内800多千米）、易北河（Elbe）、威悉河（Weser）、奥得河（Oder）、多瑙河（Donau），较大湖泊有博登湖（Bodensee）、基姆湖（Chiemsee）、阿莫尔湖（Amor Lake）、里次湖（Village sub-Lake）。

第二节　农业资源状况

一、自然资源

（一）土地资源

土地资源指目前或可预见到的将来，可供农、林、牧业或其他各业利用的土地，是一个由地形、气候、土壤、植被、岩石和水文等因素组成的自然综合体，也是人类过去和现在生产劳动的产物。土地是人类赖以生存和发展的物质基础，是社会生产的劳动资料。在农业生产中，土地不仅是劳动对象，而且也是最重要的劳动资料，没有土地就没有农业生产。

德国共有土地35万多千米^2，其土地面积与日本相差不大，为法国土地面积的2/3，但仅占美国土地面积的1/26、中国土地面积的1/27。1962—2018年这57年中，德国人均土地占有面积总体呈现稳中有降的趋势，从1962年的人均0.47公顷减少到2018年的人均0.42公顷。与法国、日本、美国、中国这四个国家相比，德国人均土地面积仅比日本高。2018年美国人均土地面积为2.80公顷，为德国人均土地面积的6.7倍（表1-1）。

表1-1　1962—2018年德国与部分国家人均土地面积情况比较

单位：公顷

国家	年份												
	1962	1967	1972	1977	1982	1987	1992	1997	2002	2007	2011	2016	2018
德国	0.47	0.45	0.44	0.44	0.45	0.45	0.43	0.43	0.42	0.42	0.43	0.42	0.42
法国	1.17	1.10	1.06	1.03	1.00	0.98	0.96	0.94	0.92	0.89	0.84	0.82	0.82

（续）

国家	年份												
	1962	1967	1972	1977	1982	1987	1992	1997	2002	2007	2011	2016	2018
日本	0.39	0.37	0.34	0.32	0.31	0.30	0.30	0.29	0.29	0.29	0.29	0.29	0.29
美国	4.77	4.50	4.29	4.10	3.92	3.72	3.51	3.30	3.12	2.97	2.93	2.83	2.80
中国	1.38	1.23	1.08	0.99	0.92	0.85	0.79	0.75	0.72	0.70	0.69	0.68	0.67

数据来源：FAO 统计数据库。

德国农业用地情况可以用 2018 年数据予以说明（表 1-2）。从表中可以看出，2018 年，德国共有农业用地 1 664.3 万公顷，其中包括耕地 1 173.1 万公顷、永久性作物用地 19.9 万公顷、永久性草地和牧场 471.3 万公顷。耕地、永久性作物用地、永久性草地和牧场的面积分别占农业用地面积的 70.49%、1.20%、28.32%。德国农业用地面积是日本的 3.77 倍，耕地面积为日本的 2.83 倍。但与农业发达、国土面积大的美国相比，德国农业用地面积仅为美国农业用地的 4.10%，耕地面积仅为美国的 7.44%，永久性作物用地面积、永久性草地和牧场面积分别只有美国的 7.37%、1.92%。

表 1-2　2018 年德国与部分国家农业用地结构情况比较

单位：万公顷

土地类型	德国	法国	日本	美国	中国
农业用地	1 664.3	2 866.01	442	40 581.04	52 852.87
耕地	1 173.1	1 812.64	414.2	15 773.68	11 948.87
永久性作物用地	19.9	100.58	27.8	270	1 620.6
永久性草地和牧场	471.3	952.79	0	24 537.36	39 283.4

数据来源：FAO 统计数据库。

德国农业用地面积总体呈逐步减少趋势。根据 1962—2018 年数据，1965 年德国农业用地面积达最大值 1 953.4 万公顷，2018 年德国农业用地面积减少至最低值 1 664.3 万公顷，年均农用土地面积增长率为 -0.29%。1962—2018 年，德国耕地面积总体也呈逐步减少趋势，2018 年德国耕地面积为 1 173.1 万公顷，比 1962 年耕地面积减少 45.4 万公顷，年均耕地面积增长率为 -0.07%。在此期间，德国永久性作物用地面积急剧减少，永久性作物（葡萄、橄榄树等）用地面积从 1962 年的 50.6 万公顷以年均 -1.65% 的速度减少至 2018 年的 19.9 万公顷。1962 年永久性草地和牧场面积 670.2 万公顷，2018 年永久性草地和牧场面积在 1962 年的基础上减少了 198.9 万公顷（图 1-1）。

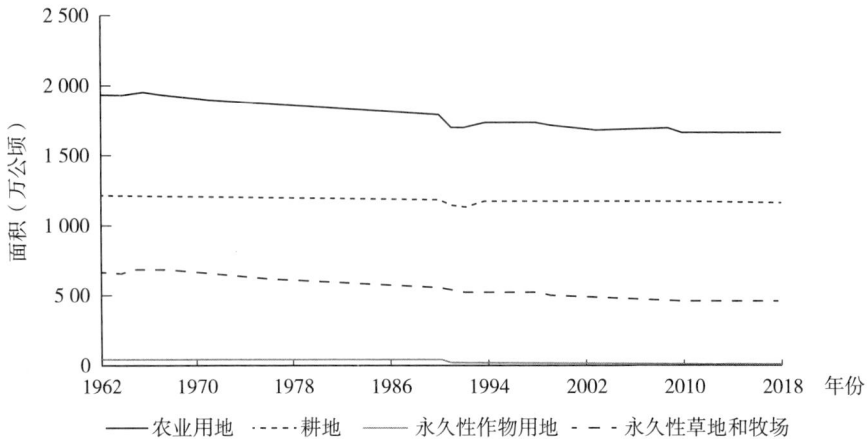

图 1-1 1962—2018 年德国农业用地面积变化趋势情况

数据来源：FAO 统计数据库。

德国农业用地中，各类型用地所占比例由大到小分别是耕地、永久性草地和牧场、永久性作物用地。1962—2018 年，德国耕地面积占农业用地面积年均比例为 66.8%，其间耕地面积占比逐年增加，2013 年达最大值 71.1%。永久性作物用地面积占农业用地面积的比例很小，1979—1982 年达最大值，也仅为 2.7%，然而 2011 年以后该比例已减少至 1.2%。1962—2018 年德国永久性草地和牧场面积占农业用地面积的比例年均维持在 31.3%，2018 年为28.3%，比 1962 年减少了 6.2 个百分点（图 1-2）。

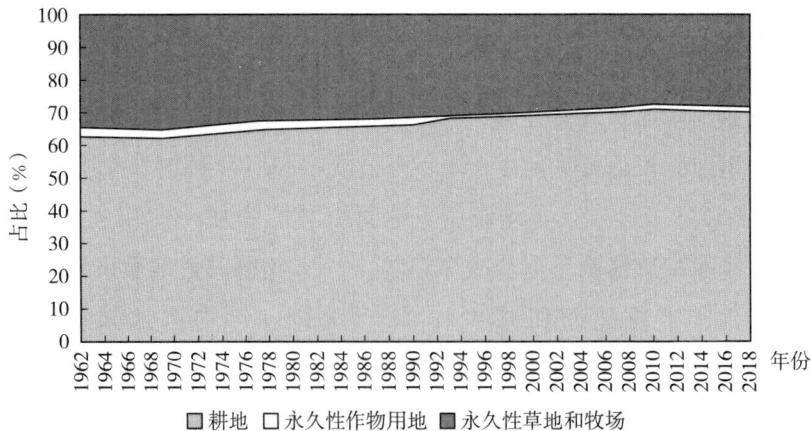

图 1-2 1962—2018 年德国农业用地结构

数据来源：FAO 统计数据库。

（二）水资源

水不仅是生物体生命活动不可或缺的物质，同时与农业生产也密切相关。德国内陆水域面积共 82.8 万公顷，仅为美国内陆水域面积的 1/57，且德国土地面积与水域面积之比约为 42：1，而美国土地面积与水域面积之比约为 19：1。虽然德国水域面积与美国相比相去甚远，但其水域面积是法国的 5.45 倍，且土地面积与水域面积比值也比法国低 7.55 倍。2018 年德国可更新水资源总量为 154 亿米^3/年，可开采水资源为 101 亿米^3/年，人均可更新水资源为 185.7 米^3/年，比 1962 年减少了 22.2 米^3/年。1962—2018 年德国人均可更新水资源总体呈减少趋势。

（三）气候资源与生物资源

德国处于大西洋和东部大陆性气候之间的凉爽西风带。德国西北部为海洋性气候，夏季凉爽，秋季温和。向东及东南，逐渐由海洋性气候向大陆性气候过渡，夏季炎热，冬季寒冷。德国温度大起大落的情况很少，年平均温度为 9℃。最冷的月份（1 月）年平均温度为 1.5℃（北部低地）和 －6℃（南部山区）。盛夏最热的月份（7 月）年平均温度为 18℃（北部低地）和 20℃（南部山区）。德国一年四季雨量充足，年降水量可达 2 000 毫米，每年的 6 月是降水量最多的月份。12 月至来年的 3 月，高原地区普遍降雪，海拔 500 米以下的地区冬季几乎没有严寒。

德国生物资源丰富，共有哺乳动物 126 种、鸟类 487 种、高植株植物 2 682 种。德国还注重保护生物物种，设立国家保护区，其中，陆地保护区面积占陆地面积的 37.7%，海洋保护区面积占领海面积的 45.4%。湿润的气候、充沛的降水量、丰富的物种资源为德国农业发展提供了良好的自然资源环境。

二、经济资源

（一）农业劳动力资源

2017 年，德国共有农业人口 105.8 万人，占总人口数的 1.28%。1970—2017 年，德国农业人口数逐年减少。1970—1980 年德国农业人口减少速度最快，10 年间德国农业人口数减少了 115.1 万人，年均减速为 2.6%，其间德国

农业人口占总人口比重也从 6.4％降为 5.0％。1980—1990 年，德国农业人口
仅减少 60.27 万人，年均减少 6.03 万人，1990 年德国农业人口占农业总人口
比重为 4.1％。1991—2017 年，德国农业人口共减少了 209.85 万人，农业人
口占总人口比重也从 4.0％减少至 1.28％。近 30 年来，德国农业就业人口总
体呈减少趋势，但也有起伏不定的时期。1970 年，德国农业就业人口 226.2
万人，农业就业人口占总就业人口的 8.6％。与农业人口数量变化情况相同，
德国农业就业人口数在 1970—1980 年减少速度很快，1980 年农业就业人口数
比 1970 年减少了 82.5 万人，农业就业人口占总就业人口比重也从 8.6％下降
至 5.6％。1990 年德国农业就业人口大幅减少，1991 年德国农业就业人口又
大幅增多。此后，至 2017 年间，德国农业就业人口总体上呈现明显的下滑趋
势。2016 年，德国农业就业人口数为 54 万人，农业就业人口占总就业人口的
比重为 1.31％。2017 年，德国农业就业人口占总就业人口的比重进一步下滑
（表 1-3）。

表 1-3　1970—2017 年德国农业劳动力资源状况

年份	农业人口（万人）	农业人口占总人口比重（％）	农业就业人口（万人）	农业就业人口占总就业人口比重（％）
1970	502.63	6.4	226.2	8.6
1980	387.53	5.0	143.7	5.6
1990	327.26	4.1	107.0	3.6
1991	315.65	4.0	157.5	4.2
1992	304.74	3.8	137.9	3.7
1993	293.61	3.6	125.5	3.4
1994	284.54	3.5	119.0	3.3
1995	258.74	3.2	116.3	3.2
1996	247.15	3.0	107.6	3.0
1997	236.85	2.9	104.9	2.9
1998	226.33	2.8	102.4	2.9
1999	213.28	2.6	102.6	2.8
2000	205.19	2.5	98.8	2.7
2001	197.15	2.4	94.2	2.6
2002	189.13	2.3	92.3	2.5
2003	181.10	2.2	89.5	2.5
2004	173.00	2.1	83.2	2.3

（续）

年份	农业人口 （万人）	农业人口占总人口比重 （％）	农业就业人口 （万人）	农业就业人口占总就业 人口比重（％）
2005	164.82	2.0	86.8	2.4
2006	156.55	1.9	84.3	2.3
2007	148.22	1.8	85.9	2.3
2008	142.5	1.74	72.1	1.73
2009	135.9	1.66	69.1	1.65
2010	129.5	1.58	66.1	1.57
2011	123.4	1.51	63.2	1.50
2014	115.8	1.43	57.0	1.43
2015	113.5	1.39	56.1	1.40
2016	107.9	1.31	54.0	1.31
2017	105.8	1.28	—	1.30

数据来源：根据历年《国际统计年鉴》计算所得。

德国是工业强国，农业人口、农业就业人口比例较少，且总体呈减少趋势。德国农业劳动力数量较少，但是劳动力质量高。多年来，德国发展了形式多样的农民教育，主要有两种：一种是通过正规大学或大专院校培养农业专门人才，另一种是通过职业培训和进修使农民达到国家对农业从业人员的资格要求。由于农业劳动力资源是一个数量和质量并重的概念，虽然德国农业就业人员数量较少，且逐年减少，可正是通过先进的农民教育，德国具备丰富的农业劳动力资源。

（二）农业资金

农业资金有广义和狭义之分。狭义的农业资金是指社会各投资主体投入农业的各种货币资金。广义的农业资金是指国家、个人或社会其他部门投入农业领域的各种货币资金、实物资本和无形资产，以及在农业生产经营过程中形成的各种流动资产、固定资产和其他资产的总和。广义的农业资金涉及农业管理的全过程，而目前制约农业发展最为关键的是狭义农业资金的投入问题。德国政府不但通过法律、法规来确保农业的特殊地位，还利用补贴、信贷等经济手段提高发展农业所需要的资金以促进农业发展。

德国政府不仅对农业、林业和渔业等细分产业部门进行投入，也投资促进环境保护，且中央政府和一般政府都有所投入。从 2001—2018 年德国政府的农业支出情况看，德国政府的农业支出增速低于GDP增速（4.91%），高于一产增加值增速（2.47%）。德国政府的农业支出以一般政府为主，虽然一般政府和中央政府的农业支出总体上都呈增长趋势，年均增长率分别是3.50%和3.25%，但是，一般政府的农业支出规模长期以来始终保持在中央政府的3～3.5倍。其中，一般政府的环保支出几乎与一般政府的农业支出同步增长，年均增长率为3.26%，尽管支出规模增速经历了几次波动；一般政府的农林渔业支出规模增速的波动更频繁，年均增速为0.44%，远低于一般政府的农业支出增速，在一般政府农业支出中的占比也在下降，在2009年以后，基本保持在0.45%左右，比2001年降低了0.26%（表1-4）。

表1-4　2001—2018年德国政府的农业支出情况

单位：百万美元

年份	一般政府支出	中央政府支出	一般政府的环保支出	一般政府的农林渔业支出
2001	915 803.58	266 975.52	13 188.14	6 489.73
2002	987 368.08	291 561.98	12 668.8	6 078.15
2003	1 200 777.66	359 335.72	15 004.84	7 104.82
2004	1 308 050.36	387 840.03	15 847.32	7 657.46
2005	1 322 466.72	405 068.33	15 690.47	7 353.82
2006	1 343 107.78	412 258.3	16 545.03	7 109.2
2007	1 474 770.05	457 022.91	17 414.66	7 223.79
2008	1 641 691.08	508 990.23	19 263.96	7 728.82
2009	1 632 603.98	510 790.24	24 728.1	7 282.16
2010	1 616 338.95	549 844.96	20 520.77	7 246.37
2011	1 682 268.4	538 593.42	21 987.33	7 733.7
2014	1 569 731.67	490 488.63	21 287.66	7 369.55
2015	1 677 413.08	501 284.87	23 077.38	7 704.41
2016	1 716 221.08	493 102.29	23 499.85	8 287.19
2017	1 478 574.6	418 442.8	19 743.78	6 687.03
2018	1 535 008.96	431 148.72	21 339.99	6 929.21

数据来源：FAO。

农林渔业信贷对德国农业发展的推动作用越来越明显（表1-5）。从2001—2016年德国农林渔业信贷情况看，德国农林渔业信贷规模越来越大，2016年达到559.76亿美元，比2001年翻一番，年均增长率达4.72%；在信贷总额中的占比也越来越大，从2001年的2.42%扩大到2016年的3.76%；

农业导向指数从 2001 年的 2.33 增长到 2016 年的 6.79。

表 1-5　2001—2016 年德国农林渔业信贷情况

年份	金额（百万美元）	在信贷总额中的占比（%）	年增长率（%）	农业导向指数
2001	28 039.37	2.42		2.33
2002	29 446.64	2.45	5.02	2.86
2003	36 181.72	2.56	22.87	3.27
2004	39 545.57	2.63	9.3	2.89
2005	39 260.04	2.63	−0.72	3.83
2006	40 691.26	2.69	3.65	3.82
2007	45 420.20	2.63	11.62	3.55
2008	50 651.82	2.59	11.52	3.22
2009	50 636.29	2.75	−0.03	4.16
2010	53 336.42	3.06	5.33	4.72
2011	59 306.37	3.12	11.19	4.22
2012	57 195.17	3.23	−3.56	4.60
2013	60 704.99	3.57	6.14	4.06
2014	63 368.71	3.7	4.39	5.36
2015	55 455.25	3.8	−12.49	6.85
2016	55 975.66	3.76	0.94	6.79

数据来源：FAO。

德国农林渔业固定资产规模不断扩大，对农业产业发展起到的积极作用也越来越明显。2006—2016 年，年均增长率为 3.50%，2005—2008 年增长最快，增长率一度超过 20%；从 2006 年开始，德国农林渔业固定资产保持在 100 亿美元以上，2014 年曾接近 130 亿美元；德国农林渔业固定资产占固定资产总额的比例也在 2008 年达到最高，为 2.04%，2016 年该比例所有下降，与 2001 年相近，为 1.49%；农业导向指数则于 2015 年达到最大，为 2.82，2001 年这一指数仅为 1.41（表 1-6）。

表 1-6　2001—2016 年德国农林渔业固定资产规模情况

年份	金额（百万美元）	在固定资产总额中的占比（%）	年增长率（%）	农业导向指数
2001	6 228.13	1.47		1.41
2002	6 143.70	1.47	−1.36	1.72
2003	6 784.16	1.39	10.42	1.77
2004	7 613.94	1.41	12.23	1.55

（续）

年份	金额（百万美元）	在固定资产总额中的占比（%）	年增长率（%）	农业导向指数
2005	9 073.27	1.66	19.17	2.42
2006	10 988.02	1.84	21.10	2.61
2007	12 831.26	1.85	16.77	2.49
2008	15 609.19	2.04	21.65	2.54
2009	10 866.25	1.65	−30.39	2.5
2010	10 694.73	1.6	−1.58	2.48
2011	12 420.84	1.62	16.14	2.2
2012	11 973.63	1.67	−3.60	2.38
2013	12 828.63	1.73	7.14	1.96
2014	12 890.55	1.65	0.48	2.39
2015	10 541.68	1.57	−18.22	2.82
2016	10 429.90	1.49	−1.06	2.69

数据来源：FAO。

（三）农业技术装备

德国农业的标准化、机械化程度较高。1961—1986 年，德国拥有农业拖拉机数量逐年增加，从 1961 年的 1 027 884 台增加至 1986 年的 1 644 534 台，年均增长 24 666 台。1986—2007 年，德国拥有农业拖拉机数量以年均 41 773 台的速度逐年减少。2007 年，德国共有农用拖拉机 767 300 台，平均每千公顷耕地农用拖拉机量为 65 台，比法国高 3 台，在欧洲排名第一。德国拥有联合收割机 85 480 台，每千公顷耕地联合收割机量为 7 台。德国每千公顷耕地农用拖拉机量为日本的 1/7，且每千公顷耕地联合收割机量为日本的 1/30。德国畜牧业生产中奶类产量最大，其奶类生产的机械化程度非常高。2007 年，德国拥有挤奶机 25 万台，比法国、日本分别多 5 万、9 万台。

从 20 世纪 60 年代至 21 世纪，德国联合收割机数量和挤奶机数量变化不及农用拖拉机数量变化剧烈。20 世纪 60—70 年代，德国联合收割机逐年增加，1970 年德国拥有联合收割机 188 726 台，比 1960 年增加了 105 546 台。20 世纪 70 年代至今，德国联合收割机数量逐渐减少，其中 20 世纪 70—80 年代减少速度较快，随后减速减慢。1961—1970 年，德国拥有挤奶机数量小范围内波动，年均拥有挤奶机数量为 520 285 台。1970—1981 年，德国挤奶机数量基本维持在年均 476 285 台。20 世纪 80 年代后，德国拥有挤奶机数量逐年减少，从 1981 年的 467 653 台减少至 1992 年的 250 000 台，1992—2007 年该数量维持不变。德国农业技术装备数量变化呈现出此趋势的原因是，20 世纪 60—70 年代，德国农业注重机械化程度的提高，农场大量购置农用拖拉机、联合收割机及挤奶机等农用机械，20 世纪 70 年代，德国农业生产普遍实现了机械化。然而随着科学技术的提高，20 世纪 80 年代德国注重农业电气化、化学化程度的提高，农用机械购置量逐渐减少。20 世纪 90 年代以后，德国开始研究在农业生产中采用地理信息系统、全球定位系统和卫星遥感等技术结合在一起的精准农业技术，此技术的采用大大提高了农业生产效率，增加了产量，农用机械的使用量也逐渐减少。

第三节 国民经济基本情况

一、GDP 及其在世界经济中的地位

德国是高度发达的工业国家，经济实力居欧洲首位，在世界经济中也占有极其重要的地位。2018 年，德国 GDP 总量为 3 997 亿美元，占世界 GDP 总量的 4.66%，占欧盟 GDP 总量的 21.32%，排名位于美国、中国、日本之后，居世界第四位。从图 1-3 可以看出，近 50 年，德国 GDP 总量经历了震荡式增长，其间不乏经济的高速增长，也有经济的衰退，但德国在世界经济中一直都占有比较重要的地位。1970—2008 年，德国经济经历了增长—衰退—增长—衰退—增长这五个阶段。1970—1980 年，德国 GDP 总量逐年增加。1970 年德国 GDP 总量为 2 088.7 亿美元，1980 年德国 GDP 增长至 9 196.09 亿美元，为 1970 年 GDP 的 4.4 倍。1970—1973 年，德国 GDP 增长率较高。之后德国爆发经济危机，进入了低速发展阶段，1976 年为增速低点。1976—1980 年，德国经济恢复增长，逐步走出了危机。1981—1985 年，德国经济出现衰退。1981 年德国 GDP 为 7 746.28 亿美元，比 1980 年减少了 1 449.82 亿美元，随后德国 GDP 逐年减少，至 1985 年，德国 GDP 仅为 7 088.84 亿美元。为应对此次经济衰退，1982 年 9 月德国联邦政府提出了整顿和振兴经济的政策，其基本内容是在坚持市场经济的前提下，减少国家的干预，压缩政府开支，削减社会福利费用，使企业主有更多的自由和更高的利润，以鼓励投资和革新，恢复经济的适度增长，并消除大规模失业。在国家经济政策的刺激下，德国经

济在 1986—1995 年这 10 年间出现了较高速度的增长。1995 年德国 GDP 为 25 227.92 亿美元，为 1985 年的 3.6 倍。1996—2001 年，德国经济再次出现了衰退，德国 GDP 从 1995 年的 25 227.92 亿美元减少为 2001 年的 18 909.71 亿美元。2002—2018 年，德国经济基本保持了增长趋势，但 GDP 增长率波动较大，这一方面有临时性的国际政治、经济大环境变化带来的对经济运行的负面影响，也有德国经济结构性缺陷的影响。

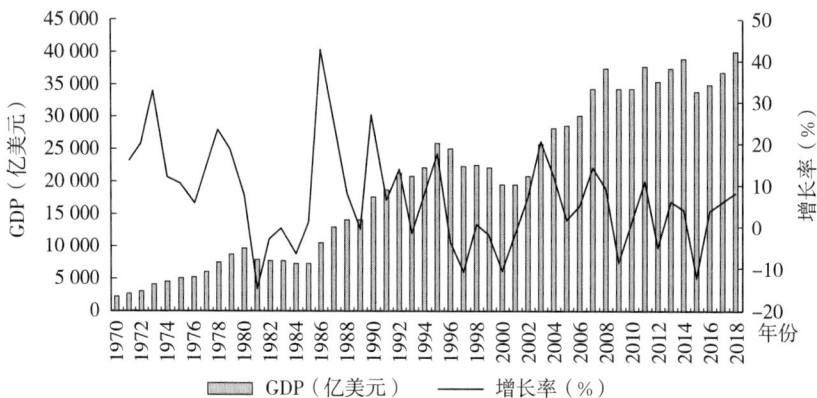

图 1-3　1970—2018 年德国 GDP 及 GDP 增长率变化趋势

数据来源：世界银行网站数据。

德国人均国民收入与 GDP 变化趋势趋同。1970 年德国人均国民收入仅 2 750 美元，经过 10 年的增长，1980 年德国人均国民收入增加到了 11 746 美元，为 1970 年的 4.27 倍。1981—1985 年，德国经济衰退，人均国民收入也逐年减少，1985 年人均国民收入减少至 9 125 美元。1986—1995 年，德国人均国民收入高速增长，以年均 12.97% 的增速增长，1995 年人均国民收入高达 30 888 美元。然而在 1996—2002 年，德国人均国民收入又有了一定程度的减少，经历了 2003 年经济衰退后，德国人均国民收入快速增长。2018 年，德国人均国民收入高达 48 235 美元，为 1970 年的 17.54 倍（图 1-4）。

德国是世界经济强国，1970 年、1971 年，德国 GDP 总量仅次于美国，居世界第二位，分别占世界 GDP 总量的 7.3%、7.6%。然而，1972 年开始直至 2006 年，日本经济赶超德国，取代了德国世界第二的位置，在这期间，德国 GDP 总量位居世界第三。尽管 1972 年开始德国 GDP 总量退居世界第三，但其占世界 GDP 总量的比例从 1972 年开始至 1980 年出现了增长趋势，1979 年德国 GDP 占世界 GDP 总量的比例高达 8.8%。2007 年，中国 GDP 总量首次

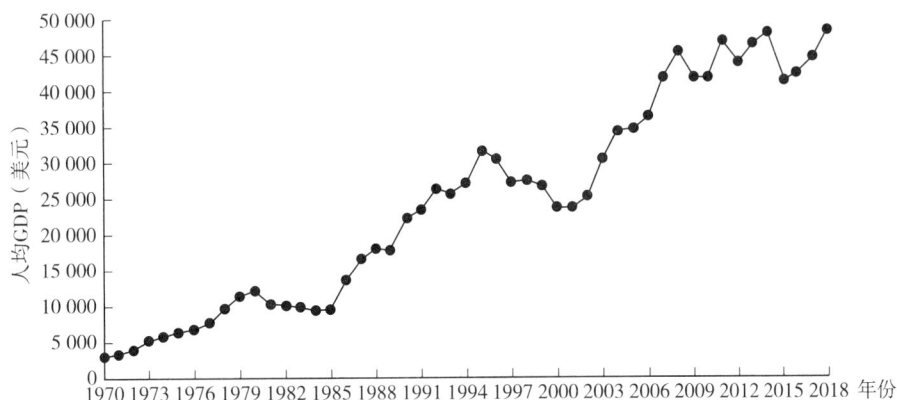

图 1-4　1970—2018 年德国人均国民收入变化趋势

数据来源：世界银行网站数据。

超过德国，德国位居世界第四。近 10 年，德国 GDP 总量与美国的差距有所扩大（图 1-5）。

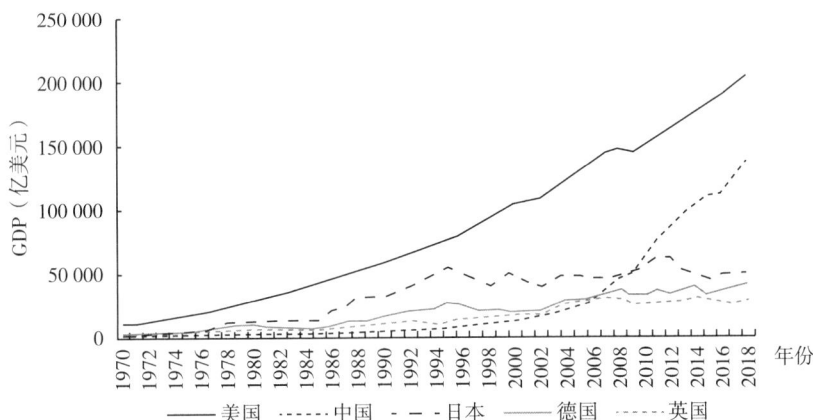

图 1-5　1970—2018 年德国及部分国家的 GDP 变化趋势

数据来源：世界银行网站数据。

二、GDP 的构成及变化

德国拥有高度发达的农、林、牧、渔业，机械化程度很高。尽管这些领域只能带来 1.1% 的附加值，但仍在德国的社会结构中发挥着重要作用。1970—1980 年，德国第一产业产值逐年增加。1980 年第一产业产值为 220.8 亿美元，比 1970 年增加了 144.16 亿美元，年均增速为 11.2%。1980—1985 年，德国第一产业产值快速下降，年均减少 16.88 亿美元。1985—1996 年，德国第一产业产值出现波动式增长，1996 年产值达最大值，高达 320.91 亿美元。1996—2000 年，德国第一产业产值再次出现下降趋势，而 2000—2010 年，德国第一产业产值呈现上涨、下降循环波动。2010 年德国第一产业产值为 328 亿美元，占国民经济总量的 1%。从图 1-6 可以看出，2000—2010 年，德国第一产业增加值也呈现上涨、下降循环波动。2011—2018 年，德国第一产业增加值出现了下降—上涨—下降—上涨的循环波动。

第二产业（工业）是德国的经济支柱，对经济发展起到了极其重要的作用。德国工业侧重重工业，汽车和机械制造、化工、电气等行业是支柱产业，占全部工业产值的 40% 以上，其他如食品、纺织与服装、钢铁加工、采矿、精密仪器、光学以及航空工业也很发达。近 20 年，食品、饮料和烟草行业产值占德国制造业产值的比重相对稳定，为 7%～9%；纺织品与服装行业占德国制造业产值的比重则呈下降趋势，从 1998 年的 2.5% 下降到 2018 年的 1.2%。德国工业具有外向型特点，主要工业部门的产品一半或一半以上销往国外。德国工业主要由中小企业组成。大约 2/3 的工业企业雇员不到 100 名。众多中小企业专业化程度较高，技术水平较高。德国工业具有较高的垄断性，占工业企业总数 2.5% 的、1 000 人以上的大企业，其就业人数占工业就业总人数的 40%，营业额占工业总营业额的 50% 以上。2010 年，德国第二产业产值为 9 197 亿美元，占国民经济总量的 28%。1970—1980 年，德国第二产业产值呈现逐年增长趋势，从 1970 年的 1 004.39 亿美元增长至 1980 年的 3 775.73 亿美元，翻了 2.76 倍。1980—1985 年，德国第二产业产值逐渐减少，1985—1995 年，第二产业产值快速增长，年均增长率为 11.3%。1995—2010 年，第二产业产值先下降后上升。2011 年以后，第二产业增加值进入下降区间，从 2016 年开始，又恢复性上升。

德国第三产业产值占据了德国经济的主要位置，其第三产业涉及商业、交通运输业、电信、银行、保险、旅游、教育、文化、医疗卫生等。1970 年至今，德国第三产业占国民经济总量的比例一直位于第一位。1970 年德国第三产业产值为 1 007.67 亿美元，占国民经济总量的 48%。德国第三产业产值变化趋势与第二产业产值变化趋势趋同，出现了增长、下降、再增长等阶段。2011 年，德国第三产业产值为 29 965.6 亿美元，为 1970 年的 29.74 倍，第三产业产值占国民经济总产值的比例也高达 72%，在 1970 年的基础上增加了约

24 个百分点。德国第三产业产值波动特点与第二产业基本一致。同样，在 2011 年以后第三产业产值增长进入下降阶段，在 2015 年达到低点，从 2016 年开始第三产业增加值开始进入上升通道。

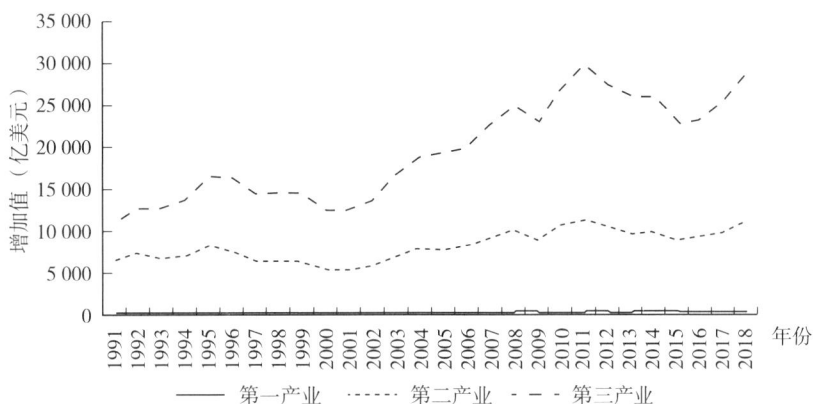

图 1-6 1991—2018 年德国三次产业增加值变化趋势

数据来源：根据世界银行网站公布数据计算所得。

德国是工业强国，同时拥有机械化程度很高的农业和发达的第三产业。德国经济结构在近 50 年出现了一定变化。尤其在 1970—2000 年，德国三产结构变化比较大。2010 年以后，德国三产结构比较稳定。在 1970—2019 年，德国三次产业中第三产业所占比重基本一直为最大值。1970 年，德国第一、二、三产业产值占总产值比重分别为 4%、48%、48%。1970—2010 年，德国第一、二产业产值占总产值比重呈减少趋势，而第三产业产值占总产值比重则有增加趋势。第一产业产值占总产值比重从 1970 年的 4%，减少至 2019 年的 0.8%，共减少了 3.2 个百分点。相对于第一产业产值占总产值比重减少量而言，第二产业产值所占百分比减少量较大，2010 年德国第二产业产值占总产值比重为 28%，比 1970 年减少了 20 个百分点。2010 年以后，德国第二产业产值占总产值比重基本稳定在 28%。德国第三产业产值占总产值的比重从 1970 年与第二产业占比基本持平，发展到 2010 年第三产业所占百分比比第二产业占比多 43 个百分点。2010 年以后，德国第三产业产值占总产值比重基本稳定在了 71%。由此可见，德国第三产业在 1970—2010 年有了长足的发展。2019 年，第一、二、三产业占比分别为 0.8%、28.0%、71.2%（图 1-7）。

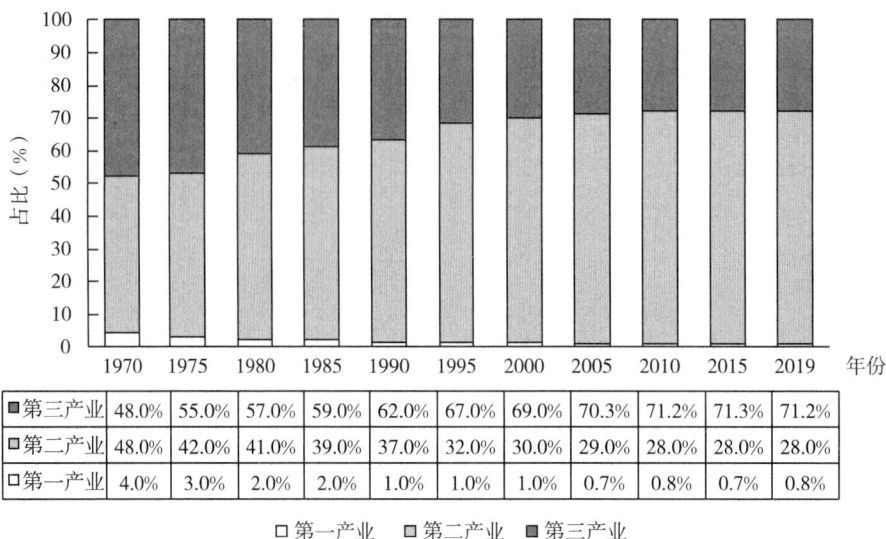

	1970	1975	1980	1985	1990	1995	2000	2005	2010	2015	2019
■第三产业	48.0%	55.0%	57.0%	59.0%	62.0%	67.0%	69.0%	70.3%	71.2%	71.3%	71.2%
■第二产业	48.0%	42.0%	41.0%	39.0%	37.0%	32.0%	30.0%	29.0%	28.0%	28.0%	28.0%
□第一产业	4.0%	3.0%	2.0%	2.0%	1.0%	1.0%	1.0%	0.7%	0.8%	0.7%	0.8%

□ 第一产业　　■ 第二产业　　■ 第三产业

图 1-7　德国三次产业占比变化趋势

数据来源：世界银行网站数据。

三、对外贸易

德国对国外市场的依赖最为突出，多年来商品和劳务的出口约占国内生产总值的 30% 左右，对外经济一直在国民经济中占有重要地位。德国一贯表明用户国际分工原则，特别重视取消关税以及其他贸易壁垒的自由化对外贸易政策。德国是世界贸易大国，同世界上 230 多个国家和地区保持贸易关系，全国近 1/3 的就业人员在出口行业工作。德国出口素以质量高、服务周到、交货准时而享誉世界。主要出口产品有汽车、机械产品、化学品、通信技术、供配电设备和医学及化学设备。主要进口产品有化学品、汽车、石油天然气、机械、通信技术和钢铁产品。主要贸易对象是西方工业国家，其中进出口一半以上来自或销往欧盟国家。1970—2008 年，德国进出口额总体均呈上升趋势，2008年受全球经济危机影响一度下降，但 2011 年恢复并超过了 2008 年。1970 年，德国进口额为 299 亿美元，占 GDP 总额的 14%，出口额为 342 亿美元，占 GDP 总额的 16%，净出口额为 43 亿美元。1985—2008 年，德国进口、出口额均呈快速上升趋势，且一直为贸易顺差。2008 年德国进口额比 1970 年增加了 38.57 倍，出口额增长了 41.25 倍。1986—1990 年，德国的出口额为世界第一，从 1991 年起次于美国。2008 年国际金融危机之后，德国进出口额呈波动增长趋势，增幅不大，但仍保持了明显的贸易顺差，国际贸易仍是德国经济增长的重要动力。2019 年，德国进口额为 12 145.1 亿美元，出口额为 14 603.6 亿美元，贸易顺差为 2 458.5 亿美元（图 1-8）。

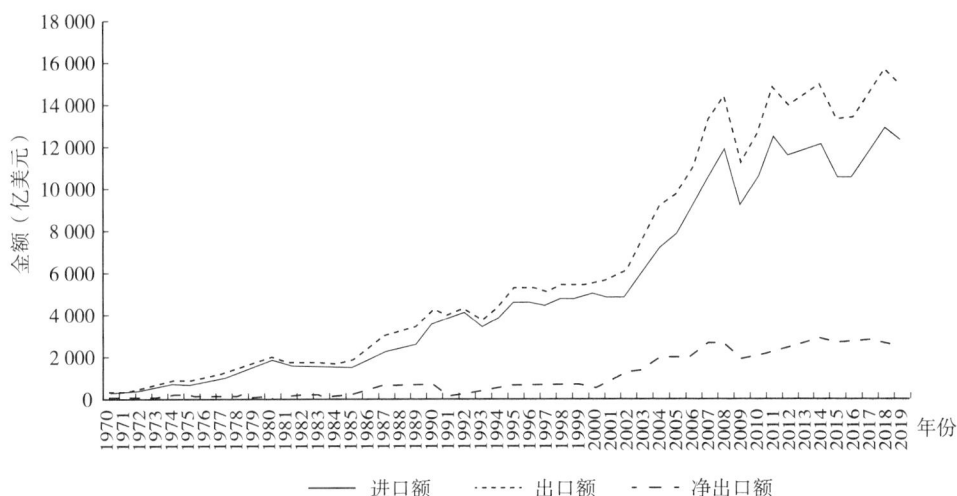

图 1-8　1970—2019 年德国进出口额变化趋势

数据来源：根据世界银行网站公布数据计算所得。

第四节　人口与就业

一、人口状况

2018 年德国共有人口 8 293 万人，人口密度为每平方千米 237.37 人，是欧洲人口最稠密的国家之一。德国的人口分布很不平衡。德国统一后，人口迅速增加的柏林（Berlin）地区目前有居民 430 多万人。莱茵河（Rhein）和鲁尔（Ruhr）河畔工业区人口超过 1 100 万人，大约每平方千米 1 100 人。北德低地的草原和沼泽地区、艾弗尔（Eifel）、巴伐利亚（Bayern）林区的人口十分稀少。德国西部比东部人口密度大得多。在东部，不到德国居民总人数的 1/5（1 550 万人）的人生活在大约 30% 的土地面积上，人口在 30 万人以上的城市中只有两个在德国东部。近 50 年，德国人口呈小幅波动式增长趋势，人口年均增长率 0.13%。1970 年，德国人口为 7 816.9 万人，人口增长率仅为

0.33%。1970—1974 年，德国人口缓慢增长，5 年时间仅增加了 79.8 万人。在此期间，德国人口增长率总体上降低。1975—1978 年人口负增长，降幅在 0.09%～0.43%，1978 年比 1974 年人口减少了 87.6 万人。1982—1985 年德国人口又出现负增长，降幅较小，为 0.1%～0.35%。1986—2003 年，德国人口均为正增长，增幅较大，年均增幅为 0.34%，人口总数从 7 772 万人增长到 8 253 万人。2004—2011 年德国人口再次进入负增长阶段，年均降幅也近 0.34%，2011 年人口总数 8 027 万人。2012 年以来德国人口总数重新进入增长期，年均增幅在 0.4%以上（图 1-9）。

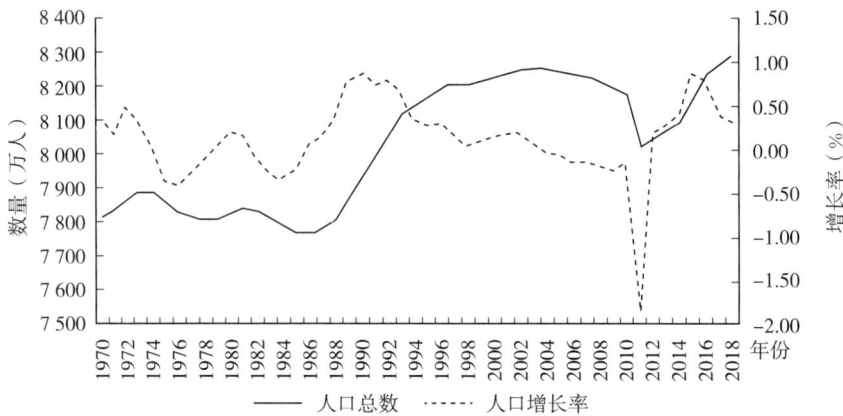

图 1-9　1970—2018 年德国人口总数及人口增长率变化趋势

数据来源：世界银行网站数据。

德国人口结构情况可以通过表 1-7 中的数据反映。从该表可以看出德国人口男女比例比较均衡，基本维持 1∶1 的比例。近 50 年，德国男性人口比例逐渐增加，从 1970 年的 47.25%增加至 2019 年的 49.39%。2019 年，德国男女人口比例分别为 49.39%、50.61%。德国农村人口较少，大部分人口为城市人口，且农村人口所占比重还呈现逐年减少的趋势。2018 年，德国农村人口所占比重仅为 22.69%，而城市人口比例则高达 77.31%。

表 1-7　1970—2019 年德国人口结构情况

单位：%

年份	男性人口所占比例	女性人口所占比例	农村人口所占比例	城市人口所占比例
1970	47.25	52.75	27.73	72.27
1980	47.59	52.41	27.16	72.84
1985	47.70	52.30	27.29	72.71

（续）

年份	男性人口所占比例	女性人口所占比例	农村人口所占比例	城市人口所占比例
1990	48.23	51.77	26.88	73.12
1995	48.65	51.35	26.71	73.29
2000	48.82	51.18	26.93	73.07
2005	48.90	51.10	26.64	73.36
2010	49.02	50.98	23.03	76.97
2015	49.18	50.82	22.80	77.20
2018	49.34	50.66	22.69	77.31
2019	49.39	50.61	—	—

数据来源：根据 FAO 统计数据库公布数据及历年《国际统计年鉴》数据计算所得。

二、就业状况

2018 年，德国就业人数为 4 480 万人，失业人数为 146.78 万人，失业率为 3.4%。1970—2018 年，德国就业人数总体呈上升趋势。20 世纪 70—90 年代，德国就业总人数增长速度较快，1970 年德国就业总人数为 2 616.9 万人，2000 年，德国就业人数在 1970 年基础上增加 39.88% 至 3 660.4 万人。尽管就业人口快速增加，可是失业人数也同步增加。1970 年德国失业人数仅为 14.9 万人，2000 年失业人数高达 312.7 万人，是 1970 年失业人数的 20.99 倍。失业人数的急速增加带来失业率的高升，1970 年德国失业率仅为 0.70%，然而 2000 年德国失业率增加至 7.9%。2005 年，德国失业率高达 11.2%，之后，失业率明显降低（表 1-8）。

表 1-8　1970—2018 年德国就业、失业人数情况

年份	就业人数（万人）	失业人数（万人）	失业率（%）
1970	2 616.90	14.90	0.70
1980	2 579.70	88.90	3.80
1990	2 848.60	197.10	7.20
2000	3 660.40	312.70	7.90
2001	3 681.60	315.00	7.90
2002	3 653.60	348.60	7.90

（续）

年份	就业人数（万人）	失业人数（万人）	失业率（%）
2003	3 617.20	402.30	10.00
2004	3 565.90	402.30	11.00
2005	3 636	438.80	11.20
2010	3 799	284.50	7.00
2014	3 987	208.99	5.00
2015	4 021	194.96	4.63
2016	4 127	177.41	4.15
2017	4 424	162.12	3.75
2018	4 480	146.78	3.40

数据来源：历年《国际统计年鉴》《中国劳动统计年鉴》。

就业结构方面，2017 年，德国第一、二、三产业就业人数占总就业人数的比例分别为 1.3%、27.3%、71.5%。可见，德国大部分就业人员服务于第三产业，第三产业成为容纳就业人数最多的产业。近 50 年，德国第一、二产业就业人数逐渐减少，转移至第三产业。1970 年至今，德国第一产业就业人数一直是三次产业中最少的，1970 年第一产业就业人数比重最高但也未超过 10%，仅为 8.64%，而第二、三产业就业人数所占比例分别为 49.30%、42.05%。随着第一、二产业就业人数转移至第三产业，1980 年第三产业就业人数所占比例为 50.73%，首次突破 50%，自此第三产业成为吸纳就业人员的主要产业。

第二章 CHAPTER 2
德国农业与国民经济 ▶▶▶

德国农业的现代化程度与社会化服务程度高、政策支持力度大，在国家社会结构中发挥着重要作用，保障着整个国民经济的顺利发展。本章首先介绍了德国的种植业、畜牧业、林业、渔业等农业基本状况，然后从产品、要素、市场和外汇等几个方面阐述了农业对国民经济的贡献。

第一节　农业基本状况

一、农业概况

德国不仅是一个工业高度发达的国家，而且拥有高效率的农业。尽管农业只能带来 1.1％的附加值，但仍在德国的社会经济结构中发挥着重要作用。2018 年德国农、林、渔、狩猎业增加值为 303.58 亿美元，实际年增长率为 －1.58％，占 GDP 增加值的 0.76％，其中，农业增加值占 GDP 增加值的 0.68％。近 50 年来，德国农业产值经历了波动式增长。1970—2010 年，德国农业总产值大致经历了上升、下降、再上升、再下降波动式增长，并于 2008 年达到了最高值，为 365 亿元。与此同时，德国农业增加值占国民经济总产值的比重却呈现波动下降的趋势。1970 年，德国农业增加值占国民经济总产值的比重为 3.67％，1991 年占比为 1.06％，2000 年占比为 0.95％，2010 年占比为 0.65％，2018 年占比为 0.68％（图 2 - 1）。

在 20 世纪 80 年代，德国农业就以畜牧业为主，畜牧业产值占农业总产值的 60％以上，主要畜产品有牛奶、牛肉、猪肉、禽肉、禽蛋等。种植业与畜牧业结合发展，小麦、玉米等是主要的农作物。

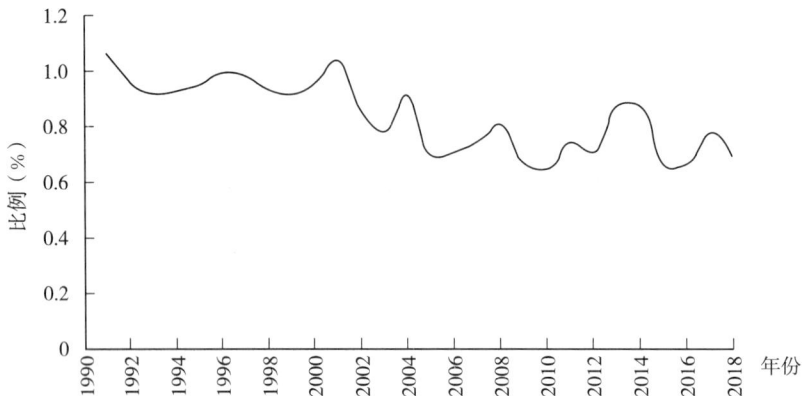

图 2-1 1991—2018 年德国农业增加值占 GDP 比重的变化趋势

数据来源：世界银行网站。

家庭农场是主要的农业经营组织形式，以一家一户经营为主要经营单位，农民既是农场主又是工人，土地、财产及其他一切生产资料都私有化。农场规模以中小规模为主，农民除了从事农业经营活动外，还从事非农业经营活动。2016 年，德国生产可再生能源的农场有 3.46 万家，参与林业管理和木头处理的农场有 2.32 万家，为其他企业工作的农场有 1.56 万家，参与直接营销的农场有 1.03 万家，提供骑马服务的农场有 1 万家，提供旅游服务的农场有 6 000 家，有其他收入的农场有 1.12 万家，这种兼业化的家庭农场大约占农场总数的一半以上。这些兼职农场的务农收入远不到其总收入的一半。

德国农业现代化程度高，目前德国农业已经全部实现了机械化，农业生产效率的提高使得农业劳动力大量转移，为非农产业的发展提供了丰富的劳动力资源。同时，德国农业社会化服务程度也很高。各农场主均加入了各种综合协会和生产专业协会，如"农民协会""奶牛协会"等。这些协会为农民生产经营提供技术、市场及各类信息服务，在区域性社区内，当地政府还成立了各种机构为农民生产、生活提供帮助。德国农业经济是计划和市场相结合的经济，各个农场的经营面积、养畜量等在总体上由政府制定计划并通过各种协会来协助实施。各个农场主还将各自部分农副产品拿到区域性农产品市场上去交换，这部分农产品不在政府计划之内，完全由市场进行调节。不过总体上说，不论计划内还是计划外经营，德国农业经济都是按照市场的价值规律来组织生产的。德国农业是受保护的基础产业，德国政府对农业生产极其关注，政府每年都要拿出大笔财政资金补贴农业，以保证农业的稳定持续发展。德国农业政策实行双轨制，即受欧盟农业政策与本国农业政策的双重约束。如今欧盟农业政策基本目标是通过限制农业产品数量来减轻农产品的市场压力，如对牛奶、食糖实行配额限制，实施土地休整计划，以保护农民的合法利益。德国本国农业政策重点则放在农业结构方面，主要有：着力改善农业生产结构，加强沿海农业保护，兴修水利，修建中心排水和供水设施，资助偏远地区农民发展生产等。正是基于以上特点，德国农业经济不断地发展，德国农业对社会所具有的意义远远大于它在国民生产总值中所占的微弱比例。

二、种植业基本状况

种植业一直是德国传统农业的重要组成部分，在德国农业中占据着极其重要的地位。德国种植的品种主要包括谷物、油料作物、薯类作物、蔬菜和水果等，其中谷物产量最多，其次为薯类、蔬菜、油料作物、水果。德国是世界主要谷物生产大国，谷物生产一直保持在世界前十名，虽然所占世界谷物总产量的比重有所波动，但一直保持在 2% 左右。1969 年之后谷物产量一直稳居种植业第一位，2020 年谷物产量为 4 290 万吨，比 1961 年增长了 2 564 万吨，但比前 6 年平均值减少了 6%，主要原因是谷物播种面积减少。德国是世界上主要的马铃薯生产国之一。受德国人饮食习惯的影响，马铃薯也是居民生活中的重要产品，但是随着经济发展，其地位逐渐下降，产量也随之逐年递减。1961 年德国马铃薯产量为 2 994.55 万吨，2018 年马铃薯产量为 1 172 万吨，种植面积为 25 万公顷。德国不是欧盟的主要蔬菜生产国，2011 年其蔬菜产量为 359.36 万吨，比 1961 年增长 13.5 个百分点，近年蔬菜产量呈小幅波动下降的趋势，受新冠肺炎疫情影响，2020 年蔬菜的产量低于上年。德国油料具有一定的国际竞争力，油料作物产量总体上保持逐年上升的趋势，只是在个别年份有所下降，但也保持在 200 万吨左右。2011 年油料产量为 198.39 万吨，比 1961 年增加了 188.42 万吨，增加了 18.9 倍，比重也由 1961 年的 0.19% 上升到 2.85%。2020 年菜籽产量达到 350 万吨，比上年增加 24.4%，但比前 6 年平均值减少 20.7%。水果产量波动幅度较大，2012 年水果产量为 125.6 万吨，主要有苹果、樱桃、李子等。受新冠肺炎疫情影响，2020 年水果产量也低于上年。

三、畜牧业基本状况

德国是欧盟乃至世界著名的畜牧业发达国家。畜牧业是德国农业和农村经济的支柱产业，成为农民增收和就业的主渠道之一。德国畜牧业养殖以草食畜为主，养牛业占比大。畜牧业生产中以奶类产量最高，其次为猪肉、牛肉等肉类（图2-2）。1961年以来，德国奶类产量逐年上升，年产量从2 487万吨达到1986年的产量高峰，为3 454万吨，之后经历了缓慢下降，到1994年达到产量低点，为2 787万吨。1995—2006年，德国奶类产量比较平稳，年产量保持在2 800万吨左右。2007年开始，德国奶类产量进入恢复性增长期。2014年其产量超过3 200万吨，至2017年均保持在年产量3 200万～3 300万吨。德国肉类产量仅次于奶类，并以猪肉为主，其次是牛肉、禽肉。50多年来，猪肉和禽肉产量呈增长趋势。2011年德国猪肉产量达最高峰，为562万吨，是1961年猪肉产量的2.1倍。之后，猪肉产量略有下降，2017年德国猪肉产量551万吨。1961—2008年，德国牛肉年产量仅次于猪肉。1991年是牛肉产量高峰，为218万吨。此后，牛肉年产量稳定在120万吨左右。2009年，德国禽肉产量为129万吨，首次超过牛肉产量。此后，禽肉产量增长，2014—2017年年产量均在150余万吨。1961—1972年是德国带壳鸡蛋产量的增长期，年产量从68万吨增长到121万吨。1973—2010年，德国带壳鸡蛋产量进入下滑期，1990年首次降到百万吨以下。2010年，德国带壳鸡蛋产量为66万吨。

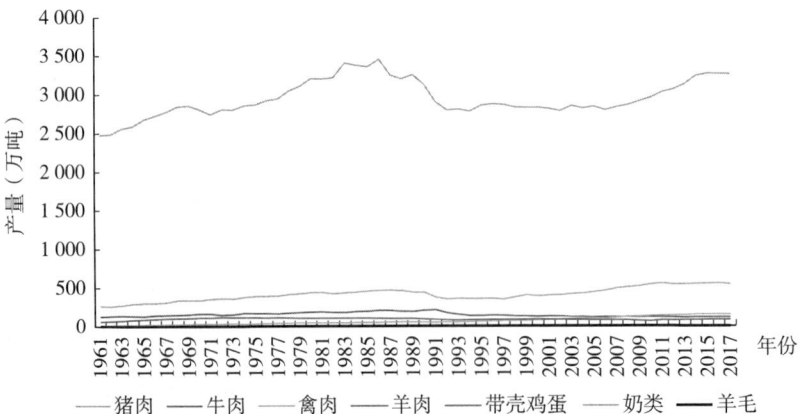

图2-2 1961—2017年德国主要畜产品年产量变化趋势

数据来源：FAO网站。

2011 年起，德国带壳鸡蛋产量有所恢复，2017 年达到 83 万吨。50 多年来，德国羊肉年产量基本在 5 万吨以内，羊毛年产量在 1 万～2 万吨。

四、林业基本状况

德国是欧盟中森林资源最丰富的国家，是世界主要林产品生产国，森林总面积为 1 140 万公顷，森林覆盖率为 32.7%。德国主要的林产品有原材、锯材、纸浆材、单板等。原材产量在 1961—1990 年呈上升趋势，达到 8 471 万米³，1991—1993 年原材产量迅速下降，跌至 3 315 万米³，1994—2007 年原材产量波动上升，超过 9 000 万米³，2008 年以后原材产量在 7 000 万米³ 上下波动，2019 年，德国原材产量约为 7 600 万米³。1961—2019 年，德国锯材产量基本保持在原材产量的 1/3 左右，产量波动特征与原材基本一致。2019 年，德国锯材产量已经从 1961 年的 1 166 万米³ 增长至 2 457 万米³，年均增长率 1.3%（图 2-3）。

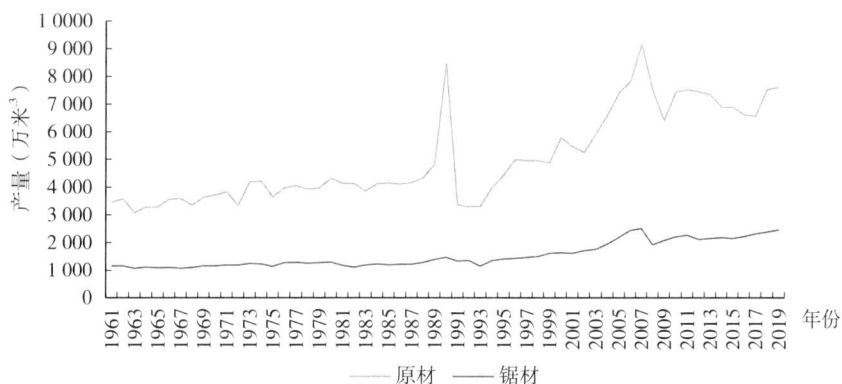

图 2-3　1961—2019 年德国主要林产品产量变化

数据来源：FAO 网站。

德国林业的快速发展得益于 20 世纪 60 年代初到 80 年代后期近 20 年中，德国的林业机械化推广、木材市场整顿、减少木材和林产品的进口、加大对林业的国家投资等措施。

五、渔业基本状况

德国渔业品种丰富，主要有淡水鱼、海鱼、甲壳类、扇贝类等。1961—

2017 年，德国水产品产量总体呈下降趋势。1961—1968 年，水产品产量一度从 75 万吨增长到 99 万吨。从 1969 年开始，德国水产品产量变化表现为波动下降的特点，2012 年产量最低，为 24 万吨，2017 年产量为 28 万吨。海鱼是德国渔业的主要品种，2017 年海鱼产量为 24.6 万吨，占水产品产量的 85％以上，比 2016 年减少了一个多百分点（图 2-4）。德国淡水鱼产量通常占水产品产量的 10％左右。北海是德国最重要的捕捞区，此外德国还在英国西部水域和北美洲东海岸、波罗的海捕捞。

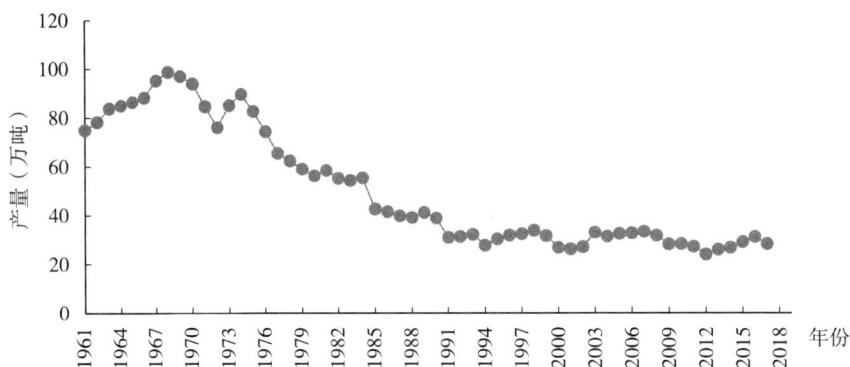

图 2-4　1961—2017 年德国水产品产量变化

数据来源：FAO 网站。

六、德国农业在世界农业中的地位

德国作为经济总量和人口总量均在欧盟排第一位的经济大国，在农业生产、贸易等方面呈现技术现代化、功能多样化、产品优质化、生产高效化、服务专业化和农村人文化的特点，农业科技领先且成效显著，在世界农业中具有重要的地位。

首先，德国是世界上第三大农产品和食品出口国，对世界农产品贸易平衡发挥了重要作用。尽管德国是世界第二大农产品进口国，为农产品净进口国，但同时也是世界第三大农产品出口国[①]。2016 年，德国农产品出口额达 705 亿欧元，首次超过 700 亿，创历史新高，占全部出口额的 5.8％。进口农产品 771 亿欧元，占全部进口额的 8％。德国出口优势较为明显的农产品为奶制品

---

① 徐玉波，刘江，2015. 中德农业合作深入发展研究［J］. 世界农业（4）：13-15.

和焙制食品。主要进口农产品为鱼类、果蔬、酒精饮料和咖啡、茶叶,其他主要农产品的进口量较为接近。德国食品出口量占其生产总量的 1/3,食品经济收益的 1/3 来自出口。由于地缘政治的原因,德国进口农产品 78% 来自欧盟成员国,77% 的出口农产品销往欧盟成员国,其贸易伙伴国主要是荷兰、法国和意大利。

德国之所以会同时大量进口和出口农产品,第一个原因是耕地资源匮乏。耕地资源较少且集中在一定区域,气候也较为单一,导致生产的农产品种类和数量均较为有限,因此选择集中生产具有比较优势的农产品,需要大量进口其他类型农产品。从表 2-1 可以看出,德国农业用地面积占世界农业用地面积比例极低,平均不到 0.4%,且随时间呈持续下降趋势。第二个原因是德国农业生产的现代化水平高。在规模化、机械化以及组织化程度较高的条件下,德国农业生产效率大幅提升,能够以较少的土地生产出大量的农产品,除了满足国内需求之外,也能大量出口。

表 2-1 德国农业用地面积和世界农业用地面积对比

单位:千米^2

年份	德国	世界	德国占比(%)
1990	180 320	40 670 334.01	0.443 4
2000	170 680	48 110 831.77	0.354 8
2011	167 190	48 728 564.65	0.343 1
2012	166 640	48 796 540.81	0.341 5
2013	166 970	48 770 736.05	0.342 4
2014	167 250	48 911 665.74	0.341 9
2015	167 310	48 617 502.92	0.344 1
2016	166 570	48 632 687.60	0.342 5

数据来源:FAO。

2016 年,德国农业用地 166 570 千米^2,约占德国土地面积的一半,其中耕地面积 17 733 万亩*,占农业用地的 70.7%,草地面积 7 035 万亩,占28%。德国现有 75 万个农业综合企业,雇用了约 450 多万员工,创造价值达4 120 亿欧元。农业和食品出口为农村地区创造了就业和经济繁荣,提供了大约 32 万个就业岗位。在德国工作人口中,从事与农业相关的职业仅占 2%,

---

* 亩为非法定计量单位,1 亩=1/15 公顷。——编者注

平均一个农民可以养活 150 个人，这一成绩离不开农业生产的高效率。

其次，德国畜产品产量较高，是世界上第四大猪肉出口国。德国雨水丰沛，日照少，山地和沼泽地多，适于牧草或饲料作物生产，畜牧业生产发达，主要饲养乳用、肉用牲畜。从畜产品产量上看，德国牛奶产量居欧盟首位，牛肉产量仅次于法国，居欧盟第二位。德国饲养超过 2 700 万头食用猪，是欧洲第二大猪肉生产国，仅次于西班牙；是世界第四大猪肉生产国，仅次于中国、美国和西班牙。德国每人每年平均消费 36.2 千克的猪肉，超过所有肉类消费的一半。德国也是全世界数一数二的猪肉出口大国，2016 年的出口量居全球之冠。

再次，德国是世界上最大的农业机械出口国，也是西欧最大的农机生产国和第二大消费国。在德国农业生产成绩的背后，是德国农业的高度机械化。在德国，小麦、谷物的生产、收储，牧草的收割、翻晒、起堆、打包等作业环节，全部使用机械。德国还是世界最大的农机出口国，农机制造业产值约占全世界总产值的 10%，产品出口率达 74%。2007 年，行业出口首次突破 40 亿欧元，主要出口对象是法、俄、英、美等国家。从业人数超过 3.3 万人，但员工超过 20 人的企业仅 200 余家。2008 年，德国农机销售额为 75 亿欧元，增幅达 24%。德国农机产品以动力设备（拖拉机）为主，占农机业产值的近一半（47%），销售额为 35.4 亿欧元。三大拖拉机生产基地（曼海姆、马克特奥伯多夫和劳伊根）年生产拖拉机 6.55 万台，83% 外销，目的地主要是欧盟各国，少量销往美国和东欧。近年来，随着农业机械化程度的提高和农场规模的不断扩大，大功率拖拉机逐渐成为主流。德国生产的拖拉机中，150 马力以上占 37%。除拖拉机外的其他农用机械销售额为 39.6 亿欧元。其中联合收割机 11.8 亿欧元，出口率 85%。农业机械继续朝复式作业和联合作业方向发展，例如实现松土、施肥、播种一次性完成的机具越来越受到市场欢迎。

最后，除了畜产品和农机外，德国其他粮食作物种植以及农副产品研发方面也有突出的优势。2015 年，谷物播种面积 9 780 万亩，产量 4 890 万吨，约占欧盟总产量的 16%，仅次于法国。黑麦、大麦、油菜、马铃薯和啤酒花等作物的产量均居欧盟首位。从产值来看，牛奶、猪肉、牛肉和小麦最高，分别占欧盟的 19.2%、17.7%、14.7% 和 17.2%。在德国，葡萄作物的种植历史也十分悠久。莱茵河上中游地区及美茵河、内卡河、莫塞尔河下游及易北河上游地区都是有名的葡萄产区。2017 年，葡萄种植面积为 155 万亩，葡萄酒产量 800 万升，居欧盟第四位（仅次于意大利、法国和西班牙）。此外，德国在动植物育种、农业生物技术与转基因工程以及可再生能源利用和开发等方面的创新研究居世界领先水平[①]。比如，在小麦、黑麦和燕麦等麦类产品品质以及抗倒伏、抗病等方面已取得显著成果[②]。

第二节　农业对国民经济的贡献

农业产值是国内生产总值的重要组成部分之一，农业发展状况对国民经济的发展有着重要的影响。近 50 年来，德国农业产值占国内生产总值的比例总体呈减少趋势，这是符合经济社会发展趋势的。1970 年，德国农业产值占国内生产总值的比例为 3.67%，1970—1977 年，德国农业产值占国内生产总值的比例逐渐减少且都维持在 3% 以上，年均减少 0.08 个百分点。1978 年，德国农业产值占国内生产总值的比例首次低于 3%。

1978—1984 年，德国农业产值占国内生产总值的比例年均值为 2.46%，呈小幅减少趋势，但每年均高于 2%。1985—2002 年，德国农业产值占国内生产总值的比例变化区间为 1.92%～1.15%。2003 年，德国农业产值占国内生产总值的比例首次跌破 1%。德国农业产值占国内生产总值的比例较低，且呈减少的趋势，尽管如此，但德国农业在国民经济中仍占有重要位置。

近 50 年，德国国民经济不断发展，国内生产总值增长率有高有低，三次产业对国内生产总值的贡献也不同。近 50 年，农业对德国国民经济的贡献整体上呈降低趋势。2000 年以来，农业对国内生产总值的贡献率常为负值，对国内生产总值增长的拉动作用很小。而工业和服务业对德国国内生产总值的贡献越来越大。1971 年，德国农业、工业、服务业对国内生产总值增长的拉动作用分别为 0.11%、1.46%、1.56%，工业和服务业对国内生产总值增长的拉动作用分别为农业的 13.27 倍、14.18 倍。同时，德国工业对国内生产总值的拉动作用逐渐减少，而服务业的拉动作用则逐年增加，服务业成为对德国国民经济贡献最大的产业。2000 年，德国工业、服务业对国内生产总值的贡献率分别为 42.9%、58.2%。2007 年，德国工业、服务业对国内生产总值的贡

---

① 吕立才，庄丽娟，2011. 中国农业国际合作的成就、问题及对策 [J]. 科技管理研究，31（9）：37-40.

② 刘英杰，李雪，2014. 德国农业科技创新政策特点及其启示 [J]. 世界农业（12）.

献率分别为 49.5%、49.5%。而到了 2018 年，德国工业、服务业对国内生产总值的贡献率分别为 22.7%、78.3%（表 2 - 2）。

表 2 - 2　2000—2018 年德国三次产业对国内生产总值的贡献率

单位：%

年份	第一产业	第二产业	第三产业
2000	−1.1	42.9	58.2
2007	1.15	49.5	49.5
2010	−0.1	56.9	43.2
2018	−1.0	22.7	78.3

数据来源：《国际统计年鉴》。

一、产品贡献

农业为城乡居民提供以粮食为代表的多种多样的食品以保障劳动力的维持和再生产，从而保障整个国民经济的发展。食品是人们生活中最基本的必需品，非农产业部门的食品消费主要来源于农业部门。德国居民 45% 的收入用来购买食品和以农产品为原料的消费品。农业除了对国民的食品贡献以外，还有对国家工业发展所做出的原料贡献。在工业化早期阶段，一般国家的工业是以农业原料加工业为主，所以工业的发展与农业的发展状况密切相关。德国的农产品 70% 以上作为原料提供给消费品工业和生产资料工业。由此可见，德国农业对国民经济有着重要的产品贡献。

德国农业承担着为人们提供食品的重要任务，它一直以来为人们提供了生活必需的谷物、蔬菜、水果、肉类、蛋类、奶类产品。1961—2017 年，农业为人们提供了大量的谷物。1961 年，德国农业为人们提供了 710.42 万吨谷物（不含制酒），且提供数量随着时间的推移不断增加。2010 年，农业提供了 4 380 万吨谷物。2017 年，农业提供了 3 768.75 万吨谷物。从 1961 年起德国农业为人们提供的蔬菜数量逐渐减少，种植的蔬菜品种也比较有限，主要为本国市场提供番茄等。2009 年，德国农业为人们提供了 364.10 万吨蔬菜。近年，德国蔬菜的进口依赖度比较高，超过 50%，主要从邻近的荷兰等欧盟国家进口。德国水果产量波动较大，种类较少。2009 年德国农业提供的水果数量为 686.27 万吨，较 1961 年增长了 18.12%。德国畜牧业得到长足发展，为人们提供了越来越多的畜产品，尤其是肉类、奶类产品。2017 年，德国畜牧业为人们提供了 818.82 万吨肉类产品、82.62 万吨蛋类产品、3 259.82 万吨奶类产品（表 2 - 3）。

表 2 - 3　1961—2017 年德国主要农产品产量

单位：万吨

年份	谷物	蔬菜	水果	肉类	蛋类	奶类
1961	710.42	364.10	580.99	471.88	93.35	1 264.38
1970	755.70	475.66	841.31	612.94	123.46	1 410.45
1980	781.33	528.19	815.88	751.98	135.11	1 545.03
1990	749.32	592.12	934.15	758.97	114.77	1 775.27
2000	833.94	745.31	952.27	691.64	102.94	1 884.88
2005	951.11	703.67	745.54	691.35	97.40	2 087.48
2010	4 380	—	—	811.18	66.24	2 961.63
2015	4 890	—	—	827.96	80.11	3 268.46
2017	3 768.75	—	—	818.82	82.62	3 259.82

数据来源：FAO 统计数据库。

二、要素贡献

农业对国民经济发展的要素贡献，是指农业的生产要素转移到非农产业，从而推动非农产业部门的发展。农业部门提供的生产要素有劳动力、资本和土地。土地是农业生产必不可少的基本生产资料，同时也是非农部门必不可少的生产资料。除了利用荒地和位置与质量很差难以用于农业的土地外，非农部门的发展所需要的新增土地，只能来自由于农业生产率的提高而提供的富余土地。因此，农业为非农部门提供了重要的土地要素。农业为非农部门提供劳动力，是其要素贡献中的核心部分，是农业发挥其推动国民经济发展作用的最强有力的部分。农业劳动力进入非农部门，是农业劳动生产率提高的结果，是农业逐渐走向现代化的结果。农业部门为非农业部门的发展提供资金，也是其对国民经济发展所做出的重要贡献。农业为非农业部门提供资金最主要的形式是通过纳税的形式直接向政府提供资金；以工农产品价格"剪刀差"形式提供其他产业发展的资金；随着农村金融网络的发展，农业部门资金流向利润更高的非农部门。

1970—2010 年，德国农业就业人数占总就业人数的比例逐渐减少，减少的劳动力转移到了工业、服务业中，为非农部门的发展提供了大量的转移劳动力，成为国民经济发展的重要推动力。1970—2009 年，德国农业就业人口数量逐渐减少，仅 2010 年小幅反弹，工业和服务业就业人数逐渐增加。1970年，德国农业就业人数为 226.2 万人，工业和服务业就业人数合计为2 390.7 万人。1980 年，德国农业就业人数减少了 82.5 万人，而工业和服务业就业人数增加了 45.3 万人，这就是说 1970—1980 年，农业产业减少的就业人员转移至非农产业。从表 2-4 可以看出，1970—1990 年，德国农业转移出的就业人数占工业和服务业增加就业人数的年均比例为 30.53%，占有较大比例。2007 年，该比例减少至 10.47%。2010 年，该比例进一步降低至 10.20%。但不可否认，农业产业确实为非农产业提供了大量的劳动力资源。

表 2-4　1970—2010 年德国农业产业提供的劳动力资源情况

单位：万人

年份	农业就业人口	工业就业人口	服务业就业人口	农业转移出的就业人数占工业和服务业增加就业人数的比例（%）
1970	226.2	1 290.2	1 100.5	—
1980	143.7	1 127.2	1 308.8	42.12
1990	107	1 172.0	1 654.4	27.36
2000	98.8	1 210.2	2 351.4	10.88
2001	94.2	1 193.4	2 394.0	11.03
2002	92.3	1 165.6	2 395.7	11.44
2003	89.5	1 126.5	2 401.2	12.02
2004	83.2	1 098.6	2 384.1	13.10
2005	86.8	1 087.0	2 482.8	11.82
2006	84.3	1 103.5	2 544.4	11.29
2007	85.9	1 136.3	2 594.1	10.47
2008	77.9	1 168.0	2 647.5	10.41
2009	77.9	1 167.9	2 647.4	10.41
2010	78.4	1 175.3	2 664.0	10.20

数据来源：根据历年《国际统计年鉴》数据计算得到。

三、市场贡献

农业对国民经济发展的市场贡献包括两方面的含义。一是农民作为买者，购买服装、家具、日用品、耐用消费品等和农用机械、化肥、种子、农药、农膜、电力及其他农业投入品。农民对这些工业品的消费扩大了工业品的市场，工业品市场的扩大又会刺激工业和其他非农产业的扩张。二是农民作为卖者，农民在市场上出售农产品，把粮食及其他农产品出售给非农产业部门的生产者和消费者。随着农业生产水平和商品化程度的提高，农民销售农产品的规模越来越大。农民的这种销售活动，不仅提高了农业自身的市场化程度，而且满足了非农产业部门的生产者和消费者对农产品的需求。

从农民作为买者购买农用机械、化肥等农业生产投入品的角度看，德国农业对国民经济发展做出了很大的市场贡献。德国农业机械化程度较高，农业生产中大量使用农用拖拉机、联合收割机和挤奶机等机械。1961—2007年，德国拥有农用拖拉机、联合收割机和挤奶机的数量均较高，在欧洲属于机械化程度较高的国家。1961年，德国拥有农用拖拉机、联合收割机、挤奶机分别为102.79万台、8.32万台、51.82万台。由于现代科学技术的提高，20世纪70年代，德国农业机械化已经基本完成，农业开始向生物化、高新技术化发展，农业机械使用量逐步减少，但是农业生产中消费的农用机械还是对农用机械市场的发展做出了贡献。2007年，德国拥有农用拖拉机、联合收割机、挤奶机的数量分别为76.73万台、8.55万台、25万台。这些数字表明，德国农业消耗了大量农用机械，促进了农用机械市场的发展。德国是当今世界上生产和使用化肥较多的国家之一。目前，德国农业中使用肥料虽然有化学肥料和有机肥料两种，但绝大多数还是化学肥料。1961—2007年，农业使用化肥量最高为1980年，用量为516.93万吨。2007年，德国农业使用化肥量为231万吨。虽然德国农业使用化肥量在这40多年间逐步减少，但是农业消耗的化肥量还是很大的，对于化肥市场的发展有重要作用，是化肥市场最大的消费部门。

四、外汇贡献

外汇贡献是指通过出口农产品，为国家经济建设赚取外汇。此时由于工业基础薄弱，科学技术落后，工业品不具国际竞争力，难以出口创汇，而工业发展又需要用外汇从国外进口先进的技术、设备和一些原材料。因此，具有比较优势的农业部门在出口创汇方面必然会扮演一个重要角色。

1970 年，德国农业出口额为 12.9 亿美元，占德国出口总额的 3.76%，创造了一定的外汇收入。1970—1980 年，德国农产品出口急速增长。1980 年，德国农产品出口额为 110.2 亿美元，为 1970 年的 8.5 倍，农产品出口额占总出口额的比例也增加至 5.93%（表 2-5），为德国外汇收入创造了重要贡献。随着工业、服务业的逐渐发展壮大，德国农业出口额虽增加较快，但是占总出口额的比重却一度下降，农业出口创汇的作用逐步弱化。2015 年以后，德国农业出口额占总出口额的比重恢复到 5.5% 左右，为工业和服务业的发展提供外汇，为德国国民经济的发展做出了重要贡献。

表 2-5　1970—2017 年德国农业出口额及其占总出口额比重情况

单位：亿美元

年份	农业出口额	总出口额	农业出口额占总出口额的比重（%）
1970	12.9	343.2	3.76
1980	110.2	1 859.7	5.93
1985	100.4	1 766.0	5.69
1990	203.7	4 251.9	4.79
1995	246.8	6 043.3	4.08
2000	241.5	6 342.2	3.81
2005	424.7	11 416.2	3.72
2010	667.1	16 940.0	3.94
2015	722.7	13 009.7	5.56
2016	737.4	13 524.0	5.45
2017	791.7	14 488.0	5.46

数据来源：根据历年《国际统计年鉴》计算所得。

第三章 CHAPTER 3
德国农产品流通与加工 ▶▶▶

在已经进入工业化后期的德国，居民家庭餐桌上的食品，极少是直接从集贸市场买回来的未经加工的生鲜果蔬、肉制品，大多数是从大、中、小型超级市场采购的已经过加工的"工业制成品"或"工业半成品"，如香肠、面包、罐装蔬菜水果等。正因如此，在德国等西方发达国家，很少用到我们常用的词语——农产品（agri-product），用的更多的是食品（food）。在高度工业化、商业化的德国社会中，农产品的流通是从从事种植、养殖的农场主开始，经过各种食品加工企业，再经过各种批发、零售等流通主体，加上长途运输、重重质检等众多环节，最后到达居民餐桌上，形成了一个角色众多、组织严密、环环紧扣的"大流通体系"，农产品的流通已经全面实现农业与工业、商业的融合。本章主要介绍独具特色的德国农产品流通与加工及相关政策。

第一节　农产品流通体系

从供给角度讲，农产品具有生产季节性、区域性强且不易储存等特点，但从需求角度说，农产品却是消费者每日生活都离不开的生活必需品。农产品的充足、安全供给是一个国家居民生存的基本要求，也是一个国家社会政治、经济正常运转的根本保障。德国农产品的流通受德国农业生产方式、经济发展水平、社会政治、经济体制等众多因素影响，形成了具有德国特色的农产品流通体系。

一、农产品流通渠道

农产品流通渠道简单说就是农产品由生产者到达消费者手中所经过的渠

道，是农产品由生产者向消费者转移过程中所采用的流通方式或组织方式。合理高效的农产品流通渠道，可以使农产品在流通中花费最少的流通费用，及时地从生产者手中转移到消费者手中，保障农产品生产者持续生产，平衡农产品供求，提高农产品的竞争力，满足消费者需求。流通渠道的选择受各种因素的影响，如政策因素、市场因素、交通因素、产品因素及生产者因素等，形成了长短不同、宽窄不一、或直接或间接的流通渠道。

德国农产品流通渠道和美国、日本的流通渠道有很大不同。在美国农产品流通中，产品直销占有很大比重，蔬菜、水果类产品产地与各大型超市、连锁经销网络点的直销比例约占 80%，而经批发市场流通销售的仅占 20%。而在德国，直销只占了极小一部分，而且主要是仅有的几种农产品，如马铃薯、鸡蛋、鲜奶、酒类。从农场主的角度来说，直接销售有很多好处，产品售价不仅高，而且价格也较为稳定。据粗略统计，德国马铃薯、鸡蛋（两个主要的直销农产品）通过农贸市场直接销售的数量占总销售额的比例不足 10%，且近几年有进一步下降的趋势。这种流通模式与农场规模有很大关系。德国农业经营模式以中、小家庭农场为主，目前中、小型家庭农场平均规模为 10～50 公顷，这与平均规模约为 180 公顷的美国农场比较起来规模偏小。日本、韩国的农场规模更小，为了实现这种小生产与大市场的对接，日本形成了主要经批发市场的销售渠道。目前全日本经由批发市场流通的蔬菜占 81%，果品占 72%[①]。德国的农产品同样面临着小生产与大市场的矛盾，批发市场同样发挥着重要作用，同时，农业合作社在德国的发展历史久远，在农产品流通中起到了中坚力量。具体渠道可参见图 3-1。

二、农产品主要流通环节

在德国的农产品流通体系中，德国农产品在加工和销售环节投入的人力较多，所创造产值也较高，而且从生产到加工，再到销售，集中度越来越高，三大环节紧密相连。

（一）农场生产的规模化

德国农业生产单位以家庭农场为主，规模化生产是德国农业的一个基本特

---

① 邹雪丁，王转，2009. 基于国际经验的农产品流通模式研究 [J]. 物流技术（1）：20-22.

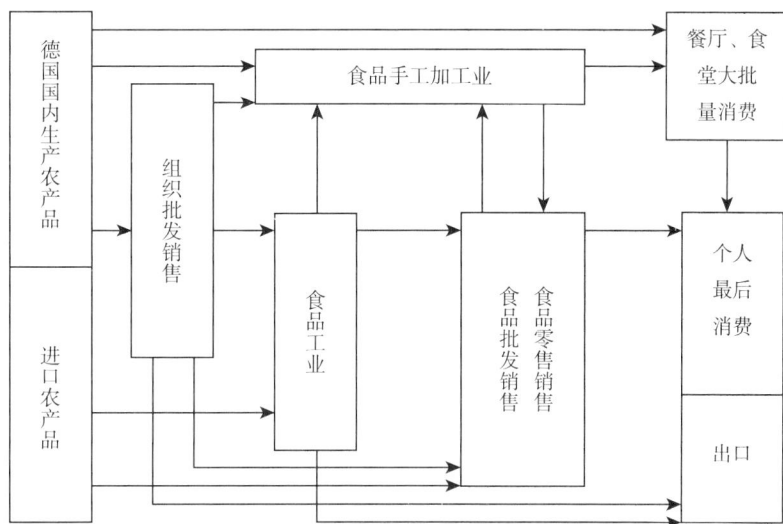

图 3-1　德国农产品流通渠道构成

资料来源：M. Bergen，K. Golombek，M. Koneberg，the food industry in Germany。

征。截至 2018 年底，德国农业用地 1 664.5 万公顷，约占德国国土面积的一半，其中农田面积 1 173.1 万公顷。2018 年有农业企业 26.7 万家，以中小企业和家庭企业为主，平均占有土地 62.4 公顷。从过去十几年的发展来看，德国土地集中的趋势还在继续。土地的日益集中，导致农业企业或农场主的数量日益减少，规模却在不断增加，更有利于这种规模化生产经营。在德国农业生产中，70%的农业用地用于粮食生产。畜牧业产值占农业总产值的 60% 以上，在德国农业中占有重要地位，且大面积的农场约 30% 的土地直接用于种植牧草。这种大面积种植和养殖，有利于农场主通过合作组织与食品企业建立直接的产销关系，或者通过个体农场主或共同组建的农业加工企业直接对农副产品进行生产加工，然后流入市场。

（二）农产品加工的品牌化

在农场种植少数几种农作物或饲养少数几种畜禽之后，便是德国食品加工业冗长的加工链条。德国农产品加工业的加工程度深，产品附加值高，且多是品牌化生产。加工业的范围很广，包括粮油加工、果蔬加工、畜禽加工、乳品加工等，食品品种数不胜数。德国市场上几乎没有专门卖新鲜肉类、瓜果和蔬菜的市场，一般只有加工过的农产品才能在市场上出售。小麦经过加工制成各种各样的面包、面条；大麦经过加工制成啤酒或麦片；畜禽宰杀后按部位加工成冷冻产品，或制成直接食用的香肠等食品。为了区别不同企业的同类产品，增加农产品价值，各企业进行商标认证和品牌销售，在德国仅啤酒品牌就有数百种，通过商标和品牌等商业运作使得农产品价值成倍增加。

在德国食品加工业中，手工加工企业仍然占有一定比例。据粗略统计，手工加工业产值占农产品加工业总产值的比重约为20％。手工加工业提供了高品质、具有地方特色的食品。因为没有严格法律区分食品工业企业和手工食品加工企业，一般也不容易把两者区别开来。

(三) 农产品批发市场

在农产品或食品的流通过程中，先要经过批发市场这一环节。早在18世纪末，农产品批发市场在欧洲已有雏形，到了20世纪60年代，现代化的农产品批发市场在欧洲已基本形成。特别是80年代以来，随着计算机和通信网络的发展，在各个批发市场上，可以显示全国各批发市场的果菜行情，这种方式极大地提高了农产品批发效率，节约了农产品流通费用，加快了流通节奏。正因如此，德国以及法国、荷兰都坚持批发市场的公益性原则。但近些年，超级市场凭着环节少、规模大、实力强、信誉好等优势，越来越容易从农场主或加工企业直接取得货源，对消费者进行销售。批发市场的地位和作用均呈现出不同程度的下降。

目前，德国主要有两类批发市场，一类是综合性批发市场，另一类是专业性批发市场。综合性批发市场相对规模更大，零售商可以在批发市场中采购各种各样的农产品和食品。专业性批发市场是买卖特定商品的场所，在德国的一些城市里，他们开办有一些蔬菜、水果和花卉批发市场。公益性质的批发市场（由批发商合作开办）一般只在早上规定的时间内营业，而私营性质的批发市场（由合作社、菜农及专业性批发商开办）一般则是全天候进行交易，再加上私营性质的批发市场运行和决策机制更为灵活，因而相比公益性质的批发市场，具有较好的市场效益。现在不少公益性质的批发市场也引进了全天营业和自选采购方式，以提高管理效益。如典型的汉诺威农产品批发市场改革[①]。批发市场在整个农产品和食品的流通过程中，起到了非常重要的作用。批发市场为

---

① 洪涛，2004. 借鉴法、德农产品批发市场 [J]. 中国市场 (5)：34-35.

零售商提供了选择不同商品品种的场所，而且大大减少了市场流通时间，提高了流通效率。

为了节省物流时间，提高流通效率，一般在农产品批发市场附近建立一个农产品或食品中转站，也叫配送中心。农产品或食品先集中到配送中心，配送中心再根据各个零售商的要求，对农产品或食品进行分类、包装、储藏。配送中心最重要的任务就是把农产品或食品及时送给各个零售商。

（四）农产品零售的连锁化

农产品流通体系中，"最后一公里"的德国零售业，目前发展非常成熟，各种销售业态均有，零售业基本上已实现连锁化。德国的农产品和食品最后主要通过连锁超市销售，目前该销售比例在德国已达到 95%。德国是欧盟中最大的农产品和食品市场，其中 70% 以上市场份额由 5 家大型连锁销售企业所控制，他们分别是艾德卡（Edeka）、瑞沃（Rewe）、施瓦茨集团（Schwarz Group，该集团由 Lidl 和 Kaufland 合并而成）、阿尔迪（Aldi）、麦德龙（Metro）。其中艾德卡是德国最大的食品零售商，该集团的特色是独立零售商联手经营。2018 年 7 月，《财富》世界 500 强排行榜发布，德国艾德卡公司排行第 310 位。随着食品销售额的逐年增加，销售企业数量却呈现出迅速下降趋势。在德国的连锁商业中，较多的食品连锁超市门店面积不大，一般在 120~400 米^2，这些超市中约 80% 的商品是食品，包括肉类、奶制品、罐装食品等工业制成品，新鲜蔬菜和水果较少，且多是价格相对较高的有机蔬菜、水果。这种规模的超市，最大的优势在于深入社区。在德国居民区，一般步行 5~10 分钟就会有一家这类超市，方便了居民，深受消费者欢迎。

关于德国的零售业，不能忽略德国的一种重要的零售方式——折扣销售。这种销售方式最早在德国出现，后来欧洲的一些国家纷纷效仿，现在全球大多数国家都有这种零售方式。食品折扣销售在德国业绩良好，以德国阿尔迪农产品折扣超市（以下简称"ALDI"）为例，近年来，ALDI 在本土市场迅速扩张，在德国国内的连锁店已有 3 600 多家。目前，ALDI 的年营业收入 340 亿美元，是德国最大的食品连锁零售企业，在全球零售企业品牌资产评估中位列前十[1]。

---

① 张蓓，2016. 国外农产品折扣超市营销因素组合及启示 [J]. 世界农业（4）：29‑34.

总体来说，德国零售业具有很强的国际竞争力，国外的零售商很难与之竞争。最典型的案例是闻名全球的美国沃尔玛零售集团，于1997—1998年收购了德国"韦尔特考夫"和"因特斯帕尔"两家连锁商店从而进入了德国市场，沃尔玛以低价销售模式位居全球最大零售商，但最终不敌德国本土的阿尔迪等零售集团，连年出现亏损，无奈于2006年将其85家连锁店出售给德国Metro集团，全面退出了德国市场。

三、农产品流通保障体系

农场主、食品企业和零售商三大主体，共同组成了德国农产品流通体系的核心环节。除此之外，在农产品流通的过程中，还需要质检、运输、协调等众多有效的保障环节。这就需要政府制定完善的法制、严格的监督和惩罚措施来保证食品流通安全，需要各种性质的农业合作社、食品工业协会等组织来保证流通的顺利、有序进行，需要各类运输、存储和包装企业等流通的真正实施者对农产品进行高效、保鲜流通。

（一）政府

在德国农产品流通体系中，政府对流通中基础设施建设、流通人才的培养、流通中食品质量安全监管负有重要职责。

德国政府在物流基础设施方面做了大量的工作。经过几十年的发展建设，基本实现了物流设施的网络化、信息化。政府在加强公路、铁路、港口的基础设施建设方面发挥着重要作用。德国所有的运输基础设施均由政府投资兴建。政府的投资资金一方面通过税收获得，另一方面通过土地置换获得。德国的高速公路四通八达，与周边各个国家都有高速公路连接。水路开发历史悠久，莱茵河、易北河、多瑙河等天然河流和人工运河形成网络，通往各个城市港口，同时又可与周边国家重要海港相连，担负着德国重要的运输任务。德国铁路网是世界上最大的铁路网之一，也是欧洲交通道路的核心之一，总长达4.2万千米，全球排名第六，连接着所有大城市和几乎所有小城市，是大宗货物流通的重要运输方式。发达的水、陆、空交通，为物流发展创造了良好条件，实现了运输的网络化。同时，德国政府也非常重视物流的长期发展规划，在德国境内规划了70多个物流中心及货运中心，各州政府和地方政府积极配合德国政府的规划工作，负责征地、基础建设等各项工作，积极推进物流中心和货运中心的建设及交付使用。

政府对信息技术的发展起到了重要的推动作用。政府重视信息技术发展的科研投入，对科研机构进行资金扶持，鼓励科研机构与企业合作，促进科研成果应用。德国先进完善的信息系统使物流业已基本实现信息化、自动化。大企业集团都是通过信息网络将全国的需求信息和遍布全欧洲的连锁经营网络联结起来，置于同一个信息平台上，相互间的信息交流非常方便，确保了物流信息快速、可靠地传递①。政府和相关农业协会共同开设了网上虚拟市场，在网上为各农业协会、生产加工企业和销售企业提供农产品的供给和需求信息，指导现实中各部门的生产和需求。

德国政府对农产品流通中人才培养高度重视。德国劳动力素质较高，对职业教育实行的是以国家立法、校企合作、企业为主的一种办学制度，强调实践教育，注重应用和实际操作。有意向从事农产品流通的人员可以参加关于农产品流通的专业职能培训，考试合格并取得专门证书后，才有资格从事这项工作，较高的劳动者素质和技能保障了流通效率的提高。

政府为保障流通中食品质量安全，对食品在生产、流通中进行严格管理。德国早在1879年就制定了《食品法》，目前正在实施的《食品法》已经过多次修订，涵盖原材料采购、生产加工、运输、贮藏和销售所有环节。政府建立了完备的食品安全分级负责体制，设立了覆盖全国的食品检查机构，联邦政府、州政府和各地方政府都设有负责检查食品质量的监管部门，各部门工作人员大多是食品类的专家。已经上市的食品仍在政府相关部门的检查之下，对不同种类食品分别进行管理，如对易变质食品——肉、蛋、奶，每月按制度进行检查；对酒、饮料、罐头类不易变质食品每年检查数次。检查中发现的问题，根据情节严重程度，处以或罚款或判刑的严重惩罚。正因如此，在德国出售的食品，只要有商检机构质量认可的标志，消费者就会比较放心。

（二）农业合作社

德国是农业合作组织的发源地。德国的农业合作组织历史悠久，早在

---

① 王中军，2007. 国外农产品物流的经验简述［J］. 世界农业（4）：8-9.

1864 年，弗里德里希·威廉·莱弗艾森（F. W. Raiffeisn）在德国建立了世界上第一个农业合作社。经过 150 多年的发展，如今农业合作社已遍布德国农村各地，并形成了多种类型的农业合作社。如购销合作社、加工合作社、奶制品和牛奶加工合作社、葡萄酒合作社等，70% 以上农业生产者加入了各类合作社。这些合作社结构完善、制度完备、服务周到，为农民提供生产、加工、销售及信贷、农资供应、咨询等方面的服务，成为一个综合性的社会服务组织。在整个农产品流通体系中，全国性的农业合作联社，经常与代表加工和销售环节的德国食品工业联合会（BVE）以及德国零售商协会（HDE）共同举办各种活动，协调立场并对政治施加影响。

（三）农产品会展

德国被誉为"会展王国"，是世界展览大国，拥有 26 个大型会展中心。据德国展览业协会（AUMA）统计，在世界范围内影响较大的 210 个专业性国际贸易展览会中，有 150 多个是在德国举办的，每年吸引约 18 万参展商和 1 000 万观展者。如《进出口经理人》杂志发布的《2018 年世界商展 100 大排行榜》，排名前三的都是德国展览（慕尼黑国际工程机械、建筑机械、矿山机械、工程车辆及设备博览会以 60.5 万米^2 的展出面积位居第一，其次为汉诺威工业博览会和汉诺威国际农业机械展览会），在 100 个商展中德国上榜 51 个，占据排行榜的过半席位。

互为补充且具规模的农业展览会同样成为德国农产品营销的独家利器。为促进农产品生产、加工和销售，德国充分发挥会展业的功能，每年举办数个颇具规模和影响力的大型会展。除科隆食品和饮料展外，还有法兰克福肉类食品加工业展，纽伦堡有机农业展，特别是柏林的"国际绿色周"，自 1926 年首次举办以来，经过近 90 多年的发展，目前已成为农业、食品、园艺和养殖业最大的博览会，其规模为目前全球同类博览会之最，每年都有来自几十个国家的数千名展商参展，仅直接交易额就达数十亿欧元。如 2018 年的第 83 届柏林"国际绿色周"汇集了世界各国超过 1 600 家展商的逾 10 万种产品，以及 300 场专业活动。各类展会除了传统的产品展示外，还通过举办论坛、研讨会和时装秀等各种形式，满足了新的商业模式要求，也将展会打造成了一流的国际订单交易平台。

第二节 主要农产品的流通

德国山地和沼泽地多，雨水丰沛，日照少，较适合于牧草或饲料粮种植，因此，德国畜牧业发达，畜牧业产值占农业总产值的 60% 以上，种植业产值占农业总产值的不足 40%，且国内所生产的粮食有一部分用于制作牲畜饲料。主要流通的农产品为粮食、蔬菜、水果、猪肉、牛肉、牛奶等。

一、粮食

粮食流通直接影响到一个国家的社会稳定和经济发展，因此在一个国家的国民经济中占有重要地位。尽管粮食流通在德国农产品流通中占的比重并不大，但它的重要程度绝不能忽视。德国早在 1965 年就制定了《国家粮食安全法》，对粮食生产、储备、流通环节等作出相应规定，以保障国家粮食安全。

（一）粮食生产

德国粮食种植面积一直是平稳中有小幅下降，2008 年种植面积为 703.9 万公顷，2010 年种植面积为 658.75 万公顷，2015 年为 651.75 万公顷，到 2018 年种植面积继续下降到 614.17 万公顷（图 3-2）。德国主要粮食作物为小麦、大麦和黑麦等（表 3-1）。

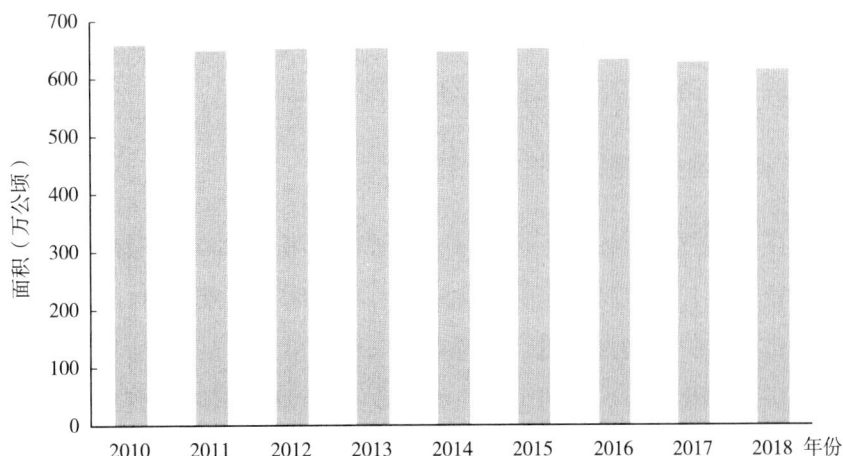

图 3-2 2010—2018 年德国粮食作物种植面积

表 3-1　2010—2018 年德国各主要粮食作物种植面积

单位：万公顷

年份	小麦	黑麦	大麦	燕麦	玉米
2010	330	63	164	14	47
2011	325	61	160	14	49
2012	306	71	168	15	53
2013	313	78	157	13	50
2014	322	63	157	12	48
2015	328	62	162	13	46
2016	320	57	161	12	42
2017	320	54	157	13	43
2018	304	52	166	14	41

数据来源：根据历年《德国统计年鉴》整理。

（二）粮食流通主体

德国粮食流通主体主要有三个：农业合作社组成的合作社粮食商业企业、由私人建立的私人粮食商业企业、粮食专业加工厂。这些企业承担了德国粮食收购、储存和销售任务。由于德国合作社悠久的发展历史，目前合作社粮食商业企业收购网点遍布德国农村各个地方，合作社粮食商业企业每年的粮食成交额约占德国粮食市场流通总量的 50%～60%，农村私人粮食商业企业约占30%，粮食专业加工厂约占 10%～20%。农场主在粮食收获后，直接送给粮食收购企业。粮食收购企业需要按欧盟及德国的粮食价格对农民进行补贴，集中起来的粮食要进行简单预处理，包括风干、分类等，然后或对收购的粮食进行储存，或适时销售给粮食批发商或粮食加工厂。

（三）德国粮食流通管理机构及监管

德国作为成熟的市场经济体制国家，对粮食流通，国家主要承担宏观调控和市场监管责任。在政府规定的粮食流通市场活动基本准则内，农场主和粮食企业能够自主地决定粮食流通，通过市场来形成粮食价格，但因为农业的多功能性，欧盟对农业进行一定的干预。德国政府下设联邦食品和农业部，并由联邦食品和农业部下属相关部门负责粮食生产、流通和进出口贸易，对粮食市场价格实施监控，并根据欧盟的统一规定，联邦政府采取一系列保护价格及补贴政策，以保护正常粮食供应。内部保护主要应用支持价格体系（即目标价格、干预价格和参考价格），必要时实行干预收购。外部保护是利用关税和非关税壁垒（主要是征收进口税），减少进口，防止外部竞争对手的进入；同时对粮食出口提供补贴[①]。政府对粮食流通主体进入市场设立了严格的限制条件：经营者必须符合质量安全、经营安全和环境保护等法规要求；粮食经营企业负责人必须具备一定的学历或相应的企业管理经验，还要经过国家统一的资格考试。企业设立后，政府专门机构负责日常检查和抽查，采取多种方式对粮食经营企业进行监管。各州也制定出相应的监管规则，设置相应的检查机构，对企业的检查无须事先告知，随机抽查和经常性检查相结合。一旦查明粮食经营主体存在质量安全、经营安全和环境存在问题，处罚比较严厉。根据企业的违法程度，依法追究责任人的法律责任。具体处理措施包括要求企业立即召回已销售的产品，并进行整改、封存或者销毁，甚至关闭企业，情节严重的将通过刑事诉讼来处理。

（四）粮食储备

德国的储备粮有两种：一种是国家储备粮，为应对自然灾害、战争等备用；另一种是欧盟干预粮，农民以干预价格出售给农业部储备局。德国对储备粮采取招标形式进行：对于国家储备粮，供应者和储备者都是通过招标进行确定；对于欧盟干预粮，农业部对储备者进行公开招标，粮食所有权属于欧盟，联邦政府执行欧盟政策。

德国粮食储备的承担者是私人企业。储备粮主要是政府按照保护价格收购的粮食，私人企业与政府签订收购合同，并进一步与政府确定储存费用补贴问题。企业根据合同规定的时期保存政府委托管理的储备粮，获得政府给予企业的储存费用。政府根据市场粮食供求情况，在市场粮食供不应求时，会授权粮食储备企业在价格高时销售一部分储备粮。

二、蔬菜、水果

（一）蔬菜、水果生产

蔬菜、水果生产在德国农业中所占份额并不大。2018 年德国露天蔬菜种

[①] 聂振邦，2003. 世界主要国家粮食概况［M］. 北京：中国市场出版社.

植面积为 12.6 万公顷，不到德国农业种植面积的 1%。从表 3-2 中可以看出，从 2010 年开始，德国的蔬菜种植面积总体上呈现增加趋势。近几年德国露天蔬菜主要种植种类为菜花、芦笋、胡萝卜以及豆类蔬菜等，种植面积位居前列的为芦笋、胡萝卜及豆类蔬菜等。2018 年芦笋、胡萝卜及豆类蔬菜的种植面积分别为露天蔬菜种植总面积的 18.5%、10.2% 和 8.3%。近几年各类蔬菜的种植面积波动不同，但总体上呈现增长态势。

表 3-2　德国蔬菜种植情况

单位：公顷

年份	种植面积	卷心菜	菜花	芦笋	根块茎蔬菜	胡萝卜	水果蔬菜	豆类
2010	110 570	20 992	4 491	18 794		10 367	7 545	8 780
2011	111 705	21 281	4 422	18 611		9 683	7 563	7 948
2012	114 631	20 690	4 369	19 329		10 150	8 317	9 299
2013	112 229	19 410	4 241	19 634		10 189	8 216	9 820
2014	115 201	19 529	4 057	20 122	29 930	10 111	8 921	9 237
2015	114 802	18 695	3 565	20 594	29 355	9 649	9 152	9 384
2016	120 930	18 802	3 269	22 274	32 047	11 209	9 783	9 617
2017	128 883	20 091	3 524	23 190	34 414	12 545	9 850	10 604
2018	126 471	18 840	3 365	23 408	34 111	12 955	9 390	10 456

数据来源：根据历年《德国统计年鉴》整理。

德国为农产品净进口国，主要进口农产品为鱼类、蔬菜、水果、酒精饮料和咖啡、茶叶等。总体来说，德国是蔬菜进口国，所需蔬菜，特别是新鲜蔬菜一半以上依赖进口。由于德国蔬菜种植面积的扩大、生产速度的加快，近些年蔬菜自给率在原有的基础上有所增加。德国蔬菜的进口贸易伙伴主要是欧盟成员国，荷兰、西班牙和意大利是其最重要的三大蔬菜供应国。

从表 3-3 可以看出，近年来，尽管有些年份德国水果总产量出现严重的减产，但是整体上水果的产量是增加的，并且产量增加比较明显，各类水果的产量也呈现出增长趋势。2018 年德国主要水果的总产量约为 289.5 万吨，是近几年产量最多的一年。德国除了苹果能基本自给外，其他水果如梨，年产量不足 5 万吨，而需求量达 20 万吨，缺口部分只能通过进口满足。而热带水果如香蕉、橘子等基本全依靠进口。水果进口主要来自西班牙、意大利、法国、荷兰、哥斯达黎加、巴拿马等国家。

表 3 - 3　德国主要水果产量

单位：吨

年份	总产量	苹果	梨	甜樱桃	李子	草莓
2010		834 960	38 895	30 831	53 223	156 911
2011		898 448	46 854	37 035	64 105	154 418
2012	2 314 220	972 405	33 898	23 005	39 836	150 050
2013	2 021 693	803 784	39 520	24 462	55 180	149 680
2014	2 730 489	1 115 900	44 972	39 571	63 055	168 791
2015	2 405 644	973 462	43 071	31 446	51 430	172 588
2016	2 453 094	1 032 913	34 625	29 373	42 057	143 221
2017	1 478 169	596 666	23 386	16 536	26 587	135 283
2018	2 894 506	1 198 517	47 644	44 223	70 121	141 693

数据来源：根据历年《德国统计年鉴》整理。

（二）蔬菜、水果流通主体和流通渠道

在德国完备的农产品流通体系中，蔬菜、水果的流通中介主体较多，除了通常的中介组织，如加工商、批发商、零售商外，因德国蔬菜、水果进口量较大，所以相当一部分蔬菜、水果须经过进口商这一中介主体才能完成。流通中的渠道呈多样化，流通渠道较长，流通成本相对较高，特别是有机蔬菜、水果，因为多是保鲜装，而且这些农产品在德国销售时，半数商品是在有机食品专卖店中出售，所以价格普遍较高。具体流通渠道可参见图 3 - 3。

德国国内生产的蔬菜、水果绝大部分是先经过加工商，农场主收获后，按事先签订的合同直接出售给加工商。加工商部分是生产商自己承担，部分是农场主参加的蔬菜、水果合作组织成立的手工加工厂，也有部分是私人建立的较大规模的加工厂。德国蔬菜加工业发达，罐装食品是德国人喜爱的传统消费品种，其中罐装蔬菜占到了罐装食品市场份额的 48.7%，罐装水果占到了罐装食品市场份额的 9.9%。近几年德国人蔬菜消费也呈现多样化，特别是现在冷藏运输业的发展，从产地或加工厂到零售点，只要进入流通领域，这些蔬菜、水果一直处于符合产品保质要求的适宜温度中，蔬菜、水果在这种冷藏条件下能存放较长天数，因此冷藏冷冻蔬菜、水果和绿色蔬菜、水果逐渐多了起来。速冻蔬菜即开即食，省时省力，清洁卫生，且价格比较便宜，尤其是青黄不接的蔬菜淡季，其价格优势更加明显。

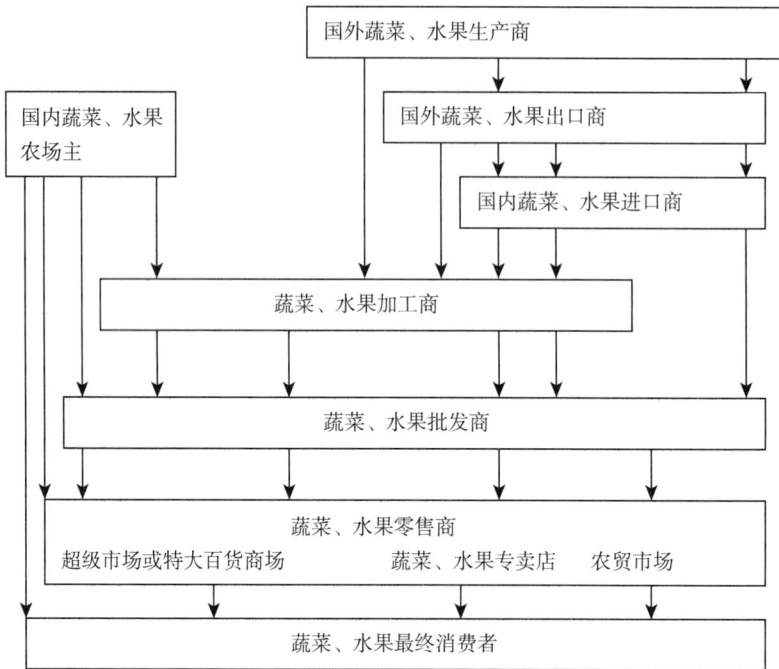

图3-3 德国蔬菜、水果流通体系构成

蔬菜、水果经过加工后，才进入真正的流通领域。首先是经过批发商，部分加工商也是批发商。批发商把加工过的蔬菜、水果从不同的地方组织到批发市场中，批发市场上活跃着众多批发商，批发商起着联结生产和销售的纽带，是流通的重要桥梁。德国除了综合性的农产品批发市场外，部分城市还设有专业性的蔬菜、水果批发市场。零售商可以从批发商手中选购自己销售的蔬菜、水果。进入批发市场的蔬菜、水果必须符合卫生检查标准，用标准包装和标准运输方式运输。产品价格完全是买卖双方议定的，任何部门、任何人都无权干涉，完全由市场供求决定。

对于从国外进口的蔬菜、水果，流通渠道也有很多。总体上可分两类，直接进口和间接进口。间接进口的进口商，很多就是批发商，专门从事蔬菜、水果进口、批发业务。每年成交量很大，他们对世界蔬菜、水果市场行情非常了解，往往根据世界市场价格波动而进行交易。部分蔬菜、水果零售商通过委托中间商办理进口业务，中间商只从中收取佣金。间接进口是德国最重要的进口方式，每年通过间接进口的进口额占到进口总额的50%以上。直接进口的多是大的百货商场和超级市场，他们一般是连锁化经营，各个地方都有自己的销售网点，对蔬菜、水果的需求量很大，因此建有自己的采购中心，采购中心根据市场需求变化，在世界各主要市场进行采购业务，直接组织蔬菜、水果的进口。

德国的蔬菜、水果 60% 以上是通过常规连锁超市销售。其他的主要是批发到餐馆或食堂。常规食品连锁超市，如阿尔迪（Aldi）、利迪尔（Lidl），他们依靠自身的竞争优势，如价格便宜、距离居民区近、方便购买等特点，蔬菜、水果销售情况都非常好。大型超市如麦德龙（Metro）、考夫兰德（Kaufland）等也是蔬菜、水果的主要销售渠道，但它们的竞争优势和常规食品超市不同：一是依靠丰富的同类商品品种，吸引一般消费者；二是主要为大客户如餐馆、食堂等提供集约服务，批量销售蔬菜、水果。

三、肉及其制品运销

德国是世界上畜牧业最发达的国家之一，畜牧业产值占到德国农业总产值的 60% 以上。德国的主要畜禽产品有猪肉、牛肉、羊肉、鸡肉等。联合国粮食及农业组织（FAO）统计数据显示，2016 年，德国主要肉类产量为 797.8 万吨，其中猪肉、牛肉和鸡肉的产量分别为 558.9 万吨、115.5 万吨和 101.1 万吨，猪肉占肉类产量的 70%、牛肉占 14.5%、鸡肉占 12.7%。从 FAO 1961—2016 年的统计数据来看，德国的肉类生产保持逐年上升趋势，其中猪肉、鸡肉产量总体呈现增长趋势，而牛肉产量则呈现下降趋势。

在德国的肉类销售方面，以猪肉为例，猪、猪肉及其制品的销售有多种渠道。具体可见图 3-4。

以家庭为单位形成小农场、小农业企业的经营模式是德国畜牧养殖的主要形式。有很小一部分养殖农户直接与消费者建立了买卖关系，农户自己宰杀生猪、对猪肉进行分割，甚至个别农户把猪肉进行一系列加工后直接出售给消费者；一部分农户把他们出栏的生猪送到屠宰场，由专业屠宰场对生猪进行宰杀。德国大部分有竞争力的屠宰场，不管是私营的，还是合作经营的都倾向于现货市场购买生猪，或者是同养殖农户建立正式的、长期合作关系。然而德国第三大屠宰场——怀斯特弗来氏公司却极力推行与农户建立市场协议，通过这种渠道进行销售的养殖农户一般规模较大。还有一部分养殖农户在生猪出栏时，通过经营生猪的中间销售商进行销售，这种方式销售的养殖农户规模相对较小一些，不能同屠宰场直接建立专卖关系，或是通过私营的销售商，或是通

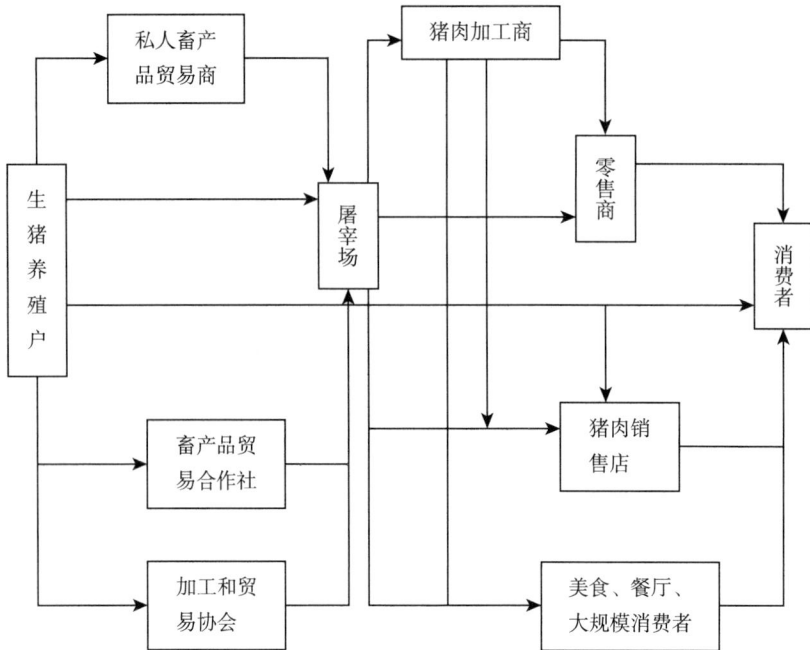

图 3-4 猪、猪肉及其制品销售渠道构成[①]

过合作组织或协会进行销售。在这种销售渠道中，私营和合作性质的销售商为了获得更大的市场份额竞争非常激烈。

在猪肉的整个流通环节中，屠宰场是关键一环。生猪在屠宰场宰杀后，部分经过简单的分割、包装，或是直接送给零售商，经连锁超市到最后消费者手中；或是送到专卖店销售；或是送到美食餐厅等大客户那里。另一部分猪肉是送到肉制品加工厂，加工成烤肠等可直接食用商品后在连锁超市中销售。

第三节 农产品加工

一、农产品加工业现状

在德国农场主生产出农作物和饲养出畜禽之后，便是冗长的德国农产品加工业。德国主要的农产品加工业为粮油加工、果蔬加工、畜禽加工、乳品加工

---

① LUDWIG T, ANNABELL F, 2007. The role and success factors of livestock trading cooperatives: lessonss from German pork production [J]. International food and agribusiness management reviews, 10 (3): 90-112.

等。德国的农产品加工业就是把初级农产品加工到让家庭消费时最省时、最省力，食用时最安全、最放心，与此同时也使农产品的附加值最大化。在德国农产品加工过程中，产生了数以万计的食品企业和食品品牌。食品加工业在德国具有举足轻重的地位，位居汽车、机械和电子工业之后，为德国第四大工业，产值超过化工行业，众多企业把单一的农产品加工成为品种繁杂的食品、饮料等，再通过品牌化等策略实现农产品的大幅度增值。

截至 2018 年底，德国共有食品、饮料加工企业 6 119 家，提供了 608 553 个就业岗位。食品、饮料零售额 2018 年达到 1 796 亿欧元，其中 1 201 亿欧元是国内销售额，其余 595 亿欧元是出口额。在总销售额中，肉制品销售额比重最大，占到总销售额的 23.7%，其次是奶制品。德国 2011 年和 2018 年的主要食品销售额占总销售额比重变化不大，仅有轻微变化（表 3-4）。

表 3-4　2011 年、2016 年和 2018 年德国主要食品销售额占总销售额比重

单位:%

种类	2011 年	2016 年	2018 年
肉制品	23.0	24.3	23.7
奶制品	15.9	13.2	15.1
烘焙制品	9.03	9.8	9.7
糖果及面包制品	7.82	8.3	7.6
酒精饮料制品	7.78	7.6	7.6
水果、蔬菜制品	5.77	6.1	6.0
方便食品	5.05	5.5	5.9
矿物水制品	4.41	4.6	4.8
油脂制品	3.57	3.6	3.0
咖啡及茶制品	2.6	2.5	2.4
调味品	2.4	2.5	2.3
糖制品	1.84	1.5	1.3

数据来源：http://www.bve-online.de/.

（一）粮油加工业

德国的粮油加工业是德国比较早的农产品加工行业。如德国的面粉加工厂基本上是世代相传的家族企业。全德国目前大约有 800 家面粉加工厂，约 80% 的面粉加工厂集中在德国西部，东部加工厂只有 20% 的比例。面粉加工业不仅地理位置上相对集中，市场份额也较为集中，制粉主要集中于 64 家大

型面粉厂。目前德国的面粉生产由几家公司控制。VKMUEHLEN AG 公司是欧洲最大的制粉集团，在德国面粉市场占的份额最大；WERHAHN MUE-HLEN AG 在市场中占有第二大份额，年加工小麦和黑麦约 35 万吨。很少一部分面粉通过小包装后直接进入零售店销售，大部分面粉是从面粉厂出来后，接着进入大大小小各类面包店、快餐店等，加工制成面包或点心。据粗略估计，在德国销售的点心、面包品种就有 1 000 多种。德国人均谷物的消费量近几年有所提高，2018 年《德国统计年鉴》显示，2014/2015 年度德国的谷物人均消费量为 77.7 千克，2015/2016 年度为 79 千克，2016/2017 年度为 82.6 千克，消费量的逐年增加也带动了德国粮食加工业的发展。

（二）蔬菜、水果加工业

德国的蔬菜、水果虽然销售额只占到食品总销售额比重的 6%，但因为蔬菜、水果是居民日常生活必需品，所以依然是一个大农产品加工行业。德国基本上没有初级农产品的集贸市场，没有专门卖蔬菜、水果的大型菜市场。蔬菜、水果多数是经过加工成可直接食用的罐装食品、果汁、果脯等。即便出售的是新鲜蔬菜，也是经过择菜、清洗等过程后，再进行精包装后才出售。罐装食品是德国最传统的消费类型，德国蔬菜、水果很大比重是加工制成罐装食品进行销售。罐装蔬菜、水果占到了整个罐装食品约 60% 的比重。Bonduelle S. A. 公司是欧洲最大的蔬菜加工企业，最主要、最传统的蔬菜加工工序就是把新鲜蔬菜制成罐装形态，罐装食品在德国市场高居第一。当然随着德国及欧洲人消费习惯的改变，冷冻蔬菜、保鲜蔬菜生产线也在增加。排在第二位的是 General Mills Lnc. 生产的罐装食品，排在第三位的是 Nestle S. A. 的罐装食品，其他 78.5% 市场份额为中小加工企业占有。

（三）肉制品加工业

在德国的肉制品加工方面，其法律法规更为严格。德国法律规定，活的牲畜不能上市，包括鸡、鸭等家禽。牲畜都由专门的屠宰场进行宰杀。居民只能在超市买到按部位加工好的鸡腿、鸡翅、猪瘦肉丝、猪瘦肉块、猪排等冷冻产品，即便是整只鸡，也是除了内脏，洗得干干净净的冷冻鸡。居民消费更多的肉制品是已经加工成成品、半成品的各式烤肠等冷藏食品，仅德国香肠就多达 1 500 多种。

二、农产品加工业的特点

（一）建立了完整的农产品加工业管理体系

农产品加工业涉及上游众多的种植、养殖农户，下游的批发零售企业和流通企业，管理链条比较长，管理领域比较宽。为了提高农产品加工业的管理效率，让居民能消费到安全、放心的食品，德国建立了一套完整的农产品加工业管理体系。首先，德国政府为加强对农产品加工业的宏观调控和监管力度，制定了完备的法律法规，建立了从联邦政府到州政府再到地方政府的系统的农产品管理机构。德国政府制定了产业政策、金融政策、税费政策等一系列的宏观调控政策，支持和鼓励农产品加工业的发展，对德国农产品加工业进行扶持和干预。其次，为了提高农产品加工企业自我管理、自我约束的能力，政府积极扶持农产品行业协会与中介机构发展。如德国萨克森州汉诺威农业协会是半官方半民间性质机构，既有质量监督、抽查和评估的政府职能，又有民间社会监督职能。这些协会和中介机构为农产品加工企业提供了许多政府不能直接承担的服务。

（二）高度重视高新技术的研发创新

德国政府和企业都非常重视农产品加工技术创新。政府方面建立了比较完整的科研体系和研究队伍。如隶属德国联邦食品和农业部有 16 个研究院，共 4 000 多研究人员，隶属于农业高等院校的农业研究机构有 10 多个。德国企业也积极参与科学研究，约有 1/3 的德国企业专门从事科学研究工作。如成立于 1838 年的德国的德乐食品饮品配料有限公司，主要是从事食品香精、香料和饮品配料的研发工作，这个现代化的家族企业有高级研发人员 100 多人，仪器设备精良。公司每年研发出 200 多种新产品、新工艺。在德国，不仅大企业，很多中小企业都有自己的研发中心，有自己的研发人员，是技术研发的"隐性冠军"。目前德国农业科研水平整体居于世界前列，如在农产品加工方面，德国最先应用甜菜、马铃薯、油菜、玉米等进行定向选育，从中制取乙醇、甲烷，成功地研制出了绿色能源，另外还利用生物技术制造人造蛋白[1]。

———————————

①　朱秀清，黄凤洪，2004. 中国农产品加工赴欧洲培训结业报告（续二）[J]. 大豆通报（6）：24-27.

（三）农产品精深加工程度高，提高了资源的综合利用率

农产品的加工程度高低决定了农产品增值程度的大小和原料利用率的高低。德国农产品的精深加工水平高，玉米加工企业能生产出 2 000 多种产品，柑橘加工企业除了将橙子加工成橙汁外，橙皮可以加工成生产饲料，最后剩下的残渣废料可以用作电厂燃料，农业资源得到了充分利用。

（四）农产品加工企业实现了现代化生产和管理

德国已基本实现了农产品产、加、销一体化经营，呈现生产品种专用化、质量体系标准化、管理科学化、加工技术先进化及销售网络化、产生信息化等特点。企业在规模化生产过程中，实现了蔬菜、水果等机械化、智能化生产，实现农产品"生产链""加工链""冷链""市场链""安全链"的有机结合，确保了农产品的质量[①]。

第四节 影响农产品流通及加工的政策法规

一、农产品流通的政策法规

作为成熟的市场经济体制国家，德国各行各业都已建立了完备的政策法规。农产品管理在德国历史悠久，所以涉及农产品生产和流通的政策法规更加完善。德国涉及食品立法及相关条例多达 200 余个，同时作为欧盟成员，德国又援引或将很多欧盟法律转换成国内法律细化实施，全面保障食品安全。与农产品流通相关的政策法规主要有：国内法，如《食品法》《食品和日用品管理法》《食品卫生管理条例》等；欧盟的法律法规，如《通用食品法》《欧洲议会指导性法案 93/43/EWG》等；以及国际上有关的法律法规，如 HACCP 体系等。

（一）国内法

最基本的法律首推《食品法》，早在 1879 年，德国就制定了《食品法》，

---

① 张雨，孙晓明，2004. 发达国家农产品加工业的经验与启示 [J]. 农产品加工（11）：10 - 11，13.

已经有 140 多年的历史，经历多次修订，目前实施的《食品法》包罗万象，所列条款多达几十万个，贯穿食品生产和流通各个环节。为了保证食品安全，德国对食品生产和流通的每一个环节都进行严格的检查和监督。无论是屠宰场还是加工厂，无论是商店还是在运转过程中，食品必须处于冷冻或冷藏状态，不新鲜的食品绝对不允许上市出售。在德国，无论是国产还是进口食品，在包装的标签上都注明商标、食品成分和有效期，以及有关商检机构质量认可的显著标志。为了保证国家制定的《食品法》得到实施，国家设立了覆盖全国的食品检查机构，联邦政府、州政府和各地方政府都设有负责检查食品质量的卫生部门。其次是《食品和日用品管理法》，该法是德国食品安全核心法律之一，为食品安全的其他法律法规定了原则和框架。在该法律中明确了食品生产各环节的责任，无论是农业经营者、面包师或食品添加材料制造商，都必须承担食品安全责任。此外，《德国食品汇编集》虽不是正规的法律条文，但是是法律的补充，可作为专业鉴定的法律依据。

（二）欧盟的法律法规

作为欧盟成员国，德国有义务实施欧盟相关法律法规和条例。2002 年欧盟《通用食品法》生效启用。这是欧盟历史上首次采用的通用食品法。欧盟委员会建立欧洲食品安全局，配合推进《通用食品法》的实施。《通用食品法》主要包括：①确定对饲料和食品"从农田、家畜圈到消费者餐桌"的整个食品链的通则和要求；②对危及健康的各项保护措施，如驾驭危机，拓宽快速预警机制和处理防止不安全食品和饲料的流通等。还有《欧洲议会指导性法案 93/43/EWG》，是欧盟统一的食品安全法案，对动物源食品生产和加工提出了统一的法律要求。它采取 FAO/WHO 食品卫生专业委员会的建议和《食品法典》的内容，在欧盟范围内适用，各成员国必须贯彻实施其内容和实质，可将其转化为各成员国的相应法规来实施，德国将其转化为国内法《食品卫生管理条例》等相应的法规来实施。欧洲诸多条例，如《消费者关于食品信息条例》《标示规定》《饮食条例》等都被转换成德国法律付诸实施。

（三）国际上有关法律法规

德国把国际上通用的一些食品安全方面的法律法规和质量标准体系如GLOBALGAP、　IFS、　HACCP、　BRC、　SQF2000、　ISO22000、　SA8000、

BSCI、ETI、GSV、ICS、AVE 等也纳入自己的体系中，有的还更加细化和本土化。如德国把 HACCP 纳入德国食品安全法律体系中，该体系对食品企业自我检查体系和义务做了详细规范，对生产产品的检查和生产流程中食品安全的危害源头的检查实现岗位责任制，以保证食品安全，保护食品消费者健康。德国对肉制品和有机食品方面采取强制性认证方式，其他食品则是企业自愿申请的方式。

二、农产品流通的监管

德国联邦食品和农业部除了下设的 7 个部门外，还设立了联邦消费者保护和食品安全局、联邦风险评估研究所等机构，对全国流通的食品实施统一监督和管理。各个州也设立了食品管理部门，并由专门任命的官员对此负责，州下又分为二到三级管理机构，具体负责各个地方食品流通中的具体问题。除了各州的食品管理部门外，德国还有农业联合会、农业管理协会等中介组织机构对农产品流通进行管理。

德国对蔬菜等食品安全监管措施是相当严密的，除依靠完善的法律作为保障之外，还实施了很多办法。第一，制定严格的上市标准。德国农业与食品局负责对蔬菜等农产品进行检查、质量控制和发放入市许可，包括进口许可，以保证德国农产品上市都符合有关上市标准。该局为每一种产品制定具体的入市标准，详情在其网站都有介绍，可以随时查阅。第二，要求提供食品标识。食品标识包括"生态标识"和"食品质量和安全标识（QS）"。食品标识让消费者可以购买到从生产直到商业流通的各个环节都经过严格把关的放心食品。如果出现问题，按此标识还可追溯到发生问题的具体环节。

三、农产品加工的政策法规

德国除了制定了各项支持农业、食品业发展的政策法规外，还有一些是专门针对农产品加工业而制定的。1969 年，德国政府颁布实施了《改善德国农业结构和海防共同任务法》《农业生产适应市场需求法》，该法的目的在于增强德国农业、食品业在欧盟共同市场的竞争力，所以此法的核心任务是促进德国农产品加工和销售业发展。为此，德国联邦政府和各州政府采取补贴、贷款、贴息、担保等形式，支持农产品加工业的发展。特别是在税收政策方面，给农产品加工业很多方面的税收支持，如增值税优惠和所得税优惠等。德国的增值税实施 19％、7％两档税率，19％为基本税率，但德国对一些农产品征收增值税时采用明显低于基本税率的特别优惠税率 7％[①]，并允许从其增值税应缴税款中抵扣其销售额一定比例的进项税，通过这种特别税率，农产品企业实际上基本不负担增值税。在所得税方面，德国对农产品企业主纯收益通常按年度计算，并将此纯收益调整为征税年度所得，以降低其应纳税额[②]。

[①]　国家税务总局海南省税务局课题组，2018. 试析德国增值税对我国的借鉴意义 ［J］. 今日海南（12）：61 - 62.

[②]　孙志亮，杨焕玲，2007. 欧盟国家支持农产品加工业发展的税收政策及启示 ［J］. 经济纵横（7）：53 - 55.

德国农产品消费 ▶▶▶

农产品生产的最终目的是用于消费。考察一个国家的农产品消费情况，可以从农产品消费的数量与结构、农产品消费占总体消费的比例等多个角度进行。若一个国家农产品消费水平高、消费结构合理，则说明该国居民生活水平与社会福利较好，也从侧面反映出该国农业产业较发达。本章首先介绍德国居民家庭消费水平及结构，然后分析主要农产品（谷物、水果、蔬菜、肉类、蛋类、奶类、水产品）人均消费变化情况，在此基础上，论述德国主要农产品自给情况对德国居民农产品消费的影响因素进行分析，对影响农产品消费相关政策及演变过程进行梳理，最后分析德国主要农产品价格变化特征、价格政策及演变过程。

第一节　居民家庭消费水平及结构

一、家庭收入

受德国经济稳定发展、就业较为充分等有利经济条件影响，德国居民家庭总收入呈现明显的增长趋势。从图 4-1 中可以看出，按照当期价格计算，德国居民家庭总收入从 2007 年的每月 3 584 欧元上升到 2018 年的每月 4 846 欧元，2018 年比 2007 年增长了 35.21%，德国家庭总收入在 2007—2018 年的 11 年间以每年平均 2.78% 的增长率增长。德国居民家庭可支配收入从 2007 年的每月 2 900 欧元上升到 2018 年的每月 3 661 欧元，2018 年比 2007 年增长了 26.24%，德国家庭居民可支配收入在 2007—2018 年的 11 年间以每年平均 2.14% 的增长率增长。

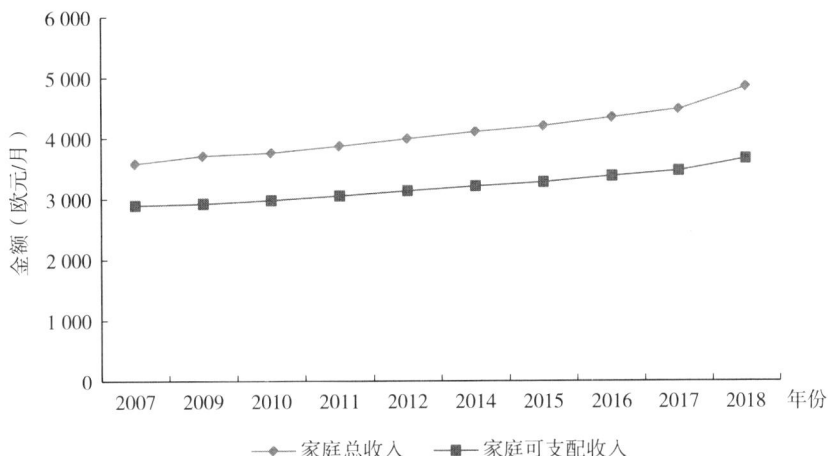

图 4 - 1 2007—2018 年德国居民家庭收入变化趋势

数据来源：德国联邦统计局。

　　根据德国联邦统计局 2018 年的家庭收入抽样样本监测数据，2018 年德国家庭收入中的 64.42% 来自就业获得的收入，就业收入平均每月 3 122 欧元。德国家庭收入中平均每月从公共转移支付获得 993 欧元，这部分收入包括法定养老金计划的养老金、国家养老金、儿童津贴、父母津贴、一类和二类失业保险金，此部分收入占全部家庭总收入的 20.49%。此外，德国家庭平均每月还可以获得 458 欧元的资产收入，这部分收入占家庭总收入的 9.45%（图 4 - 2）。

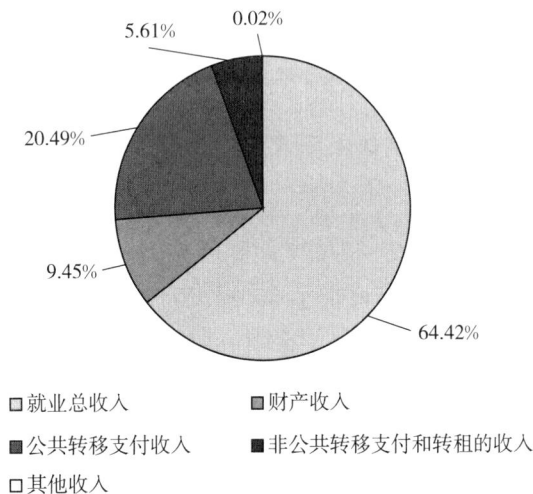

图 4 - 2 2018 年德国家庭每月总收入结构

数据来源：德国联邦统计局。

德国人工成本的上升对提高德国居民家庭收入起到积极作用。如图 4-3 所示，德国人工总成本指数表现出温和上升的趋势。2015 年第一季度人工总成本指数为 90.3，2019 年第四季度，人工总成本指数已经波动上升到 115.6，比 2015 年第一季度上升了 28.02%。受新冠肺炎疫情等重大卫生事件冲击，德国劳动力市场供给下降等因素影响，到 2020 年第二季度人工总成本指数继续波动上升到 123.6。

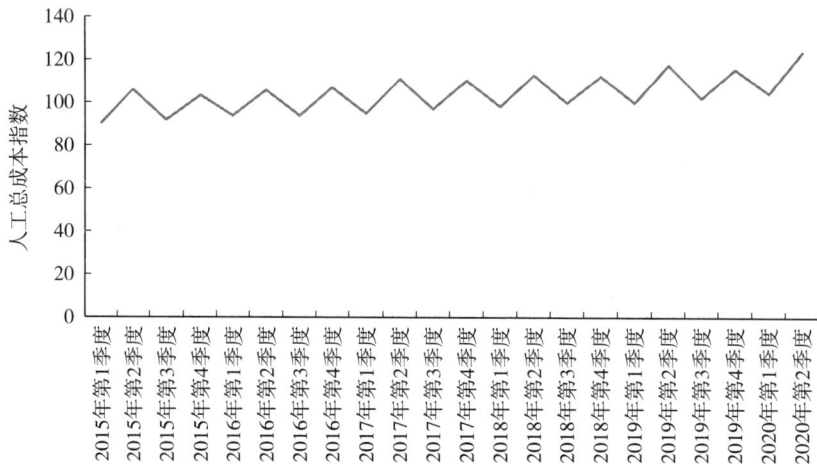

图 4-3　德国人工总成本指数变化趋势（2016=100）

数据来源：德国联邦统计局。

二、家庭消费支出

在家庭收入稳步攀升、居民不断改善生活品质等因素的作用下，德国居民家庭消费总支出呈现明显的增长趋势。从图 4-4 中可以看出，按照当期价格计算，德国居民家庭总消费从 2007 年的每月 2 067 欧元上升到 2018 年的每月 2 704 欧元，2018 年比 2007 年增长了 30.82%，略低于收入增长幅度，德国家庭消费总支出在 2007—2018 年的 11 年间以每年平均 2.47% 的增长率增长，增长率略低于收入增长率。

德国居民家庭食品、饮料和烟草制品支出总体呈现缓慢增长态势。2007 年德国居民家庭每月食品、饮料和烟草制品支出达到 297 欧元，到 2018 年达到每月 360 欧元，2018 年比 2007 年增长了 21.21%，德国家庭食品、饮料和烟草制品支出在 2007—2018 年的 11 年间以每年平均 1.76% 的增长率增长，明显低于家庭消费总支出的增长率。

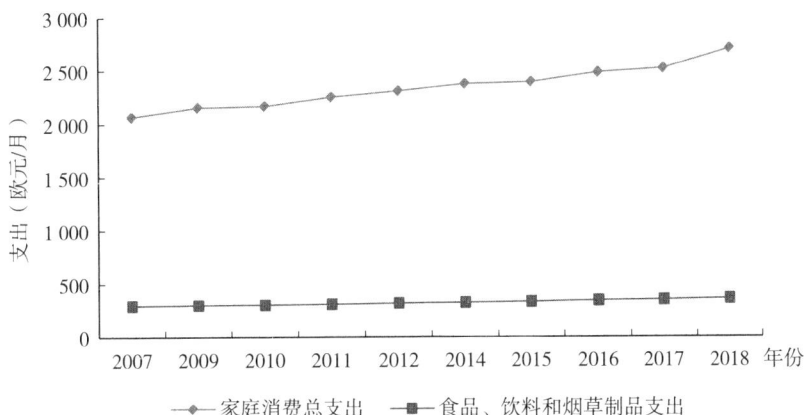

图 4-4 2007—2018 年德国家庭消费支出变化趋势

数据来源：德国联邦统计局。

三、消费支出结构

德国家庭总消费支出中，住房、能源和住宅维护费所占比例较大，2018
年所占比例达 33.6%，其次为交通支出，再次为食品、饮料和烟草支出。德
国居民家庭食品、饮料和烟草制品支出比例逐步下降，2010 年德国居民家庭
每月食品、饮料和烟草制品支出占比为 14.1%，到 2018 年下降到 13.3%，
2018 年比 2010 年下降 0.8 个百分点（表 4-1）。

表 4-1 2010 年、2018 年德国分地区家庭消费支出结构比较

| 家庭消费支出 | 2010 年 | | | | | | 2018 年 | | | | | |
| | 德国 | | 德国西部 | | 德国东部 | | 德国 | | 德国西部 | | 德国东部 | |
	欧元/月	%	欧元/月	%	欧元/月	%	欧元/月	%	欧元/月	%	欧元/月	%
家庭消费总支出	2 168	100	2 268	100	1 804	100	2 704	100	2 802	100	2 329	100
食品、饮料和烟草支出	305	14.1	315	13.9	269	14.9	360	13.3	368	13.1	330	14.2
衣服鞋子支出	100	4.6	106	4.7	80	4.5	122	4.5	127	4.5	105	4.5
住房、能源和住宅维护支出	738	34.1	776	34.2	604	33.5	908	33.6	951	34	745	32
家具、设备和家庭用具维修支出	118	5.4	123	5.4	99	5.5	137	5.1	141	5	123	5.3

（续）

家庭消费支出	2010 年						2018 年					
	德国		德国西部		德国东部		德国		德国西部		德国东部	
	欧元/月	%	欧元/月	%	欧元/月	%	欧元/月	%	欧元/月	%	欧元/月	%
卫生保健支出	91	4.2	99	4.3	64	3.5	115	4.3	125	4.5	80	3.4
交通支出	305	14.1	323	14.2	243	13.5	379	14	397	14.2	310	13.3
通信支出	56	2.6	57	2.5	54	3	71	2.6	72	2.6	67	2.9
娱乐与文化支出	236	10.9	241	10.6	217	12	304	11.2	306	10.9	294	12.6
教育支出	16	0.8	18	0.8	9	0.5	28	1	29	1	21	0.9
外出餐饮和住宿支出	113	5.2	119	5.2	94	5.2	168	6.2	172	6.2	151	6.5
杂项商品与服务支出	88	4.1	93	4.1	70	3.9	111	4.1	113	4	103	4.4

数据来源：德国联邦统计局。

随着时间的推移，德国东西部家庭食品、饮料和烟草消费支出的差异在缩小，2010 年，德国西部比德国东部高出 46 欧元，但到 2018 年，差距缩小到 38 欧元。德国东西部家庭食品、饮料和烟草消费支出所占比例均下降，2018 年德国西部家庭食品、饮料和烟草消费支出所占比例从 2010 年的 13.9% 下降到 13.1%，德国东部从 2010 年的 14.9% 下降到 14.2%。

第二节 居民主要农产品人均消费

一、谷物

如表 4-2 所示，德国硬质和软质小麦粉的人均消费数量基本保持平稳的态势，2010 年人均消费量为 67.60 千克，到 2018 年略下降至 67.40 千克。

表 4-2 2010—2018 年德国谷物人均消费量变化

单位：千克/人

谷物种类	2010 年	2011 年	2012 年	2013 年	2014 年	2015 年	2016 年	2017 年	2018 年
硬质和软质小麦粉	67.60	72.20	71.30	66.80	64.40	63.80	65.00	69.00	67.40
黑麦面粉	9.10	9.00	8.70	8.60	7.90	7.70	7.60	7.20	7.00
其他谷物产品	16.70	17.10	16.80	5.80	5.60	6.20	6.40	6.40	7.30
合计	93.40	98.30	96.80	81.20	77.90	77.70	79.00	82.60	81.70

数据来源：德国联邦统计局。

黑麦面粉的人均消费量呈现略下降趋势，从 2010 年的 9.10 千克下降至 2018 年的 7.00 千克，下降了 2.1 千克。其他谷物产品的人均消费量下降更多，从 2010 年的 16.70 千克下降到 2018 年的 7.30 千克，2018 年比 2010 年下降了 56.29%。

在各个品种谷物消费量下降的推动下，德国谷物的人均消费量合计呈下降趋势。2010 年谷物合计人均消费量 93.40 千克，到 2018 年下降到 81.70 千克，比 2010 年下降了 12.53%。

如表 4-3 所示，德国大米的人均消费数量基本保持平稳略上升的态势，2010 年人均消费量为 5.00 千克，到 2018 年略上升到 5.30 千克。

豆类的人均消费量呈现略上升趋势，从 2010 年的 0.60 千克上升到 2017 年的 1.30 千克。马铃薯的人均消费量呈现下降趋势，从 2010 年的 64.50 千克下降到 2018 年的 60.00 千克，2018 年比 2010 年下降了 4.5 千克。但马铃薯淀粉人均消费量上升，从 2010 年的 10.80 千克上升到 2019 年的 19.40 千克。

表 4-3　2010—2018 年德国大米、豆类、马铃薯和马铃薯淀粉人均消费量变化

单位：千克/人

种类	2010 年	2011 年	2012 年	2013 年	2014 年	2015 年	2016 年	2017 年	2018 年
大米	5.00	5.40	5.35	5.50	5.40	5.30	5.10	5.80	5.30
豆类	0.60	0.60	0.60	0.60	0.50	0.90	1.10	1.30	
马铃薯	64.50	57.86	62.00	59.80	58.10	58.00	57.50	57.90	60.00
马铃薯淀粉	10.80	5.95	4.44	12.30	11.10	12.20	10.70	12.80	19.40

数据来源：德国联邦统计局。

二、水果和蔬菜

德国水果人均消费量呈现下降趋势。德国水果人均消费量从 2010 年的 73.30 千克下降到 2018 年的 70.03 千克，2018 年比 2010 年下降 3.27 千克。其中柑橘类水果消费量下降，从 2010 年的 49.20 千克下降到 2018 年的 33.24 千克，下降了 15.96 千克。去皮水果、干果的人均消费量略上升，分别从 2010 年的 4.2 千克、1.4 千克上升到 2018 年的 5.29 千克、1.55 千克（表 4-4）。

德国蔬菜人均消费量呈现上升趋势。德国蔬菜人均消费量从 2010 年的 96

千克上升到 2018 年的 104.26 千克，2018 年比 2010 年上升 8.60％（表 4-5）。

表 4-4 2010—2018 年德国水果人均消费量变化

单位：千克/人

年份	2010	2011	2012	2013	2014	2015	2016	2017	2018
水果	73.30	70.20	70.10	69.24	71.29	66.28	65.70	65.10	70.03
柑橘类水果	49.20	40.50	37.98	35.90	33.12	35.58	36.50	34.33	33.24
去皮水果	4.20	4.50	4.27	4.35	4.79	4.67	4.70	4.90	5.29
干果	1.40	1.50	1.40	1.40	1.50	1.41	1.40	1.50	1.55

表 4-5 2010—2018 年德国蔬菜人均消费量变化

单位：千克/人

年份	2010	2011	2012	2013	2014	2015	2016	2017	2018
蔬菜	96.00	96.90	98.20	98.30	96.67	100.39	98.51	101.40	104.26

三、肉类

德国肉类和肉制品人均消费量呈现下降趋势。德国肉类和肉制品人均消费量从 2010 年的 91.2 千克下降到 2018 年的 88.6 千克，2018 年比 2010 年下降 2.85％。其中，猪肉的人均消费量下降，从 2010 年的 55.8 千克下降到 2018 年的 49.5 千克，2018 年比 2010 年下降了 11.29％。牛肉和小牛肉、家禽肉的人均消费量略有上升，分别从 2010 年的 13 千克、19.1 千克上升到 2018 年的 14.1 千克、22.2 千克（表 4-6）。

表 4-6 2010—2018 年德国肉类和肉制品人均消费量变化

单位：千克/人

年份	2010	2011	2012	2013	2014	2015	2016	2017	2018
牛肉和小牛肉	13.0	13.4	13.3	13.1	13.3	13.9	14.2	14.5	14.1
猪肉	55.8	55.7	53.7	53.5	53.6	52.5	50.9	50.0	49.5
绵羊和山羊肉	0.9	1.1	0.9	0.9	0.8	0.9	0.9	0.9	1.0
内脏	0.7	0.7	0.6	0.6	0.6	0.6	0.5	0.5	0.7
家禽肉	19.1	19.4	19.0	19.4	19.5	20.1	20.8	20.9	22.2
其他肉	1.6	1.5	1.5	1.4	1.5	1.4	1.4	1.2	1.1
肉类和肉制品总计	91.2	91.8	89.1	89.0	89.3	89.4	88.8	88.1	88.6

四、奶类、蛋类及水产品

德国奶类制品的人均消费量变化情况如下。德国鲜奶制品、炼乳产品的人均消费量下降，分别从 2010 年的 92.2 千克、2.7 千克下降到 2018 年的 88.2 千克、0.8 千克，下降幅度分别达到 4.34%、70.37%。德国酸奶和混合牛奶饮料、奶油产品、山羊奶、奶酪、奶油干酪人均消费量变化不大，保持较为稳定的消费。2018 年酸奶和混合牛奶饮料、奶油产品、山羊奶、奶酪、奶油干酪人均消费量分别达到 29.9 千克、5.7 千克、0.2 千克、24.2 千克、6.9 千克。德国全脂奶粉、脱脂奶粉的人均消费量上升，分别从 2010 年的 1.6 千克、1.2 千克上升到 2018 年的 3.9 千克、1.3 千克，分别增长 144%、8.33%（表 4-7）。

表 4-7 2010—2018 年德国奶制品人均消费量变化

单位：千克/人

年份	2010	2011	2012	2013	2014	2015	2016	2017	2018
鲜奶制品	92.2	92.9	90.6	91.4	93.1	90.8	90.6	90.3	88.2
酸奶和混合牛奶饮料	30.3	30.9	29.9	29.7	29.9	30.1	30.0	30.2	29.9
奶油产品	5.8	5.8	5.6	5.5	5.8	5.8	6.0	5.9	5.7
炼乳产品	2.7	2.6	2.6	2.1	1.5	2.0	1.7	1.2	0.8
全脂奶粉	1.6	2.5	2.3	2.1	2.4	3.1	3.5	3.6	3.9
脱脂奶粉	1.2	1.6	1.1	1.2	0.7	1.7	1.1	1.2	1.3
山羊奶	0.2	0.2	0.2	0.2	0.2	0.2	0.2	0.2	0.2
奶酪	23.9	24.3	23.7	23.7	24.1	24.6	25.0	23.9	24.2
奶油干酪	6.8	6.9	6.9	6.7	6.4	8.1	7.8	7.0	6.9

德国鸡蛋及蛋制品的人均消费量呈现上升趋势。2010 年鸡蛋及蛋制品的人均消费量为 13.40 千克，到 2018 年增长到 14.50 千克，比 2010 年增长 1.1 千克（表 4-8）。

表 4-8 2010—2018 年德国鸡蛋及蛋制品人均消费量变化

单位：千克/人

年份	2010	2011	2012	2013	2014	2015	2016	2017	2018
鸡蛋及蛋制品（带壳重量）	13.40	13.16	13.40	13.77	13.84	14.13	14.31	14.20	14.50

德国鱼和鱼产品的人均消费量呈现下降趋势。2010 年鱼和鱼产品的人均消

费量为 16 千克，到 2018 年下降到 13.8 千克，比 2010 年下降 13.75%（表 4 - 9）。

表 4 - 9　2010—2018 年德国水产品人均消费量变化

单位：千克/人

年份	2010	2011	2012	2013	2014	2015	2016	2017	2018
鱼和鱼产品	16.0	15.7	14.6	13.5	14.4	13.5	14.4	14.1	13.8

第三节　主要农产品自给情况

一、食物总体自给率

从表 4 - 10 中可以看出，德国食物总体的自给率处于较高的水平，但低于 90%。按照含使用国外饲料进行计算，食物总体自给率略增长，从 2006 年的 87% 略上升到 2017 年的 88%。如果按照不使用国外饲料进行计算，食物总体自给率从 2006 年的 80% 略上升到 2017 年的 83%。

表 4 - 10　2006—2017 年德国食物总体自给率

单位：%

年份	2006	2007	2008	2009	2010	2011	2012	2014	2015	2016	2017
含使用国外饲料的自给率	87	81	78	89	90	87	88	93	92	87	88
不使用国外饲料的自给率	80	74	70	81	84	82	81	88	85	82	83

二、分产品自给率

从表 4 - 11 中可以看出，德国谷物的自给率较高，从 2010 年的 117% 略波动下降到 2018 年的 107%。其中，普通小麦的自给率呈现明显的下降趋势，从 2010 年的 138% 波动下降到 2018 年的 117%；黑麦的自给率也呈现明显的下降趋势，从 2010 年的 107% 波动下降到 2018 年的 98%。其他谷物的自给率呈现略下降趋势，从 2010 年的 100% 略波动下降到 2018 年的 97%。

德国豆类的自给率处于相对较高的水平，呈现略上升的态势，从 2010 年的 86% 略波动上升到 2017 年的 92%。马铃薯、食糖的自给率较高，且呈现明显的上升趋势，分别从 2010 年的 108%、138% 波动上升到 2018 年的 148%、

153%。德国蔬菜和水果的自给率明显偏低，均在50%以下。德国的蔬菜自给率基本平稳，2018年维持在38%左右。德国水果的自给率略下降，从2010年的22%略波动下降到2017年的13%。

表 4‒11　2010—2018 年德国种植类农产品自给率

单位：%

年份	2010	2012	2013	2014	2015	2016	2017	2018
谷物								
普通小麦	138	113	125	134	138	134	120	117
黑麦	107	95	109	91	97	95	93	98
小麦和黑麦合计	133	111	123	124	131	128	116	114
其他谷物	100	89	101	87	97	96	92	97
谷物合计	117	100	112	107	115	113	105	107
豆类、马铃薯和食糖								
豆类	86	76	81	91	83	95	92	.
马铃薯	108	138	147	141	154	147	152	148
食糖	138	153	138	108	142	99	123	153
蔬菜和水果								
蔬菜	38	37	39	36	38	35	37	38
水果	22	20	20	17	24	22	22	13

从表 4‒12 中可以看出，德国肉类和肉制品的自给率总体处于较高的水平，2010—2018 年较为稳定，波动较小，平均每年的自给率为 118.38%，2010 年自给率为 114%，2018 年自给率为 116%。牛肉和小牛肉的自给率较高，呈现略下降趋势，从 2010 年的 117% 下降到 2018 年的 98%。2010—2018 年猪肉平均每年的自给率为 117.13%，到 2018 年上升到 119%。绵羊和山羊肉的自给率较低，2010—2018 年平均每年的自给率为 46%，呈现明显的下降趋势，从 2010 年的 55% 下降到 2018 年的 39%。马肉的自给率呈现明显的下降趋势，2010—2018 年平均每年的自给率为 100.13%，从 2010 年的 131% 下降到 2018 年的 86%。家禽肉的自给率略下降，2010—2018 年平均每年的自给率为 107.38%，到 2018 年下降到 99%。

2010—2018 年德国鱼和鱼制品的自给率呈现出轻微上升趋势，2010 年德国鱼和鱼制品的自给率达到 21%，到 2018 年鱼和鱼制品的自给率上升到 27%。德国牛奶和奶制品自给率中，炼乳产品的自给率最高，从 2010 年的

192％上升到 2018 年的 494％。其次是脱脂奶粉的自给率比较高，从 2010 年的 290％上升到 2018 年的 375％。其他奶产品中，鲜奶制品、奶油产品、全脂奶粉、奶油乳酪的自给率下降，分别从 2010 年的 123％、120％、128％、143％下降到 116％、118％、88％、139％。奶酪的自给率基本稳定不变，2010 年和 2018 年均为 126％。

德国油脂的自给率中，黄油的自给率较高，植物油脂自给率较低。黄油自给率从 2010 年的 98％略波动上升到 2018 年的 100％，总体保持平稳态势。植物油脂从 2010 年的 45％自给率下降到 2018 年的 28％。鸡蛋及蛋制品的自给率呈现明显的上升趋势，2010 年为 58％，2018 年上升到 72％，2010—2018 年平均每年的自给率为 70.38％。

表 4－12　2010—2018 年德国牧渔产品自给率

单位：％

年份	2010	2012	2013	2014	2015	2016	2017	2018
肉类和肉制品合计	114	120	119	121	120	119	118	116
牛肉和小牛肉	117	109	108	110	104	102	98	98
猪肉	110	117	116	117	119	119	120	119
绵羊和山羊肉	55	54	48	48	44	41	39	39
马肉	131	112	102	93	97	94	86	86
家禽肉	106	111	110	112	110	106	105	99
其他肉	63	58	57	50	48	44	49	55
鱼和鱼制品	21	19	22	22	25	23	25	27
牛奶和奶制品								
鲜奶制品	123	123	121	119	120	120	117	116
奶油产品	120	121	123	120	119	119	118	118
炼乳产品	192	213	231	364	253	249	384	494
全脂奶粉	128	94	118	106	97	86	86	88
脱脂奶粉	290	358	356	623	310	513	422	375
奶酪	126	127	128	127	125	121	125	126
奶油乳酪	143	148	157	164	128	128	136	139
油脂								
植物油脂	45	53	40	42	41	35	32	28
黄油	98	100	103	106	104	103	100	100
鸡蛋及蛋制品	58	72	73	72	72	72	72	72

第四节　居民农产品消费的影响因素

一、收入因素

影响德国居民农产品、食品消费的主要因素之一是收入。德国居民收入水平普遍较高，收入中用于食品、农产品的消费仍然不是最主要的消费支出项目。根据德国联邦统计局的抽样调查，家庭消费支出结构中，2018 年每月食品、饮料与烟草的平均消费支出占家庭消费总支出的 13.3%，且 2010—2018年每月食品、饮料与烟草的平均消费支出占家庭消费总支出的变化幅度很小，呈现略下降的趋势。总体上，收入对德国居民农产品消费的影响有限。一般说来，居民收入的高低影响居民边际消费倾向，高收入者往往由于收入较高，其对食品的边际消费倾向也相对较低，相反，低收入者的食品边际消费倾向则相对较高。德国统计年鉴的数据显示，德国东部收入水平普遍低于德国西部的收入水平，其家庭消费支出也存在差距，德国西部用于食品、饮料与烟草的消费支出所占比例要高于德国东部，但是高出的幅度并不是很大，这在一定程度反映了食品是一项基本生活消费支出，受收入影响较弱。

二、价格因素

农产品和食品价格的高低与波动也是构成消费者购买农产品和食品的重要影响因素之一。在德国，大多数农产品、食品的人均消费数量与农产品、食品的价格呈现反方向变动的规律。2010 年的猪肉人均消费量为 55.8 千克，2018年猪肉人均消费量下降至 49.5 千克，德国猪肉人均消费量略有下降。而猪肉价格波动方向正相反，猪肉价格 2010—2018 年呈现上升的趋势，猪的生产者销售价格从 2010 年的每吨 1 054 欧元上升到 2018 年的每吨 1 107 欧元，上升幅度 5.03%，猪排的消费者零售价格从 2010 年的 4.76 欧元/千克上升到 2018年的 5.75 欧元/千克。从农产品、食品的价格水平上看，农产品、食品的价格较低，大多数消费者用于食品的支出占全部收入的比重较小。综合来看，价格对于德国居民食品与农产品的消费影响也不是最直接的。主要是由于德国农产品生产供给相对稳定，价格波动幅度较小，同时德国居民较高的收入水平使得收入效应也抵消了部分价格波动所产生的替代效应。

三、消费者偏好因素

影响德国居民农产品、食品消费的另一个因素是德国居民的饮食习惯，即消费者偏好。德国地处欧洲中部，受到日耳曼民族饮食传统影响，德国人对面包、马铃薯与肉类等农产品比较青睐，相对而言，食用蔬菜种类较少。在肉类食品中，猪肉是被食用最广泛的肉类产品，其次为家禽肉、牛肉和小牛肉。

由于德国在农业生产上具有较高的生产效率，肉类等主要农产品的供应十分充足，且农产品的价格较为适宜，使得农产品的获取性很容易，德国居民的饮食习惯在这样的背景下又进一步强化，肉类、奶类等农产品消费量较大。另外，消费者越来越青睐那些具有某些有益身体健康的特殊功能及富含某些营养物质的食品，功能性食品消费反映出消费者新的偏好。

四、食品质量与食品安全状况

食品质量与食品安全一直是农产品、食品消费领域面临的重要课题，食品质量与食品安全是与农产品市场消费紧密联系的因素。德国与欧盟委员会实施一系列食品安全与食品质量政策，以确保进入流通环节的农产品与食品处于安全的水平，从而稳定农产品、食品的消费与市场需求。尽管存在如此严格的管理体制、完备的食品安全法律，但也出现了一些质量问题。近年来，德国食品召回事件数量大幅攀升，从 2012 年的 83 件上升到了 2018 年的 186 件。截至 2019 年 10 月初，2019 年食品召回已经达到 160 次。这些食品召回事件降低了消费者对农产品、食品消费的信心，短期内使得相关食品的消费数量出现下降。

五、其他因素

除了上述收入、价格、食品质量与食品安全等问题影响食品与农产品的消费之外，还有一些其他因素也在影响食品与农产品的消费。由于德国拥有先进的农业科技水平，大量转基因食品纷纷涌现。对于转基因食品，消费者往往持有不同的看法，以及一些非政府组织等反对转基因食品被人类食用，也对农产品与食品的消费产生了很大影响。环境的可持续发展、气候变化与减少碳排放量等因素要求改变农产品消费结构，减少肉类消费的比重，近年来德国素食风也在一定范围内流行。由于经济发展朝向低碳经济发展的诉求，畜牧业生产排放了较多的二氧化碳，因此，德国政府也在号召国民减少肉类等食品的消费，促进低碳经济发展。

第五节　农产品消费的相关政策及演变

一、工资与福利政策

德国在劳动力就业与工资上实施一系列政策，这些政策为德国劳动力提供了就业保障与基本工资水平，是促进德国农产品消费的原因之一。第一，德国将促进就业作为调节劳动力市场政策的核心，通过促进就业消除或减少失业，从而保证居民家庭收入和社会稳定。德国促进就业遵循《社会法典》第三版进行规范，由职业介绍所提供配套服务。第二，德国实施保障青年就业的积极政策。2014 年 4 月 8 日，德国内阁批准了在全国实施欧盟青年保障计划。这项政策是欧盟支持青年就业的一项政策决定，目标是针对欧盟成员国 25 岁以下青年在失业或离开学校后的四个月内获得高质量的工作或培训，或者提供高质量的学徒或实习，进而加强欧洲的青年就业。第三，进一步提高最低工资水平，强化工资报酬保障。2020 年，德国刚刚通过了最低工资新的方案。这是自 2015 年 1 月德国实行一般法定最低工资以来的第三份方案。目前，德国最低工资标准为每小时 9.35 欧元，根据新方案，最低工资标准将在 2022 年 7 月 1 日之前分若干步骤提高到 10.45 欧元。第四，强化社会保障。德国是一个致力于改善居民福利的国家，提供了完善的养老保险、事故保险等各种保障政策措施。根据德国《基本法》，居民享有法定社会保险，这是德国作为福利国家的基本要素。其中，法定退休金保险（GRV）是联邦共和国最大的社会保障体系。

二、食品质量安全政策

在德国，农产品、食品质量与食品安全问题一直是消费者关注的重要话题，德国也从有关食品质量和食品安全的各种事件中获得很多经验与启示，目前德国的食品质量安全已经达到较高水平，并被其他国家所认可，所以国外市场对德国农产品与食品的需求不断增长，良好的食品质量与食品安全是促进农产品与食品消费的重要保障。德国建立了完善的食品质量安全法律体系，目前调节食品质量安全的法律主要包括食品法典等。德国食品法典的制定拥有超过50年的历史，符合世界卫生组织（WHO）、联合国粮农组织（FAO）的国际食品安全准则。遵守国际食品安全准则，既可以促使德国农产品和食品获得国外消费市场的认可，也可为进口农产品和食品提供安全保证。

三、消费者保护政策

德国粮食和农业部门积极推动消费者保护政策，加强对消费者的保护，促使消费者免受食品安全风险、健康营养风险等问题，同时增强农业生产水平，保护生物多样性、改善农村地区环境。一是提高食品监管政策的精准性和针对性。德国不断改进法律，适时推出新的法律，加强农产品和食品的安全管控。从德国的食品管理经验来看，有些公司划分的风险类型明显与实际发展趋势不吻合，导致食品安全风险追溯过程相对滞后。按照新的法规，德国将重点增加对风险较高的食品企业与食品安全事件相关情况的检查。二是实施积极的健康营养政策。重点针对婴幼儿和老年人出台健康营养政策。2019年2月，德国专门成立儿童营养研究所，加强儿童营养相关研究，进一步防范孕期胎儿和幼儿肥胖面临的危险因素。增加日托中心、学校等餐饮网络中心的资金投入，加强设施改造，开展培训和信息服务，进一步提高儿童健康膳食水平。建立网络中心改善老年人的营养。三是加强农药残留的检测。德国提高农药残留的检测标准，加强对谷物、水果、蔬菜中的药物残留，动物食品中的兽药残留以及加工食品中的添加剂等物质的检测，为消费者提供严格的保护。

第六节　农产品价格与相关政策

在发达的市场经济体制国家，农产品的供求情况主要通过农产品的价格进行反映，价格规律是调节农产品市场的主要经济杠杆。农产品价格波动幅度小，价格平稳，反映出农产品市场上供给稳定；相反，价格起伏波动较大，说明农产品供给与需求矛盾严重。本节重点分析德国主要农产品（谷物、蔬菜与水果、畜产品等）的价格变化情况及相关政策的演进。

一、农产品价格的变化

（一）主要农产品生产者价格变化

德国谷物的生产者价格基本保持上升趋势，从 2010 年的 140 欧元/吨上升到 2018 年的 168 欧元/吨，上升幅度达到 20%。目前德国大麦麦芽生产者价格最高，呈现明显的波动上升趋势。2010 年，大麦麦芽生产者价格为 143 欧元/吨，到 2018 年波动上升到 205 欧元/吨，上升了 43.36%，上升幅度较大。德国小麦的生产者价格从 2010 年的 154 欧元/吨上升到 2018 年的 171 欧元/吨，上升幅度达到 11.04%。德国黑麦的生产者价格从 2010 年的 129 欧元/吨上升到 2018 年的 160 欧元/吨，上升幅度达到 24.03%。德国饲料大麦的生产者价格从 2010 年的 125 欧元/吨上升到 2018 年的 166 欧元/吨，上升幅度达到 32.80%。德国玉米的生产者价格从 2010 年的 132 欧元/吨上升到 2018 年的 160 欧元/吨，上升幅度达到 21.21%。德国燕麦的生产者价格从 2010 年的 121 欧元/吨上升到 2018 年的 164 欧元/吨，上升幅度达到 35.54%。德国玉米的生产者价格从 2010 年的 157 欧元/吨上升到 2018 年的 165 欧元/吨，上升幅度达到 5.10%（表 4 - 13）。

表 4 - 13　德国谷物生产者价格

单位：欧元/吨

年份	2010	2012	2013	2014	2015	2016	2017	2018
小麦	154	220	207	171	167	144	154	171
黑麦	129	206	159	142	133	122	140	160
饲料大麦	125	205	184	152	145	126	136	166
大麦麦芽	143	223	205	184	178	165	181	205
小黑麦	132	205	185	150	143	128	141	160
燕麦	121	199	180	151	149	142	147	164
玉米	157	211	203	159	157	152	157	165
谷物合计	140	212	195	161	155	137	148	168

德国马铃薯的生产者价格基本保持上升趋势，2018 年生产者价格比 2010 年增长 21.51%。其中，德国主食马铃薯生产者价格从 2010 年的 208 欧元/吨

上升到 2018 年的 216 欧元/吨，上升幅度达到 3.85%。德国工业用马铃薯生产者价格从 2010 年的 53 欧元/吨上升到 2018 年的 62 欧元/吨，上升幅度达到 16.98%。德国甜菜的生产者价格呈现下降趋势，从 2010 年的 34 欧元/下降到 2018 年的 26 欧元/吨，下降幅度达到 23.53%。德国油菜籽的生产者价格从 2010 年的 310 欧元/吨上升到 2018 年的 345 欧元/吨，上升幅度达到 11.29%。德国啤酒花的生产者价格从 2010 年的 3 858 欧元/吨上升到 2018 年的 5 560 欧元/吨，上升幅度达到 44.12%（表 4-14）。

表 4-14　德国马铃薯、甜菜等农产品生产者价格

单位：欧元/吨

年份	2010	2012	2013	2014	2015	2016	2017	2018
主食马铃薯	208	161	305	162	195	254	254	216
工业用马铃薯	53	50	57	57	54	55	54	62
马铃薯合计	172	140	264	138	169	222	224	209
甜菜	34	45	50	49	34	34	29	26
油菜籽	310	402	401	401	334	343	333	345
啤酒花	3 858	3 959	4 179	4 757	4 544	5 204	5 452	5 560

德国牛的生产者价格较高，保持上升趋势，2018 年生产者价格达到 1 879 欧元/吨，比 2010 年增长 41.17%。德国犊牛生产者价格从 2010 年的 2 525 欧元/吨下降到 2018 年的 2 481 欧元/吨，下降幅度达到 1.74%。德国猪的生产者价格从 2010 年的 1 054 欧元/吨上升到 2018 年的 1 107 欧元/吨，上升幅度达到 5.03%。德国家禽的生产者价格呈现上升趋势，从 2010 年的 1 031 欧元/吨上升到 2018 年的 1 159 欧元/吨，上升幅度达到 12.42%。德国马的生产者价格保持不变，为 367 欧元/吨。德国羊的生产者价格从 2010 年的 2 001 欧元/吨上升到 2018 年的 2 514 欧元/吨，上升幅度达到 25.64%。德国牛奶的生产者价格从 2010 年的 253 欧元/吨上升到 2018 年的 347 欧元/吨，上升幅度达到 37.15%。德国蛋的生产者价格从 2010 年的 1 339 欧元/吨上升到 2018 年的 1 523 欧元/吨，上升幅度达到 13.74%（表 4-15）。

表 4-15　德国畜产品生产者价格

单位：欧元/吨

年份	2010	2012	2013	2014	2015	2016	2017	2018
牛	1 331	1 852	1 796	1 676	1 748	1 672	1 815	1 879

（续）

年份	2010	2012	2013	2014	2015	2016	2017	2018
犊牛	2 525	2 125	2 665	2 583	2 483	2 688	2 730	2 481
猪	1 054	1 305	1 303	1 188	1 085	1 162	1 271	1 107
家禽	1 031	1 073	1 255	1 216	1 208	1 209	1 125	1 159
马	367	367	367	367	367	367	367	367
羊	2 001	2 043	1 100	2 086	2 645	2 715	2 705	2 514
牛奶	253	318	375	376	293	267	362	347
蛋	1 339	1 559	1 158	1 121	1 267	1 154	1 626	1 523

（二）食品消费者价格变化

德国烤牛肉的消费者零售价格较高，保持上升趋势，2018年消费者零售价格达到9.43欧元/千克，比2010年增长22.31%。德国猪排消费者零售价格从2010年的4.76欧元/千克上升到2018年的5.75欧元/千克，上升幅度达到20.80%。德国冷冻烤鸡的消费者零售价格从2010年的1.89欧元/千克上升到2018年的2.57欧元/千克，上升幅度达到35.98%。德国鸡蛋的消费者零售价格呈现下降趋势，从2010年的每10枚1.35欧元下降到2018年的每10枚1.28欧元，下降幅度达到5.19%。德国苹果的消费者零售价格从2010年的1.46欧元/千克上升到2018年的1.83欧元/千克，上升幅度达到25.34%。德国主食马铃薯的消费者零售价格从2010年的0.69欧元/千克上升到2018年的0.91欧元/千克，上升幅度达到31.88%。德国鲜牛奶的消费者零售价格从2010年的0.62欧元/升上升到2018年的0.8欧元/升，上升幅度达到29.03%。德国优质黄油的消费者零售价格从2010年的每250克0.97欧元上升到2018年的每250克1.47欧元，上升幅度达到51.55%。德国水果酸奶的消费者零售价格呈现下降趋势，从2010年每150克0.34欧元下降到2018年的每150克0.32欧元，下降幅度达到5.88%。德国全麦混合面包的消费者零售价格从2010年的1.91欧元/千克上升到2018年的2.18欧元/千克，上升幅度达到14.14%。德国全麦杂粮面包的消费者零售价格从2010年的每750克2.01欧元上升到2018年的每750克2.22欧元，上升幅度达到10.45%。德国糖和食糖的消费者零售价格呈现下降趋势，从2010年的0.69欧元/千克下降到2018年的0.64欧元/千克，下降幅度达到

7.25%（表4-16）。

表4-16 德国主要食品的消费者零售价格

单位：欧元

食品种类	单位	年份									
		2010	2011	2012	2013	2014	2015	2016	2017	2018	2019
烤牛肉	1千克	7.71	8.29	8.90	9.33	9.09	9.14	9.40	9.26	9.44	9.43
猪排	1千克	4.76	5.01	5.23	5.44	5.36	5.22	5.24	5.47	5.49	5.75
冷冻烤鸡	1千克	1.89	2.06	2.19	2.36	2.41	2.44	2.49	2.48	2.49	2.57
鸡蛋	10枚	1.35	1.35	1.20	1.38	1.11	1.10	1.29	1.21	1.38	1.28
苹果	1千克	1.46	1.56	1.60	1.88	1.72	1.62	1.73	1.90	2.18	1.83
主食马铃薯	1千克	0.69	0.70	0.71	0.79	0.71	0.67	0.78	0.75	0.76	0.91
鲜牛奶（脂肪含量3.5%）	1升	0.62	0.65	0.61	0.70	0.73	0.64	0.63	0.76	0.80	0.80
优质黄油	250克	0.97	1.11	0.88	1.11	0.98	0.89	0.95	1.51	1.69	1.47
水果酸奶（脂肪至少3.5%）	150克	0.34	0.35	0.36	0.36	0.37	0.33	0.33	0.33	0.33	0.32
全麦混合面包	1千克	1.91	1.86	1.88	2.00	2.00	2.05	2.08	2.15	2.14	2.18
全麦杂粮面包	750克	2.01	2.01	2.01	2.10	2.12	2.15	2.16	2.16	2.17	2.22
糖、食糖	1千克	0.69	0.71	0.87	0.89	0.81	0.66	0.67	0.69	0.65	0.64

二、农产品价格政策以及演变

（一）共同农业政策的产生和发展

1957年，联邦德国与法国、意大利、荷兰、比利时、卢森堡五个国家共同签订了《罗马条约》，该条约明确规定了建立欧洲经济共同市场，其中"共同农业政策"（Common Agriculture Policy）是条约中的重要条款。德国农产品政策从共同农业政策形成之后，一直对调节农产品市场发挥很大作用。1962年，共同农业政策确立了三项基本原则：单一市场（market unity）、共同体优先（community preference）、财政统一（financial solidarity）。共同农业政策的具体做法有以下几点：一是建立统一的农产品市场体系。从1966年开始，以橄榄油、谷物、糖类等农产品为开端统一市场价格，随后逐渐扩展到牛奶、奶制品、牛肉等其他农产品领域，到20世纪90年代，欧共体范围内的绝大多数农产品实现统一价格。二是形成关于农产品统一价格体系和对外的关税壁垒。主要措施包括：门槛价格、最低价格及干预价格。三是实施生产配额制度。针对牛奶和糖类两种农产品，实施配额制度，对既定产量的农产品给予保护价格，对既定产量之外的农产品根据市场供求决定价格。四是实施出口补贴政策。共同农业政策对出口的各种农产品实施出口补贴，增强农产品在欧共体以外市场的竞争力。五是实施直接补贴。对欧共体范围内生产能力较弱的特殊农产品，给予直接补贴，例如烟草、棉花、亚麻等农产品。

共同农业政策于 1992 年进行了一次较大范围的改革，旨在消除共同农业政策的执行所带来的负面效应。这些负面效应主要体现在随着时间推移农产品积压成堆以及不堪重负的财政负担，同时改革的内容也部分针对关税总协定（GATT）谈判提出的贸易自由化要求。改革的具体措施有：一是降低农产品的价格支持水平，谷物最低保证价格 3 年内下降 29%，以促进农产品在国内市场竞争与在没有退税的条件下增加出口，并限制农产品产量。二是实施收入支持政策。对种植业、畜牧业生产者根据种植面积与养殖规模进行补贴。实施农业结构调整政策，例如保护农业生产环境政策、造林补助、提供援助符合环保条件款项、早退休的奖励、安置青年从事农业生产政策、优质的产品推广政策以及扶持农村落后地区发展政策等。这次改革效果较好，在 20 世纪 90 年代中期就解决了农产品过剩和财政负担过重问题。

共同农业政策于 2003 年又进行一次改革。这次改革的因素很多，既包括顺应世界贸易组织多哈回合关于减少导致贸易扭曲的各种国内支持政策、减少出口补贴的要求，也包括欧盟东扩、质量安全、应对气候变化、平衡农村落后地区发展等因素。改革措施包括：一是取消农产品产量与补贴直接挂钩，实施单一支付制度（single payment scheme，SPS）。通过实施单一支付制度，农民可以选择生产什么、生产多少，即促使农民根据市场需求与市场价格作出生产决策。而其所获得的补贴金额与原来产量挂钩的补贴金额在数量上是相同的。二是设定单一支付支出金额的最高限额。每个欧盟成员国通过共同农业政策支持本国农业生产资金需要在本国的最高限额范围内实施。三是削减全部直接支付，无论支付资金是否与产量实现脱钩，都需要按照 2005 年减少 3%，2006 年减少 4%，2007 年减少 5% 的速度削减，削减下的资金将用于农村发展，但是支付金额低于 5 000 欧元的农场不需要削减。四是重视农村发展。提高农业与林业的竞争力，改善乡村环境与乡村面貌，改善农村地区的生活质量，鼓励农村经济多样化发展。五是密切关注环境问题。设定"交叉达标"标准，当农民的农场达到环境保护、公共动植物卫生条件、动物福利标准时才可以领取直接支付。

（二）2014—2020年共同农业政策

当前的共同农业政策是在2020年之前促进农业生产更加清洁、更加可持续发展。2014—2020年，德国每年从欧盟获得大约62亿欧元的农业支持资金。欧盟的支持基金分为两个支柱：一是直接支付，二是可持续、无害环境的农业农村发展援助。其中，第一支柱直接支付资金的第一个目标是促进农业为全社会提供应有的服务，例如，维护农村耕作的景观，保证农产品供给，提供农业就业机会等。直接支付资金的第二个目标是促进欧洲农民提高农业生产水平，特别是在环境友好、动物福利、消费者保护等方面的竞争力更强。第三个目标是平抑农产品价格波动影响，维护农民收入稳定。第一支柱目前在欧盟主要国家通行的占比是单个农场收入的40%。从2015年开始，德国围绕直接支付资金出台了4项措施：一是设定基本支持费用。德国根据地区不同设定不同标准，每公顷154～191欧元不等，在2019年以后逐步缩小地区差异，统一为175欧元补贴。二是对于采取符合条件的环境保护措施的农场每公顷补贴85欧元，这些条件包括维持生物多样性等。同时，加强对中小型农场、对年轻农民的补贴。总体上，德国第一支柱直接支付资金2014—2020年平均每年支出48.5亿欧元。除了第一支柱直接支付政策之外，德国还实施第二支柱政策，促进农村经济、自然资源管理可持续发展，2014—2020年，德国大约支出13.5亿欧元农业农村可持续发展资金。

（三）共同农业政策的未来

未来，共同农业政策将更加关注公共物品的提供。具体包括：一是再平衡并继续维持共同农业政策的目标。二是再谋划共同农业政策的顶层设计、修正竞争力。三是降低政策的行政成本。四是区分非社会目标导向的直接支付和其他支付。五是进一步发展环境友好、气候变化应对和动物福利保护的农业。六是加强风险管理。七是加强知识创新开发。八是加强农村发展。九是改进农粮政策协调性。十是促进共同农业政策全面满足社会目标的能力。其中，在第四项政策措施当中，德国联邦政府将在未来10年共同农业政策框架内，力争取消欧盟内部所有100%由欧盟资助的直接支付资金，这些资金也包括推动绿色发展和年轻农民的保费。从长期看，直接支付的资金只面向从事土地管理及相关公共服务领域的农民。

第五章 CHAPTER 5
德国农产品贸易 ▶▶▶

外贸依存度较高的德国是世界第二大出口国和第三大贸易国，但其中农产品的出口额相对较少，而对农产品进口依赖程度较大。为了提高德国农产品的国际竞争力、促进农产品贸易，德国政府采取了一系列行之有效的政策措施。本章首先介绍了德国农产品贸易的历史演变及现状，进而重点分析了中国与德国的农产品贸易状况，展望了中德农产品贸易前景，最后从欧盟农产品贸易政策的演变入手，阐述了德国农产品贸易政策的变动情况。

第一节　农产品贸易的历史演变及现状

德国是欧洲第一、世界第四大经济强国，汽车业、机械制造业、化工业闻名于世。农业方面，2019年德国农业总产值占德国国民生产总值的比重约为0.8%，但德国农业机械化程度很高；在农业生产中，畜牧业发达，畜牧业产值占农业总产值的60%以上，畜牧业与种植业相结合，共同组成了现代化的德国农业。德国是欧盟中仅次于法国、意大利的第三大农产品生产国，同时也是主要的农产品进口国。

一、德国农产品贸易及其在世界农产品贸易中的地位

（一）农产品进出口发展历程

德国是仅次于中国的世界第二大出口国和第三大贸易国，外贸依存度达71%。统计资料显示，2018年德国出口总额达15 575亿美元，居世界第二位。同年，德国农产品进口额为1 158.6亿美元，出口额为959.3亿美元，农产品

贸易逆差当年达到 199.3 亿美元，是德国贸易逆差的主要来源。总的来看，德国农产品进口一直显著大于出口，具体情况见表 5-1。

表 5-1　1991—2018 年德国农产品贸易情况

单位：百万美元

年份	进口额	出口额	净出口额
1991	49 682.9	26 210.5	−23 472.4
1992	53 667.3	28 424.5	−25 242.8
1993	42 875.8	24 977.1	−17 898.6
1994	50 092.6	28 197.0	−21 895.5
1995	58 705.0	33 168.7	−25 536.3
1996	56 390.8	33 021.4	−23 369.4
1997	51 930.7	30 379.1	−21 551.6
1998	52 811.5	32 193.5	−20 618.1
1999	49 076.9	30 825.2	−18 251.7
2000	42 492.0	28 349.4	−14 142.6
2001	45 551.1	31 536.4	−14 014.7
2002	48 161.3	34 390.8	−13 770.5
2003	54 819.3	38 964.2	−15 855.1
2004	60 624.1	45 514.0	−15 110.0
2005	68 060.6	53 152.8	−14 907.8
2006	75 866.8	59 393.9	−16 472.9
2007	86 044.7	69 210.7	−16 834.0
2008	106 688.1	86 750.7	−19 937.3
2009	89 185.9	74 827.2	−14 358.7
2010	94 985.1	78 117.0	−16 868.1
2011	111 742.1	92 063.7	−19 678.4
2012	105 374.3	88 658.2	−16 716.1
2013	110 456.0	95 334.3	−15 121.7
2014	116 299.4	100 130.1	−16 169.3
2015	101 663.0	85 716.9	−15 946.1
2016	103 707.2	87 933.2	−15 774.0
2017	111 251.5	93 738.7	−17 512.8
2018	115 862.8	95 930.9	−19 931.9

数据来源：UN Comtrade 网站。

图 5-1 是德国 1991—2018 年农产品进口额、出口额、净进口额折线图，从图中可更清晰地看出德国农产品进出口的变动情况。在这近 30 年中，德国农产品进出口总体呈现增长趋势，具体可分为三个阶段。1991—2000 年为第一阶段，在该阶段，德国农产品进口额除了 1992 年、1995 年出现上升外，其他年份均小幅下降；出口额小幅波动，但农产品净进口额基本上都保持平稳态势；此外，在这一阶段农产品贸易逆差达到历史上最高值 252.4 亿美元，这与东西德合并、欧盟共同农业政策改革有很大的关系。第二阶段为 2001—2008 年，在该阶段，农产品进口额与出口额都出现快速增长，进口额和出口额分别增长了 2.3 倍与 2.7 倍，同时贸易逆差也呈现缩小趋势；2009 年至今为第三阶段，在该阶段，农产品进口额、出口额平均每年增长速度分别放缓至 3.1% 和 3.3%，其中 2012 年与 2015 年出现负增长，整体呈现波动、缓慢的增长趋势。

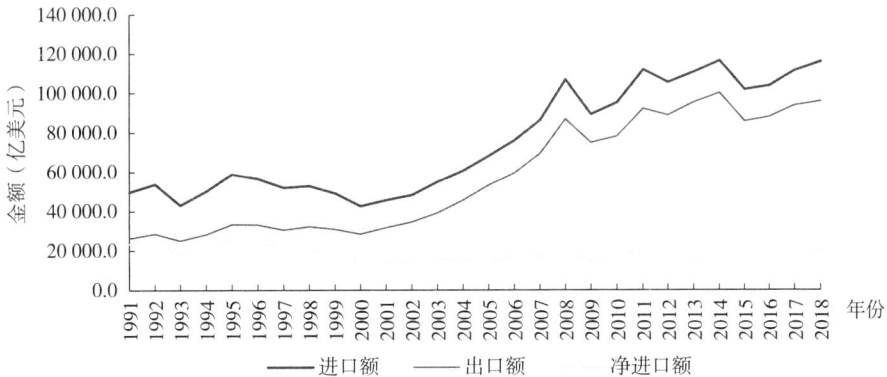

图 5-1 1991—2018 年德国农产品进口额、出口额、净进口额

资料来源：UN Comtrade 网站。

(二) 农产品进出口额在德国进出口商品总额中的比重

德国劳动力成本较高，自然资源相对贫乏，出口的优势产品主要是技术先进、品质精良的汽车与电子电器、化工类产品。农产品出口额较少，2018 年为 959.3 亿美元，占德国出口总额的 6.14%，其中较为优势的农产品是杂项食品和巧克力。2018 年德国进口总额为 12 844 亿美元，其中农产品进口额达 1 158.6 亿美元，占德国进口总额的 9.02%。进口的农产品为奶酪、咖啡、葡萄酒等产品。德国 1991—2018 年农产品进出口额占进出口商品总额的比重可参见表 5-2。

表 5-2 1991—2018 年德国农产品进出口额占进出口商品总额比重

单位：%

	1991年	1995年	2000年	2005年	2010年	2015年	2016年	2017年	2018年
农产品进口额占总进口额的比重	10.84	9.27	7.58	7.93	7.12	9.92	10.20	9.97	9.02
农产品出口额占总出口额的比重	6.19	5.84	5.32	6.38	5.93	6.48	6.55	6.42	6.14

资料来源：WTO网站。

从表 5-2 中可以看出，近 30 年来德国农产品进出口额占进出口商品总额的比重总体呈波动下降趋势。1991 年德国农产品进口额占总进口额的比重为 10.84%，可见当时德国的农产品对进口依赖程度比较高，到了 2018 年农产品进口额占总进口额的比重下降为 9.02%，这说明德国农产品的自给程度近 30 年有所提升。1991 年德国农产品出口额占总出口额的比重为 6.19%，2018 年农产品出口额占总出口额的比重为 6.14%，经过近 30 年的发展，比重不仅没有上升，反而有所下降。表 5-1 中数据显示，德国农产品的出口额基本是快速增长的，而从表 5-3 来看，德国农产品出口额占世界农产品出口额的比重却缓慢下降，造成这种现象的主要原因是德国其他产业，即德国的优势产业——工业和第三产业的出口增长速度高于农产品的出口增长速度。

（三）农产品进出口额在世界农产品进出口额中的地位

2018 年世界农产品进口总额为 18 565 亿美元，同年德国农产品进口额占世界农产品进口额的比重为 6.24%，居于中国、美国之后，排在世界第三位。2018 年世界农产品出口总额为 18 040 亿美元，同年德国农产品出口额占世界农产品出口额的比重为 5.32%，排在美国、荷兰之后，仍居世界第三位。在 1991—2018 年的近 30 年中，德国农产品进口额占世界农产品进口额的比重变动幅度较大，1991—1993 年，德国农产品进口额占世界农产品进口额的比重为 10.14%，仅次于日本，是当时世界第二大农产品进口国，在 2018 年下降为 6.24%。与此相比，德国农产品出口额占世界农产品出口额的比重变动更为稳定，但同样呈下降趋势。1991—1993 年，德国农产品出口额占世界农产品出口额的比重为 5.93%，位于美国、法国、荷兰之后，排在世界第四位，2018 年下降为 5.32%（表 5-3）。

表 5 - 3　德国农产品进出口额占世界农产品进出口额的比重

单位：%

占比	1991 年	1995 年	2000 年	2005 年	2010 年	2015 年	2016 年	2017 年	2018 年
德国农产品进口额占世界农产品进口额比重	10.84	9.27	7.58	7.71	7.12	6.54	6.74	6.63	6.24
德国农产品出口额占世界农产品出口额比重	6.19	5.48	5.32	6.34	5.93	5.50	5.54	5.36	5.32

资料来源：WTO 网站。

二、农产品贸易结构

（一）大类农产品的进出口情况

1. 谷物进出口情况

近 10 余年来德国谷物进口量呈较快增长趋势，进口量由 2009 年的 859.1 万吨，增加到 2018 年的 1 066.8 万吨。出口量 10 年来稳定中有一定幅度的波动。但总体来看，谷物出口量远远大于进口量（图 5 - 2）。

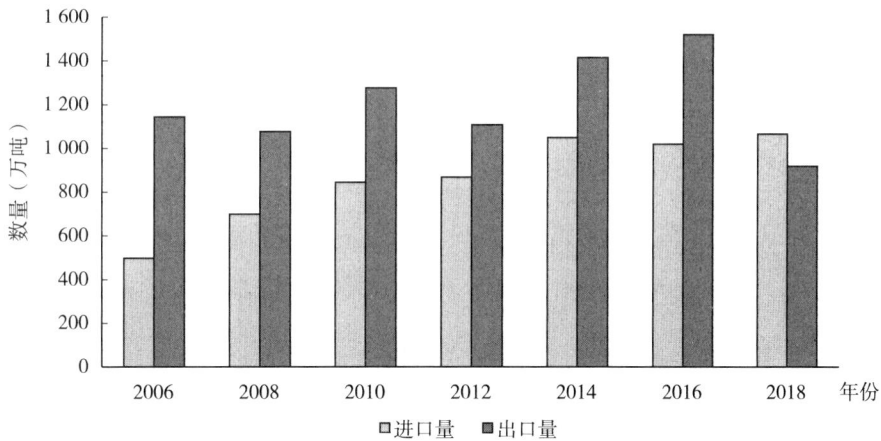

图 5 - 2　2006—2018 年德国谷物进出口量

资料来源：FAO 网站。

2. 畜产品进出口情况

德国畜产品进口量近 10 余年来较为稳定，出口量呈现快速增长趋势，2006 年出口量为 199.3 万吨，2018 年出口量增加到 340.6 万吨，增长了 0.7 倍。畜产品由 2006 年的净出口量约 5 万吨，转变为现在的净出口量达 77 万吨（图 5 - 3）。

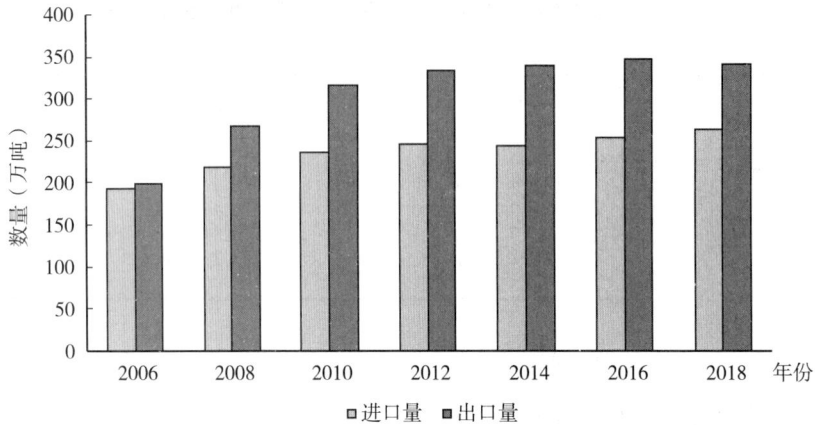

图 5-3 2006—2018 年德国畜产品进出口量

资料来源：FAO 网站。

3. 水产品进出口情况

2014—2018 年德国水产品进出口额都处于稳定状态，2015 年进出口额出现小幅下降。总体来看，水产品进口额远远大于出口额，是水产品净进口国，2018 年德国水产品进口额为 62.6 亿美元，出口额为 27.2 亿美元，进口额是出口额的 2.3 倍（图 5-4）。

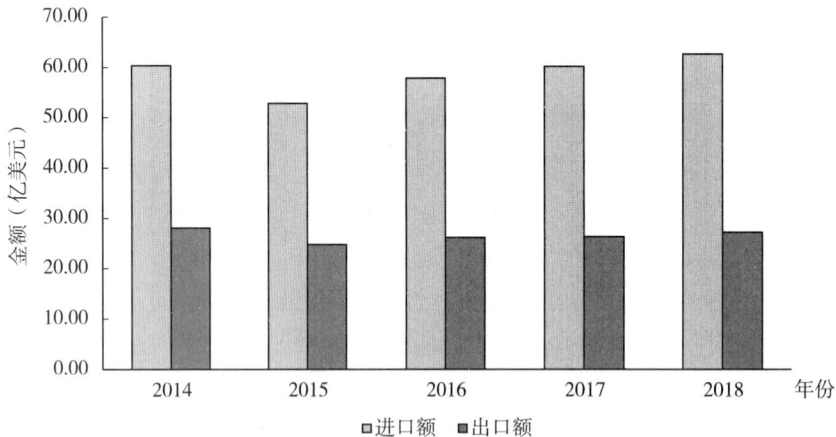

图 5-4 2014—2018 年德国水产品进出口额

资料来源：UN Comtrade 网站。

（二）主要消费类食品的进出口情况

德国消费类食品进出口占到德国农产品进出口总额的近 80%，同时消费类食品也是德国政府及德国民众普遍关注的产品。因此文中主要就德国消费类食品的进出口结构进行分析。

1. 主要消费类食品出口情况

德国消费类食品出口额较大的是各种杂项食品、巧克力、奶酪、香烟、焙制食品、猪肉、生猪、小麦、饮料等。其中，杂项食品 2018 年出口额达到52.1 亿美元，排在德国出口商品第一位；其次是巧克力，出口额为 49.9 亿美元，位居第二（表 5-4）。

表 5-4　2013—2018 年德国主要消费类食品出口额

单位：千美元

食品种类	2013 年	2014 年	2015 年	2016 年	2017 年	2018 年
杂项食品	4 486 031	4 702 487	4 083 475	4 347 612	4 772 303	5 205 310
巧克力	4 245 497	4 756 482	4 216 652	4 369 735	4 669 046	4 989 755
奶酪	4 781 410	4 749 735	3 455 519	3 361 817	4 070 574	4 202 263
香烟	3 456 576	3 350 953	3 298 198	3 477 176	3 040 142	2 784 923
焙制食品	3 043 728	3 069 104	2 619 945	2 698 717	2 882 628	3 169 875
猪肉	2 716 608	2 496 328	1 966 353	2 283 958	2 444 262	2 290 393
生猪	2 571 297	2 544 579	2 019 628	2 076 822	2 370 195	2 126 435
小麦	2 676 082	3 066 980	2 427 386	1 935 129	1 618 934	1 159 547
不含酒精饮料	1 690 976	1 833 486	1 547 908	1 668 459	1 820 018	2 014 101
含酒精饮料	1 572 060	1 609 787	1 375 849	1 480 984	1 542 286	1 522 027
宠物饲料	1 133 259	1 401 302	1 276 289	1 406 731	1 604 250	1 765 774
大麦啤酒	1 368 151	1 418 252	1 260 808	1 303 865	1 291 927	1 377 621
咖啡制成品	1 184 229	1 314 954	1 226 641	1 283 693	1 487 570	1 486 896
食品工业废料	1 259 203	1 259 320	1 077 229	1 091 951	1 166 426	1 238 625
葡萄酒	1 327 968	1 290 722	1 060 535	1 035 210	1 136 630	1 227 614
糖果	1 040 286	1 134 004	1 027 461	1 086 340	1 170 352	1 248 017
咖啡、绿茶	1 150 285	1 135 242	974 786	991 567	1 114 836	1 053 881
菜籽油	1 371 669	866 839	817 660	970 259	1 052 012	806 520
咖啡提取物	1 078 232	1 011 914	891 497	923 521	1 000 418	921 304
鲜奶	1 108 248	1 191 966	889 112	888 600	903 578	783 874

资料来源：FAO 网站。

2. 主要消费类食品进口情况

德国进口额比较大的消费类食品为奶酪、咖啡、绿茶、葡萄酒、杂项食品、菜籽油、巧克力、酒精饮料、焙制食品等。2018 年奶酪的进口额为 44

亿美元，高居德国消费类食品进口第一位；进口额居第二位的是杂项食品，2018 年为 31.7 亿美元。德国很多进口额较大的消费类食品，同时也是重要的出口食品，如奶酪、杂项食品、巧克力等，这充分说明德国的食品工业较发达（表 5 - 5）。

表 5 - 5　2013—2018 年德国主要消费类食品进口额

单位：千美元

食品种类	2013 年	2014 年	2015 年	2016 年	2017 年	2018 年
奶酪	4 194 479	4 466 500	3 609 407	3 701 650	4 140 454	4 396 436
咖啡、绿茶	3 199 343	3 551 251	3 106 093	2 942 420	3 136 627	2 805 080
葡萄酒	3 339 673	3 360 647	2 763 868	2 754 813	2 903 185	3 168 720
杂项食品	2 744 040	2 931 722	2 539 393	2 688 187	2 918 906	3 172 680
菜籽油	2 640 739	2 154 729	1 983 626	2 335 378	2 726 247	2 526 330
巧克力	2 059 348	2 311 566	2 101 740	2 225 042	2 306 967	2 442 005
含酒精饮料	1 855 444	1 786 562	1 532 063	1 673 379	1 754 323	1 818 915
焙制食品	1 627 678	1 696 236	1 515 169	1 582 187	1 722 000	1 857 054
大豆	2 099 782	1 994 005	1 591 844	1 281 503	1 235 194	1 483 750
无骨肉	1 473 173	1 581 723	1 467 287	1 514 691	1 660 170	1 724 131
生猪	1 869 025	1 834 716	1 254 092	1 305 086	1 501 981	1 311 420
水果	1 578 204	1 496 154	1 356 267	1 391 749	1 497 116	1 545 975
番茄	1 376 805	1 459 090	1 297 228	1 306 853	1 493 650	1 494 581
大豆饼	1 656 752	1 481 720	1 238 123	1 160 334	1 062 193	1 046 348
可可豆	808 369	1 066 845	1 241 882	1 406 071	1 182 357	1 177 966
宠物食品	943 372	1 055 564	975 296	981 844	1 326 381	1 445 580
鸡肉	920 315	1 008 442	908 680	973 712	1 101 592	1 333 267
香蕉	1 103 845	1 113 604	966 858	996 689	1 010 281	928 760
不含酒精饮料	904 783	875 400	903 091	1 012 281	1 072 812	1 253 673
小麦	1 199 057	1 147 650	1 002 694	920 435	853 524	860 392

资料来源：FAO 网站。

三、德国农产品的主要贸易伙伴

（一）德国农产品主要进口来源国

从贸易国别上来看，德国进口的消费类食品大部分来自欧盟成员国，占到进口总量的 3/4 多，主要来自法国、荷兰、意大利、比利时。巴西、土耳其、美国是欧盟以外的德国消费类食品的三大供应国。来自亚洲的食品以非动物源食品为主，且品种较为繁杂。来自中南美洲的食品主要是咖啡、绿茶和水果。此外，以色列、地中海地区、拉丁美洲和加勒比海地区、南非等也向德国出口部分农产品，主要产品种类有肉和禽类、奶制品、新鲜水果（尤其是香蕉）、加工水果和蔬菜、坚果和干果等①（表5-6）。

表5-6　2018年德国主要消费类食品进口额排名前十位的进口来源国

排名	种类									
	奶酪	咖啡、绿茶	葡萄酒	杂项食品	菜籽油	巧克力	含酒精饮料	焙制食品	大豆	无骨肉
1	荷兰	巴西	法国	荷兰	意大利	波兰	意大利	法国	美国	荷兰
2	法国	越南	意大利	比利时	荷兰	比利时	法国	意大利	巴西	阿根廷
3	意大利	洪都拉斯	西班牙	法国	匈牙利	荷兰	西班牙	荷兰	加拿大	爱尔兰
4	澳大利亚	意大利	澳大利亚	波兰	法国	瑞士	英国	波兰	乌克兰	澳大利亚
5	丹麦	哥伦比亚	美国	意大利	西班牙	意大利	美国	比利时	澳大利亚	荷兰
6	瑞士	秘鲁	乌克兰	澳大利亚	乌克兰	法国	丹麦	澳大利亚	罗马尼亚	法国
7	希腊	法国	南非	土耳其	澳大利亚	澳大利亚	澳大利亚	丹麦	法国	波兰
8	波兰	埃塞俄比亚	澳大利亚	瑞士	希腊	英国	南非	西班牙	荷兰	意大利
9	爱尔兰	瑞士	卢森堡	爱尔兰	英国	西班牙	荷兰	瑞典	阿根廷	乌拉圭
10	比利时	乌干达	葡萄牙	西班牙	捷克	瑞典	比利时	英国	意大利	巴西

数据来源：FAO和UN Comtrade网站。

（二）德国农产品主要出口目的国

德国消费类食品主要出口到欧盟国家，如法国、荷兰、意大利、比利时等是其主要的出口贸易伙伴。但德国香烟更多流向的是亚洲及东欧一些国家，小麦等谷物商品出口到非洲国家的数额较多。德国主要消费类食品出口额排名前十位的出口目的国可参见表5-7。

表5-7　2018年德国主要消费类食品出口额排名前十位的出口目的国

排名	种类									
	杂项食品	巧克力	奶酪	香烟	焙制食品	猪肉	生猪	小麦	不含酒精饮料	含酒精饮料
1	荷兰	法国	意大利	意大利	澳大利亚	意大利	澳大利亚	荷兰	荷兰	荷兰

① 杨莲娜，李先德，2005. 农产品出口机遇国别报告之六：德国篇［J］. WTO经济导刊（7）：56-57.

（续）

排名	种类									
	杂项食品	巧克力	奶酪	香烟	焙制食品	猪肉	生猪	小麦	不含酒精饮料	含酒精饮料
2	法国	英国	荷兰	西班牙	英国	波兰	匈牙利	沙特	法国	意大利
3	英国	澳大利亚	澳大利亚	法国	法国	韩国	罗马尼亚	比利时	英国	美国
4	澳大利亚	荷兰	法国	荷兰	荷兰	中国	波兰	南非	澳大利亚	英国
5	波兰	波兰	西班牙	英国	意大利	荷兰	荷兰	英国	比利时	比利时
6	意大利	意大利	英国	比利时	西班牙	澳大利亚	西班牙	意大利	西班牙	法国
7	比利时	比利时	比利时	澳大利亚	比利时	捷克	意大利	以色列	瑞典	中国
8	中国	美国	波兰	捷克	瑞士	英国	克罗地亚	尼日利亚	瑞士	澳大利亚
9	西班牙	西班牙	捷克	葡萄牙	波兰	罗马尼亚	捷克	几内亚	意大利	瑞士
10	瑞士	瑞士	希腊	澳大利亚	丹麦	日本	卢森堡	瑞士	波兰	挪威

数据来源：FAO 和 UN Comtrade 网站。

第二节　中国与德国的农产品贸易

一、中德农产品贸易总额

随着 2001 年加入 WTO，中国近几年成为德国除欧盟国家之外发展较快的农产品贸易伙伴国。德国从中国进口的农产品近几年波动较大，但贸易总额一直呈现上升的趋势，贸易逆差逐渐缩小。2009—2011 年出出口额上升幅度较大，2011—2014 年发展趋势平稳，自 2014 年开始，出现了快速增长，2015 年出口有了较大幅度下降。2018 年德国从中国进口的农产品已达 12 亿美元，出口额达 11 亿美元。中国与德国的农产品贸易，常年维持贸易逆差，而且随着德国从中国进口农产品的快速增加，贸易逆差呈现进一步扩大趋势，2018 年逆差额接近 1.6 亿美元（图 5-5）。

二、中德农产品贸易结构

对于农产品的界定，国际上有两大分类法，一是 HS（商品名称及编码协调制度）分类法，另一种是 SITC（国际贸易标准）分类法。本书涉及的数据采用的是 SITC 分类法。根据联合国贸易与发展会议对农产品的界定，农产品

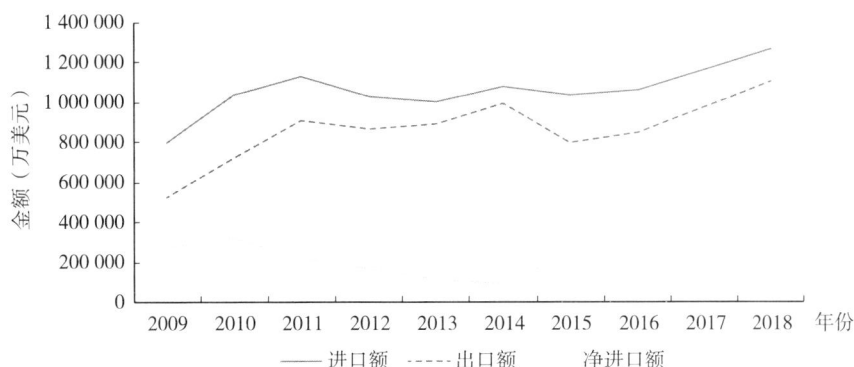

图 5-5 德国与中国近 10 年来农产品贸易额

资料来源：WTO。

包括 SITC 中前四大类产品，但第二类中第 27、28 章内容除外（表 5-8）。

表 5-8 SITC 对农产品的划分

编码	名称	编码	名称
SITC00	活动物	SITC12	烟草及其制品
SITC01	肉及肉制品	SITC21	生皮及生毛皮
SITC02	乳品及蛋品	SITC22	油籽及含油果实
SITC03	鱼、甲壳及软体类动物及其制品	SITC23	生橡胶
SITC04	谷物及其制品	SITC24	软木及木材
SITC05	蔬菜及水果	SITC25	纸浆及废纸
SITC06	糖、糖制品及蜂蜜	SITC26	纺织纤维及其废料
SITC07	咖啡、茶、可可、调味品及其制品	SITC29	其他动物、植物原料
SITC08	饲料（不包括未碾磨谷物）	SITC41	动物油、脂
SITC09	杂项食品	SITC42	植物油、脂
SITC11	饮料	SITC43	已加工的动植物油、脂及动植物蜡

资料来源：UN Comtrade 网站。

（一）德国从中国进口的主要农产品

德国从中国进口较多的农产品为 03 章（鱼、甲壳及软体类动物及其制品）、29 章（其他动物、植物原料）、05 章（蔬菜及水果）、09 章（杂项食品）、08 章（饲料）。特别是 03 章（鱼、甲壳及软体类动物及其制品）和 29 章（其他动物、植物原料）、05 章（蔬菜及水果），2018 年德国从中国的进口额分别达 9.2 亿、8.1 亿、7.5 亿美元，这三大章商品进口额占到德国从中国进口农产品总额的 55% 以上。此外 09 章（杂项食品）和 23 章（生橡胶）产品进口额近几年的增长速度非常快，分别由 2015 年的 1.54 亿、0.23 亿美元增长到了 2018 年的 4.21 亿、0.66 亿美元，分别以 2.7、2.9 倍的速度增长（表 5 - 9）。

表 5 - 9　2015—2018 年中德农产品贸易细分

单位：千美元

章序	2015 年		2016 年		2017 年		2018 年	
	出口额	进口额	出口额	进口额	出口额	进口额	出口额	进口额
00 章	2 637	15 063	4 814	17 332	6 791	207	1 339	198
01 章	1 180 823	68 943	1 889 820	66 775	1 138 197	73 407	1 149 895	73 983
02 章	524 107	2 937	485 474	2 570	502 219	2 341	475 720	2 575
03 章	29 981	889 765	24 676	909 039	15 789	855 119	41 645	923 220
04 章	303 399	33 134	370 110	36 335	20 556	42 638	24 927	44 474
05 章	45 532	1 094 854	59 091	1 098 701	54 652	790 635	56 261	746 611
06 章	34 834	60 840	34 898	45 962	40 528	56 756	47 405	56 662
07 章	108 517	465 116	54 975	414 130	98 273	336 420	129 419	371 131
08 章	7 076	214 775	13 087	255 600	19 243	306 317	20 402	383 796
09 章	119 589	154 442	142 551	164 622	899 688	410 290	916 899	421 092
11 章	410 229	17 803	458 080	19 257	398 293	21 074	399 994	25 507
12 章	4 207	95 977	3 711	65 595	3 790	43 719	3 694	103 548
21 章	52 527	522	55 420	593	3 854	775	4 419	473
22 章	986	163 582	449	108 196	986	80 313	2 208	84 669
23 章	188 763	22 909	235 530	30 590	373 897	32 523	292 575	66 475
24 章	286 047	16 229	319 710	12 807	405 148	8 896	526 033	11 611
25 章	281 250	18 167	308 501	19 535	309 659	11 826	189 460	13 509
26 章	128 274	256 232	77 843	231 709	29 958	304 021	37 792	298 510
29 章	127 139	659 586	187 844	684 424	228 860	841 840	216 091	811 277
41 章	16 797	11 875	71 123	9 166	4 780	9 527	4 015	12 018
42 章	5 801	7 256	4 680	11 543	7 093	5 456	20 163	9 230
43 章	7 737	59 863	10 012	44 323	32 758	47 384	27 714	42 055

数据来源：UN Comtrade 网站。

（二）德国出口到中国的主要农产品

德国出口到中国的农产品主要是 01 章（肉及肉制品）、09 章（杂项食品）、24 章（软木及木材）、02 章（乳品及蛋品）、11 章（饮料）和 23 章（生橡胶）。其中 01 章（肉及肉制品）是唯一一类出口额超 10 亿美元的农产品，2018 年出口额达 11.5 亿美元。09 章（杂项食品）、43 章（已加工的动植物油、脂及动植物蜡）和 42 章（植物油、脂）出口额近几年的增长速度很快。另外 01 章（肉及肉制品）、09 章（杂项食品）、24 章（软木及木材）、02 章（乳品及蛋品）、11 章（饮料）、23 章（生橡胶）、25 章（纸浆及废纸）、42 章（植物油、脂）、21 章（生皮及生毛皮）及 00 章（活动物）是德国出口到中国农产品中取得贸易顺差的商品（表 5-9、图 5-6）。

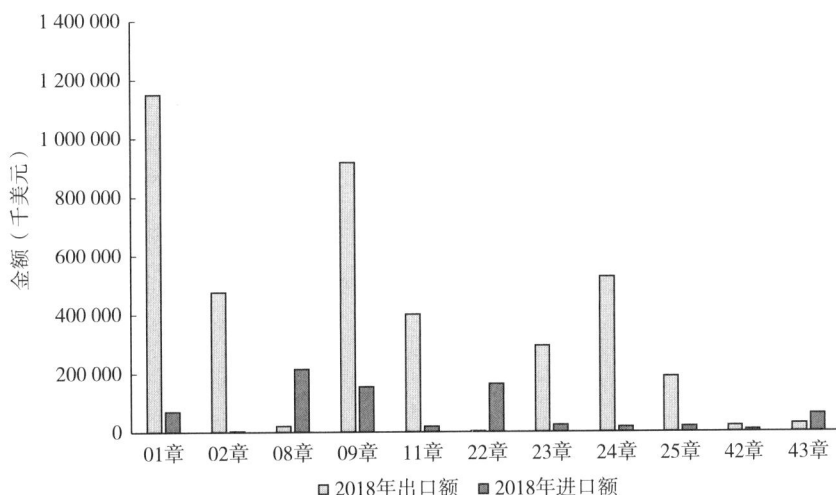

图 5-6　2018 年德国对中国的农产品进出口额

数据来源：UN Comtrade 网站。

三、中德农产品贸易关系及前景

中国与德国农产品贸易关系是一种什么样的状态？今后中国与德国农产品贸易发展前景如何？本书用可显示性比较优势指数（RCA）、贸易互补性指数（TCI）来分析德国与中国农产品贸易结构特征，并考虑其他相关因素，对未来中国与德国农产品贸易前景进行判断。

（一）中国与德国各类农产品的可显示性比较优势指数

可显示性比较优势指数（Revealed comparative advantage index），最早由

巴拉萨（Balassa）在1965年提出，后来被众多学者广为接受。可显示性比较优势指数是指一国某种商品出口占该国商品出口总值的份额，与世界该种商品出口占世界商品出口总值的份额的比率，该指数反映了一国出口商品的比较优势。计算公式如下：

$$RCA_{ik} = \frac{T_{iw}^k / T_{iw}^t}{T_{uw}^k / T_{uw}^t} \tag{1}$$

其中，RCA_{ik}表示可显示性比较优势指数，T_{iw}^k和T_{iw}^t分别表示i国商品k的出口额与该国商品出口总额，T_{uw}^k和T_{uw}^t表示世界商品k的出口额与世界商品出口总额。

根据公式（1），可计算出中国与德国2015—2018年分类农产品的可显示性比较优势指数（表5-10）。

表5-10 2015—2018年德国与中国各类农产品的可显示性比较优势指数（RCA）

类别	2015年 中国	2015年 德国	2016年 中国	2016年 德国	2017年 中国	2017年 德国	2018年 中国	2018年 德国
00章	0.53	2.35	0.53	1.91	0.30	1.45	0.29	1.47
01章	0.32	1.92	0.29	1.85	0.38	1.41	0.41	1.43
02章	0.06	2.86	0.08	3.21	0.05	2.19	0.06	2.45
03章	2.85	0.62	2.65	0.55	1.84	0.41	1.95	0.44
04章	0.13	1.70	0.13	1.44	0.20	0.79	0.22	0.75
05章	1.43	0.69	1.45	0.63	1.04	0.43	1.08	0.50
06章	0.67	1.31	0.69	1.25	0.47	0.97	0.60	1.28
07章	0.55	2.74	0.66	2.67	0.39	1.88	0.49	2.26
08章	0.63	1.86	0.63	1.63	0.45	1.22	0.49	1.27
09章	0.87	2.04	0.82	1.82	0.87	1.61	0.94	1.75
11章	0.31	1.49	0.35	1.45	0.22	0.97	0.25	1.13
12章	0.54	3.27	0.54	3.05	0.47	2.53	0.44	2.13
21章	0.03	0.91	0.04	1.02	0.03	0.25	0.05	0.35
22章	0.29	0.17	0.22	0.12	0.16	0.09	0.18	0.09
23章	0.25	1.27	0.24	1.08	0.23	1.11	0.29	1.25
24章	0.29	1.43	0.25	1.30	0.13	0.86	0.14	0.99
25章	0.05	1.00	0.04	0.82	0.03	0.54	0.03	0.49
26章	1.57	1.23	1.53	1.07	1.19	0.56	1.30	0.50
29章	1.77	2.09	1.73	2.02	1.34	1.61	1.43	1.74
41章	0.99	1.65	0.66	1.69	0.19	1.40	0.25	1.54
42章	0.07	0.83	0.06	0.78	0.07	0.61	0.12	0.59
43章	0.33	2.12	0.36	1.87	0.34	1.37	0.37	1.43

数据来源：WTO、UN Comtrade网站。

从计算结果来看，德国具有很强竞争优势的产品为 02 章（乳品及蛋品）2015—2018 年其显示性比较优势指数持续上升，2018 年达到了 2.45 的水平。而中国此类商品不具有比较优势，2015 年的可显示性比较优势指数为 0.06，此后变化幅度比较小，一直维持在这个水平上下，到 2018 年可显示性比较优势指数也为 0.06。德国其他具有很强竞争优势的商品为 07 章（咖啡、茶、可可、调味品及其制品）、12 章（烟草及其制品），可显示性比较优势分别为 2.26、2.13，两类商品相较前几年都有些下降。00 章（活动物）、01 章（肉及肉制品）、06 章（糖、糖制品及蜂蜜）、08 章（饲料）、09 章（杂项食品）、11 章（饮料）、23 章（生橡胶）、29 章（其他动物、植物原料）、41 章（动物油、脂）、43 章（已加工的动植物油、脂及动植物蜡），这 10 章商品的可显示性比较优势指数都大于 1。总体来看，中国 03 章（鱼、甲壳及软体类动物及其制品），2018 年其可显示性比较优势指数达到了 1.95，而且近几年指数也维持在较高的水平。另外，中国 05 章（蔬菜及水果）、26 章（纺织纤维及其废料）、29 章（其他动物、植物原料）具有较强竞争优势，2018 年可显示性比较优势都大于 1，分别为 1.08、1.3、1.43。相比之下，中国除了 42 章（植物油、脂）、29 章（其他动物、植物原料）、22 章（油籽及含油果实）与德国的可显示性比较优势指数近两年差距较小外，其他几章的可显示性比较优势指数都很小，基本上都较大程度地小于德国的可显示性比较优势指数，其他各章商品基本上都不具有竞争优势。因此，虽然中国农产品出口的绝对数额每年都在增加，但与中国商品出口总额相比，农产品的出口不具有比较优势。

（二）中国与德国的农产品贸易互补性指数

根据李嘉图的比较优势理论，在国际贸易中，一国通常会出口其具有比较优势的产品，进口其没有比较优势或者叫作有比较劣势的产品。因而，一国的出口结构基本上反映了其比较优势结构，而一国的进口结构则基本反映了其比较劣势结构。如果出口国的比较优势结构与进口国的比较劣势结构刚好吻合，则意味着它在该市场上具有很强的增长潜力或者增长能力。因此，可以运用贸易互补性指数（trade complementarity index）来衡量出口国的出口结构与目标市场进口结构的相关程度①。单项产品贸易互补性指数的计算公式如下：

---

① 杨莲娜，李先德，2007. 中国农产品对欧盟出口结构分析 [J]. 农业经济导刊 (8).

$$C_{ij}^k = RCA_{xi}^k \times RCA_{mj}^k \qquad (2)$$

其中，C_{ij}^k 表示贸易互补性指数，RCA_{xi}^k 表示用出口来衡量的 i 国在 k 产品上的比较优势，RCA_{mj}^k 表示用进口来衡量的 j 国在 k 产品上的比较劣势，具体计算公式如下：

$$RCA_{xi}^k = \frac{T_i^k}{T_i} \bigg/ \frac{T_w^k}{T_w} \qquad (3)$$

$$RCA_{mj}^k = \frac{T_j^k}{T_j} \bigg/ \frac{T_w^k}{T_w} \qquad (4)$$

其中，T_i^k 和 T_i 分别表示 i 国 k 产品的出口总额与 i 国商品的出口总额，T_w^k 和 T_w 分别表示世界 k 产品的出口总额与世界商品出口总额，T_j^k 和 T_j 分别表示 j 国 k 产品的进口总额与 j 国商品的进口总额。

当 $C_{ij}^k > 1$ 时，说明两国的贸易互补性强，且 C_{ij}^k 值越大，表明互补性越强；当 $C_{ij}^k < 1$，说明两国的贸易互补性较弱，且 C_{ij}^k 值越小，互补性越不明显[1]。

按照上述计算公式，以德国为出口国，中国为进口国，可计算出中国与德国分类农产品贸易互补性指数（表 5-11）。

表 5-11 2015—2018 年以德国为出口国计算的中德双方贸易互补性指数

类别	2015 年	2016 年	2017 年	2018 年
00 章	1.45	0.78	0.41	0.44
01 章	2.75	3.95	1.99	2.26
02 章	3.20	3.90	2.70	3.13
03 章	0.79	0.69	0.48	0.64
04 章	3.42	2.26	0.69	0.57
05 章	0.74	0.59	0.37	0.48
06 章	1.87	1.19	0.63	0.87
07 章	1.07	1.19	0.57	0.73
08 章	3.16	2.06	1.24	1.25
09 章	1.67	1.58	2.11	2.41
11 章	1.64	1.75	1.01	1.13
12 章	3.72	3.13	2.13	1.52
21 章	7.96	8.74	1.36	1.39
22 章	2.29	1.61	1.06	1.01

---

① 周茂荣，杜莉，2006. 中国与美国货物贸易互补性的实证研究 [J]. 世界经济研究（9）：45-52.

（续）

类别	2015 年	2016 年	2017 年	2018 年
23 章	7.66	7.39	4.78	4.21
24 章	10.33	9.50	5.69	6.08
25 章	9.56	7.95	4.74	4.02
26 章	7.04	5.09	2.26	2.17
29 章	2.16	1.94	1.42	1.53
41 章	3.17	3.80	1.41	1.48
42 章	2.19	1.81	1.07	1.09
43 章	3.70	3.29	3.26	3.10

数据来源：WTO、UN Comtrade 网站。

从表 5-11 中可以看出，对于 24 章（软木及木材），中德两国的贸易互补性非常强，2018 年两国的贸易互补性指数达到了 6.08。另外 23 章（生橡胶）、25 章（纸浆及废纸）、02 章（乳品及蛋品）、43 章（已加工的动植物油、脂及动植物蜡），这几章中德两国也都呈现出较强的贸易互补性，其贸易互补性指数 2018 年都大于 3。其他各章农产品的贸易互补性则不明显。结合近几年中德农产品贸易额不难发现，德国出口到中国较多的商品如 02 章（乳品及蛋品）、23 章（生橡胶）、43 章（已加工的动植物油、脂及动植物蜡）也正是中德农产品贸易互补性较强的商品，这一方面说明德国出口到中国的商品依据的是两国的互补性，另一方面也说明德国未来出口到中国的这些商品还会具有较强的出口潜力。而中国出口到德国较多的农产品如蔬菜、水果和鱼类，两国间并不具有较强的互补性，说明中国未来对德国的出口会存在较强的竞争。

（三）中德农产品贸易关系的影响因素分析

1. 德国农业补贴对中德农产品贸易的影响

德国对农业的补贴及对农产品的各项支持政策，提高了德国农产品的质量、环境和动物福利标准，这样既增强了质量竞争力，也提高了德国农产品在国际市场上的价格竞争力。而中国对农业的支持和补贴金额与德国相比实属有限。这种补贴因素有利于德国对中国农产品的出口，但不利于德国从中国进口农产品。

2. 欧盟新的食品卫生法规对中德农产品贸易的影响

德国和欧盟其他国家从 2006 年开始实行新的食品卫生法规，对进口的水产品、肉类食品、肠衣、奶制品以及一些植物源性食品的官方管理与加工企业的基本卫生等提出了新的规定和要求。新法规突出强调了食品从农场到餐桌的全过程控制管理，要求建立食品生产过程中的可追溯体系。由于我国长期以来农业生产以数量为中心，食品安全水平与德国等发达国家相比有较大的差距。这种新法规的实施，对中国农产品出口的部分商品来讲短期内就是一种绿色壁垒措施，中国商品难以达到德国要求而被排在德国市场之外，即便部分农产品能达到要求，但增加的加工、运输、人力、监管等方面的投资也大大提高了中国农产品的出口成本，从而降低了出口农产品的竞争力[①]。

3. 欧盟新贸易保护对中德农产品贸易的影响

为了照顾欧盟市场和较小成员国的利益，欧盟实行各种贸易保护主义手段。德国作为欧盟主要成员国，全面执行欧盟农产品贸易政策，这对中德农产品贸易也是很大的障碍。

虽然中国与德国的农产品贸易存在着诸多不利因素，但也有很多有利的因素。经济上，随着中国经济发展和人均消费水平的提高，人们对德国具有比较优势的农产品，如奶及其制品、纸浆、木材、饮料等的需求会进一步增加，这为德国扩大对中国的农产品出口提供了很好的发展空间；反之，德国是农产品进口大国，这也为中国扩大农产品出口提供了巨大潜力。政治上，中国与德国没有太多冲突，也没有什么历史遗留问题，有利于中德之间建立稳定的贸易合作关系。总体来看，中德之间的农产品贸易前景是美好的。

第三节　农产品贸易政策及其演变

一、欧盟农产品贸易政策演变对德国的影响

（一）欧盟农产品贸易政策演变

1. 欧共体关于农产品的贸易政策

始于 1962 年的共同农业政策（CAP），是在欧洲农产品短缺的背景下制定的。共同农业政策的目标是促进国内食品生产以及减少对进口的依赖，在保持

---

① 关兵，2008. 中国对欧盟农产品出口贸易发展影响因素分析及对策［J］. 北京工商大学学报（3）：27－30，35.

对外收支平衡的基础上参与对外贸易，保护共同体内部市场。成员国内部实行单一市场，农产品在欧共体成员国之间实现自由流通，逐步取消成员国内农产品市场之间的关税和其他贸易壁垒，取消干预竞争的各项补贴政策，对欧盟以外国家农产品实施统一关税。

关于农产品贸易的具体政策措施有：

建立对外统一的农产品关税壁垒和对内统一的农产品价格体系。对共同市场价格实行统一管理，维护市场平衡，保护生产者利益，核心是通过实行高于世界市场价格的价格支持政策，这种价格支持政策的主要工具是目标价格、干预价格和门槛价格。门槛价格是对欧共体以外的第三国设立的，是第三国的农产品进入欧共体市场的最低进口价格。门槛价格等于目标价格减去进口港的卸装费、从进口港到欧共体内部农产品最紧缺地区的运输费和一个适当的营销利润。如果进口农产品的价格低于门槛价格，那么就对该种农产品按进口价格与门槛价格之间的差额征收进口关税，这种关税常被称为撇油关税。通过征收撇油关税，保证进口的农产品不会以低于门槛价格的价格进入欧共体内部市场，从而使欧共体内部的农产品市场免受国外低价农产品的冲击，对欧共体内部农产品生产起到了巨大的保护作用。

建立市场管理体制，对进出口进行控制。当欧共体内部市场价格高于世界市场价格时，便对进口实施撇油关税等关税措施或配额限制等非关税壁垒措施来稳定内部市场价格。如果国际市场上的农产品价格高于欧共体内部市场价格时，为保证其内部农产品的有效供应，避免农产品的大量外流，就对出口农产品征收出口税来抑制出口。

对农产品出口实施各项补贴。出口补贴是欧共体为促进和扩大农产品出口而采取的一种鼓励性措施。特别是到了 20 世纪 70 年代以后，欧共体农产品出现过剩，扩大出口是解决这一问题的有效方法。出口补贴所需费用由共同预算支付。

2. 20 世纪 90 年代农产品贸易政策改革

农产品的大量过剩使欧共体由净进口变为大量出口，在国际农产品市场上占有一席之地。但是高昂的农业开支削减了欧共体其他方面的开支，巨额的开支用于出口补贴，也扭曲了世界农产品价格，遭到了世界主要农产品出口国的反对和抗议，引发了与他们之间的贸易矛盾。在此背景下，1992 年欧共体（1993 年正式纳入欧盟）开始了麦克萨里（Ray Macsharry）改革。此次改革从过去的以价格支持为基础的机制过渡到以价格和直接补贴为主的机制，降低主要农产品价格支持水平，为农产品制定了标靶价格、门槛价格、干预价格三个价格水平，以提高欧盟农产品在国内、国际市场上的竞争力。

3.2000 年以来的农产品贸易政策改革

在欧盟与世界联系更为紧密、全球农产品价格剧烈波动的背景下，欧盟受到世界市场冲击的可能性也在增大，21 世纪以来的欧盟农产品贸易政策改革的目标主要是进一步增强欧盟农产品在国内和国际市场上的竞争力。但基于在世界贸易组织谈判中的承诺，即在具体时限内取消所有形式的农业出口补贴，对扭曲农产品贸易的国内支持政策方面进行实质性的削减，2005 年，欧盟农业政策进行了调整。一是控制并削减农业补贴，欧盟预算中用于对农业的支持比例由 2005 年的 45%减少到 2013 年的 35%；二是改直接补贴为间接补贴，目前欧盟的农业直接补贴政策只维持到 2013 年，削减的直接补贴将用于增加农业服务体系建设；三是逐年减少农产品出口补贴；四是通过限制补贴范围、提高农业设施要求、超过规定数量罚款等措施，严格控制产量。2013 年以来，欧盟农业政策进行了新一轮的调整，虽然接受收入补贴后，农民的收入水平下降幅度有所缓和，但依然呈下降趋势。这也说明欧盟仍然有必要通过构建以市场贸易政策为基础的安全网来降低农民收入的市场风险。因此，欧盟将本轮市场贸易政策的调整方向确定为在延续以市场为导向的价格形成机制，促使农民根据市场价格信号调整生产的同时，继续采取公共干预、私人储备等市场干预措施，并从对产品的支持逐步转向对生产者的支持，明确将市场贸易政策作为构建安全网的重要组成部分。本轮农产品市场贸易政策的调整重点主要包括以下几个方面：①延续消费者援助，强化学校食品计划；②鼓励共同行动，提高农民在产业链中的地位；③在保障市场机制发挥有效调节作用的同时，通过构建安全网来防范市场风险；④为更好发挥食品供应链的功能，加强对研究和创新的资助①。

2019 年底，欧盟委员会通过了一项过渡性法规，将从 2021 年开始对"共同农业政策"预算进行首次削减②。

---

① 吕建兴，曾寅初，2017. 欧盟 CAP 改革中农业市场政策的调整与启示［J］. 农业经济问题（7）：11.
② 中国常驻联合国粮农机构代表处，2019. 欧盟将从 2021 年起削减"共同农业政策"预算［J］. 世界农业（12）：124.

（二）德国农产品贸易政策变动

德国作为欧盟最重要的成员国之一，其农产品贸易政策始终处于欧盟农产品贸易政策框架之下，随着欧盟农产品贸易政策的演变，根据德国农业的生产实际而相应调整。

德国早在1955年就颁布了《农业法》，此后经过多次修订。法中规定，政府可以采取各类政策措施，保障农业在国民经济中的地位，为德国居民提供最好的食物。对自然条件造成的相对其他行业的不利因素，政府应进行补偿；特别是80年代以后，更强调农业的多功能性，为农业提供环境等的外部效应进行合理的补偿。作为德国农业的主管部门，每年应对各种规模、各类产品的农业企业收支状况进行调查，并在调查基础上，公布农业发展形势报告，联邦政府部门针对报告中的一些问题，提出具体措施，需要联邦财政支持的，纳入联邦预算。随着欧共体共同农业政策的实施，为增强德国农业、食品在欧盟及世界市场上的竞争力，改善农业就业人口的收入，1969年德国实施了《改善德国农业结构和海防共同任务法》（GAK），法中规定采取各种支持措施，促进农业生产、加工、出口企业更合理地发展，土地经营更符合市场需求。该法把农产品加工与销售促进作为该法的核心任务。德国政府每年制定促进农业发展的框架计划，提出具体措施，并明确联邦政府及各州政府之间各自应承担的责任，联邦政府和州政府按60∶40的比例进行财政支持，支持农业补贴、贷款、贴息、担保等。到了20世纪90年代，配合欧盟共同农业政策改革，德国又颁布了《德国合作社法》《勃兰登堡州促进州农业结构发展》等一系列促进农业发展、扩大农产品贸易的法律、法规，进一步加快了农产品贸易政策的调整。

二、德国目前的农产品贸易政策

（一）市场准入制度

市场准入是对德国商品进口所制定的相关政策。主要包括关税税率、进口配额分配、进口许可证制度及其他一些非关税壁垒措施。

1. 关税税率

德国目前采用的关税税则是1992年欧盟理事会制定的《关于建立欧盟海关法典的第（EEC）2913/92号规则》，此税则对共同海关税则、原产地规则及海关估价等作了统一规定。关税法典对德国及各成员国均具有同等约束力。从 1993 年起，德国与欧盟各成员国实行商品自由贸易，无须办理海关手续，但德国与非欧盟国家的商品进出口仍需办理海关手续，交纳关税。直到 2004 年，德国共有 10 147 个税目，90% 为从价税，10% 为非从价税等。德国所有商品平均关税税率为 6.5%，而农产品的平均关税税率最高，为 16.5%。德国对食品、饮料、烟草等商品的进口明显存在关税高峰，有些商品的关税税率最高达 209.9%。此外，德国还具有进口关税升级现象，为的是使加工商品的价格大幅度高于原材料商品的价格，从而降低加工商品进入德国市场的竞争力，减少德国对加工商品的进口。

2. 进口配额分配

根据《关于对某些第三国实施共同进口原则的第（EC）519/94 号规则》，欧盟取消了原由各成员国实施的进口配额，实行统一进口配额管理制度。进口配额主要按照以下 3 种方式分配：优先考虑传统进口商；按申请先后次序分配，先来先领；按比例分配。这 3 种分配方法欧盟视具体情况选用。如以上方法均不适用，欧盟还可以按规定程序采取特殊的管理措施。目前欧盟共对 89 项农产品实施关税配额制度。

3. 进口许可证制度

欧盟建立了许可证制度，对进口商品进行监督和管理。许可证制度实施对象有三：一是有数量限制的商品，二是实施保障措施的商品，三是需要进行进口监控的商品。目前实施进口许可证的商品主要包括：来自 WTO 成员的谷物、大米、牛肉、羊肉、牛奶及其制品、糖、加工水果蔬菜、香蕉、植物油、种子、葡萄酒等农产品，需要关税配额的进口农产品。

4. 非关税壁垒措施

欧盟是最早研究并使用技术性贸易壁垒的国家。目前欧盟对农产品的绿色技术壁垒极为苛刻。农产品的生产过程必须是绿色的。农产品出口国的生产企业必须严格执行欧盟制定的清洁生产标准，包括在生产过程中使用清洁的生产技术和设备、进行有害化学物料以及有机溶剂用量的控制等[①]。自 2006 年开始实施的欧盟新食品法是进入欧盟市场的最新、最高标准的食品类商品法律，

---

① 张清，2009. 美国和欧盟农产品贸易政策的比较分析及启示 [J]. 山东经济战略研究（3）：46-49.

其实质对发展中国家来讲也是一项新的技术性贸易壁垒。德国目前制定了完善的商品检验检疫制度，并设立了官方与非官方结合的检验检疫机构。进入德国市场的商品检验检疫，按商品类别由政府各部门进行检验和管理。

（二）国内支持

国内支持既是一项出口政策，也是一项限制商品进口的政策。德国的国内支持主要有三方面：一是价格支持，二是收入补贴，三是农业的公共服务。

价格支持一直是欧盟和德国价格体系的关键和核心，对进口农产品实行门槛价格，以限制外来廉价农产品涌入德国市场。这种价格支持政策对农产品的国际、国内价格造成了扭曲，属于黄箱政策。

收入补贴分两种补贴方式：一种是与农产品产量挂钩的收入补贴，另一种是与农产品产量不挂钩的收入补贴。与产量挂钩的收入补贴直接作用于农产品的价格，对相关农产品的价格扭曲程度巨大，基于欧盟在农业谈判中的承诺，德国及欧盟其他各国逐渐将与产量挂钩的收入补贴转为与产量不挂钩的收入补贴，也就是由黄箱政策逐步向绿箱政策转变。

对农业的公共服务属于绿箱政策，是德国联邦政府和各州政府财政部门为农业发展提供的服务性支出。服务内容涉及农业生产中的各方面，如农业科研、病虫害控制、农民培训、技术推广和咨询服务、检验检测、基础设施建设、农业灾害救助、生态环境补贴、贫困地区支持等各项内容。

（三）出口竞争

出口竞争属于农产品出口政策。德国和其他欧盟各国在出口竞争上实行的政策主要是出口补贴，出口补贴分为直接补贴和间接补贴。农产品出口补贴，特别是直接补贴，会导致世界市场的农产品供应过剩，从而导致国际市场农产品价格下降，削弱进口国的农产品在世界市场上的竞争力。因此，出口补贴对贸易的扭曲程度是巨大的，属于典型的黄箱政策。德国及欧盟其他各国正是在出口补贴之下，保持了粮食的净出口。

（四）德国扩大农产品出口的各项措施

为扩大农产品出口，德国政府采取了一系列措施来提高德国农产品的国际竞争力。主要包括：加大对农业企业及项目的补贴和融资支持；给予农业企业全面的税收优惠；建立完善的公共信息服务体系，加大对农产品、食品贸易的指导和服务；鼓励建立农业联合体和合作社，作为农产品进入流通领域的载体；重视农产品与食品安全，为顺利流通创造条件；积极促进对新兴市场的出口等。

加大对农业企业及农业项目的补贴和融资支持。第一，为农业企业因扩大生产规模所需资金提供各项补贴及贴息贷款。对于小型项目，政府提供偿还期10年、利率不超过5%的优惠贷款，各项补贴最高不超过1.75万欧元。对于大项目，政府提供偿还期20年、利率不超过5%的优惠贷款，政府进行贴息。直接补贴金额最高不超过3万欧元。第二，对山区、低产区农业企业及受地理条件限制、种植面积较小的农业企业进行补偿。补偿办法按作业难度大小，每公顷进行补贴额不等的相应补助。第三，德国成立专门的政策性银行，为农业企业提供融资便利。农业企业、农机生产企业、农产品流通和服务企业等均可申请贷款，贷款时需支付不超过1%的手续费。

给予农业企业全面的税收优惠。农业企业和其他企业一样，应缴纳企业增值税和所得税，但为了鼓励农业企业发展，德国对农业企业实行特殊优惠待遇，通过各项优惠措施，德国农业企业增值税几乎为零。农业企业、合作社等可获得免交营业税、机动车辆税的待遇。为农业企业提供咨询、农机出租等服务的合作社还可免交税率为25%的法人税，农业企业联合体自成立之日起10年内，每年享受15 339欧元的法人税免税额度。

建立完善的农产品公共信息服务体系，为农产品、食品贸易提供信息指导和服务。联邦政府及各州政府和农业行业组织共同参与，建立了完善的农产品公共信息服务体系。德国食品、农业和消费者保护部下属的农业文献与信息中央处、德国农业信息网，为德国农业企业提供德国及世界各国农业发展的全面信息，联邦农业研究院等定期发布市场报告。各州农业信息服务机构则为本地农业企业提供各类信息服务项目。1969年成立的德国农业及食品行业销售促进基金，在农产品公共信息服务体系中起着最核心的作用，统一规划德国农业与食品业的营销。会员企业按所加工原料的数量，交纳一定会费，如制糖厂每吨甜菜0.16欧元、牛奶场每吨牛奶1.22欧元。德国农业及食品行业销售促进基金通过两个执行机构开展工作。其中，德国农业中央营销有限公司（CMA）负责营销与宣传，主要任务为促进销售及协调公共关系，树立在国内外市场的整体形象；组织参加各类博览会，协助建立业务联系；举办销售技术、产品信息和企业经营管理培训及咨询。CMA 在突出整体特点的同时，也强调地方特色，通过中央与地方联合资助的项目，对有发展前景的营销方案进行支持，同时加大对生态农产品的营销宣传力度，提高民众的认可程度和购买愿望。中央市场与价格通报处（ZMP）研究农产品市场发展，每周出版数期市场报告和大量的分析、预测及背景报告，协助企业判断市场变化，进行自我定位。除定期刊物外，ZMP 还发布专题报告和年度报告。其服务对象为农业企业及联合体、食品业分销商、食品业批发商及最终消费者。德国主要农业、食品业中介机构均为其股东，监事会中还有联邦食品、农业和消费者保护部及行业销售促进基金代表。

高度重视农产品与食品安全。随着疯牛病及一些食品安全事件的发生，消费者越来越重视食品安全。德国政府意识到必须要加强食品安全管理，提高德国食品安全可信度，从而提高德国食品的竞争力。从 1995 年开始，德国政府在全国范围内实施食品安全监测，每年定向检查 15～20 种食品，取样化验这些食品中是否含有农残、有机聚合物等成分，并且在全国建立了监测网，定期进行抽样检测。在各种监测基础上，德国农业、食品与消费者保护部每年公布食品安全监测报告，一方面向消费者宣传了德国食品安全程度，另外也接受消费者的监督，以便更快地提高德国食品安全。另外，德国又推出了食品检测标志，食品行业的各环节——从食品原料生产、加工到食品销售，食品各行业——包括农业、饲料业、屠宰业、肉制品加工业、食品贸易企业等共同参与，全面保障食品安全。

积极扩大对新兴市场的出口。德国农产品贸易伙伴 70% 以上来自传统的欧盟成员国，为了扩大农产品出口，德国近年来加大了对新兴市场的出口力度。一是利用德国展览王国的优势，在德国举办各种形式的农产品、食品博览会，邀请境外进口商参加；二是资助农产品生产和出口企业在国际博览会上设立联合展台，提高德国农业、食品业在国际市场上的形象；三是为出口企业提供境外市场的农业生产、消费等信息服务。

第六章 CHAPTER 6
德国农地制度 ▶▶▶

农地是重要的农业生产资料，其所有、使用、管理等问题直接关系到农业生产效率和农业竞争力的高低。农地制度是为有效使用农地、促进农业生产效率的提高而制定的一系列规范体系，是社会经济制度的重要组成部分，也是社会经济制度的基础。农地的权属、使用、流转和管理不仅关系到农业经济的持续发展和农村稳定，也关系到整个国民经济的持续健康发展和全国的稳定。本章在简要介绍德国农地数量、权属和经营等基本情况后，对农地使用政策、农地管理政策和农地征收政策进行较为详细的阐述。

第一节　农地状况及变化

一、农地数量及构成变化

德国位于欧洲中部，根据 2019 年德国联邦统计局公布的数据，德国国土面积 3 575.78 万公顷，农村地区占地面积 1 812.80 万公顷，约占总面积的 51%。如图 6-1 所示，2010 年德国农村地区占地面积为 1 869.30 万公顷，占国土面积的比重为 52.28%，之后其绝对数量和相对数量都在不断减少，与 2010 年相比，2019 年农村地区占地总量减少了 56.50 万公顷，占国土总面积的比重也下降了 1.58 个百分点。总体来看，农地总量呈不断减少的趋势，这是伴随工业化的发展，土地利用变化过程在农业用地上最为明显的体现，其他用地的增加必然导致农地不断减少。从各州农村地区占有土地的情况来看，巴伐利亚州是德国农业用地占有量最大的州，农业农村用地面积达到 310.52 万公顷，占全国的 18.63%；其次是下萨克森州和北莱茵—威斯特法伦州，分别占全国农地总量的 15.48％和 8.96％（图 6 - 2）。

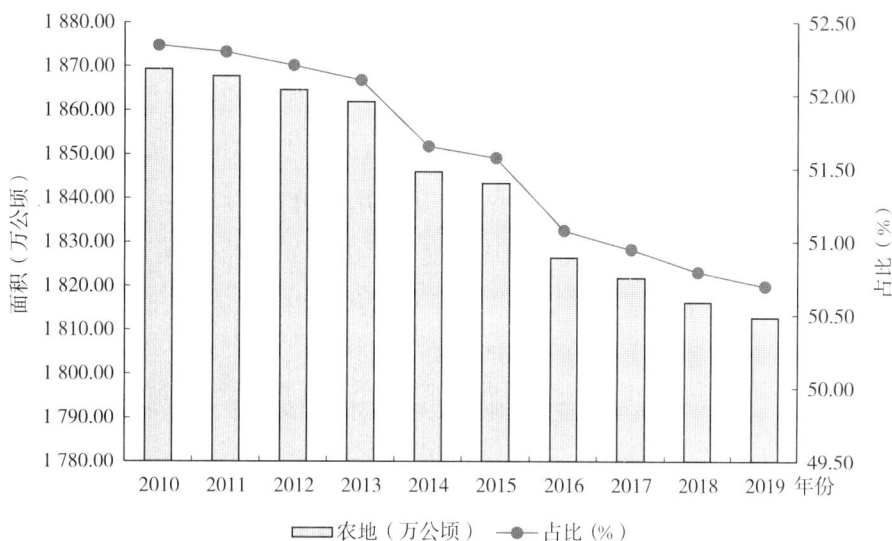

图 6 - 1 2010 年以来德国农地数量及其占国土面积比重的变化情况

数据来源：德国联邦统计局。

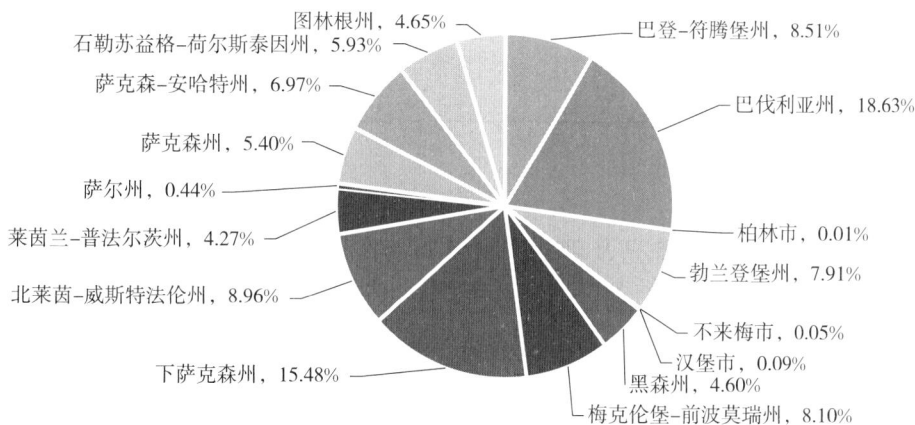

图 6 - 2 2019 年德国农地面积各州构成情况

数据来源：德国联邦统计局。

从农地结构的角度来看，德国农地主要可分为耕地、永久作物用地、草地和菜园用地等类型，其中以耕地和草地为主，耕地约占农地总量的 65％，草地占 25％左右，有不到 2％的部分则被用作果园等永久作物用地和菜园用地等。从农地的绝对数量来看，根据德国联邦统计局的普查统计，2016 年全国农地有 1 834.19 万公顷，比 2010 年减少了 0.25%。其中，耕地面积从 2010 年的 1 184.67 万公顷减少到 2016 年的 1 176.30 万公顷，占农地总量的比重也由 2010 年的 64.43% 减少到 2016 年的 64.13%；而草地面积则由 2010 年的 465.47 万公顷增加到 2016 年的 469.45 万公顷，占农地的比重也从 25.32% 增加到 25.59%；永久作物用地由 2010 年的 19.88 万公顷增加到 2016 年的 19.97 万公顷，占农地的比重变化不大；菜园用地由 2010 年的 3 925 公顷降低到 2016 年的 1 722 公顷，占农地的比重变化不大，如表 6-1 所示。总体来看，农地绝对量和耕地绝对量在小幅减少，草场面积绝对量小幅增加，农地用途基本保持稳定，这与德国农业的生产结构关系密切。

表 6-1 德国农地数量构成普查及变化情况

单位：公顷、%

指标	年份	农地	已利用农业用地	耕地	永久作物用地	草地	菜园用地	其他
绝对数	2010	18 387 083	16 704 044	11 846 665	198 760	4 654 693	3 925	1 683 040
	2013	18 305 200	16 699 600	11 875 900	199 800	4 621 000	2 900	1 605 600
	2016	18 341 850	16 658 928	11 763 002	199 735	4 694 469	1 722	1 682 913
所占比例	2010	—	90.85	64.43	1.08	25.32	0.02	9.15
	2013	—	91.23	64.88	1.09	25.24	0.02	8.77
	2016	—	90.82	64.13	1.09	25.59	0.01	9.18

数据来源：德国联邦统计局。

二、农地权属状况及变化

德国十分重视对农地产权的保护和管理，两德统一后，对公有农地实行私有化改造，建立了统一的农地产权保护制度。因此，德国土地绝大部分属于私有财产，也有一部分实行国家、州、市镇所有的公有化管理。除法律另有规定外，土地所有者对该土地，包括地上和地下享有占有、使用、收益、处分等权利，可以自由交易；但由于农地的特殊性和农业发展的需要，德国对农地所有权的自由交易实行严格限制。《土地交易法》规定，出让农地所有权，应经过地方农业局许可，对可能导致土地分散经营或者细碎、出让价格与土地价值严重背离、改变农地用途的不得批准出让。

从土地的租佃角度来看，德国农场按土地是否为农场主私人所有分为自有和自耕农场、佃农农场、免费经营农场三类。根据 2016 年的普查结果，德国自有和自耕农场数量为 24.68 万个，占农场总数的 51.09%，使用的土地面积占 47.09%；佃农农场 20.6 万个，占农场总数的 42.64%，使用的土地面积占 47.19%。

三、农地经营状况及变化

家庭农场是德国农业的基础。农场的经营规模是农业生产的重要指标，以下对德国农地经营规模的讨论从农场的平均规模，以及不同规模农场的数量、占地面积及经营方式四个方面分别展开。

图 6-3 和图 6-4 显示了 2010 年以来德国农场数量、德国各州农场数量构成和农场平均规模的变化情况。从中可以发现，10 年来，德国农场呈现数量不断减少、规模不断扩大的发展趋势。2019 年德国共有农场 266 550 个，比 2010 年减少了 32 584 个，比 1980 年减少 10.89%，农场数量年均减少了约 3 000 多个。而农场平均规模从 2010 年的约 56 公顷扩大到 2019 年的 63 公顷，扩大了 11.97%。2019 年，巴伐利亚州有农场 86 530 个，是德国农场数量最多的州，占德国农场总量的 32.46%；其次是巴登-符腾堡州，有农场 39 590 个，占德国农场总数的 14.85%。从平均规模来看，梅克伦堡-前波莫瑞州平均经营规模最大，为 272.59 公顷，其次是萨克森-安哈特州，为 264.56 公顷，勃兰登堡州和图林根州平均经营规模也较大，分别为 246.26 公顷和 219.12 公顷。

表 6-2 显示了德国不同规模农场的数量情况。总体来看，占德国农场总数比重最多的仍为中小规模的农场，100 公顷以下各个规模分段中除了 5～10 公顷规模之外，其他规模分段农场数量占全国农场总量的比重都呈现出下降趋势；而 100 公顷以上的各个规模分段中，农场数量占全国农场总量的比重则都呈现出上升趋势。2019 年，规模为 20～50 公顷的农场数量占全国农场总量的比重最大，为 23.39%；其次则是规模为 10～20 公顷的农场，数量占全国农场总量的比重为 20.14%。从各种规模农场占总量的变化趋势来看，2010 年以来，规模在 20～50 公顷的农场数量占农场总量的比重明显下降，下降了约 2.04 个百分点；规模为 5 公顷以下的农场数量占农场总数的比重下降 1.13 个百分点；规模为 10～20 公顷的农场数量小幅下降，2019 年所占比重比 2010

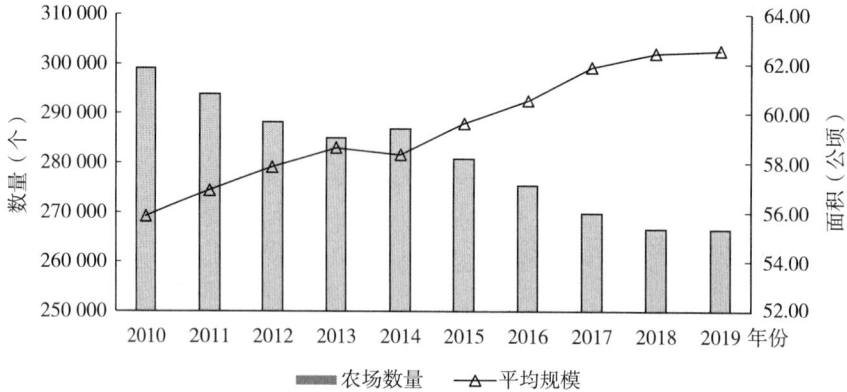

图 6-3 2010 年以来德国农场数量及规模情况变化

数据来源：农场数量数据来自德国联邦统计局，农场平均规模数据由作者计算得出。

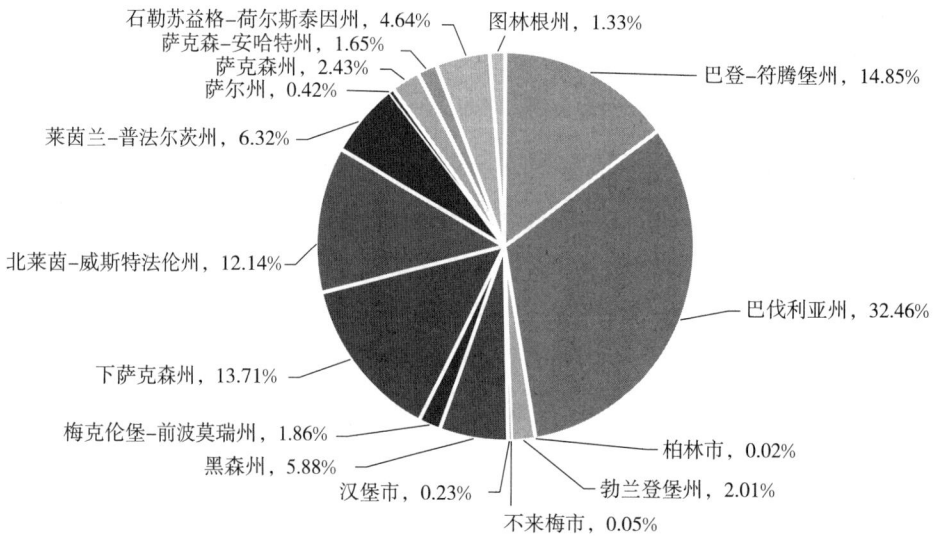

图 6-4 2019 年德国农场数量地区构成情况

数据来源：德国联邦统计局。

年仅减少 0.97 个百分点；规模为 50～100 公顷的农场数量小幅下降，2019 年所占比重比 2010 年仅减少 0.22 个百分点。以 100 公顷为分界点，此规模以上的农场数量占农场总量的比重都呈现上升趋势。其中，规模为 100～200 公顷的农场数量占农场总量的比重由 7.63% 上升为 9.42%，规模为 200～500 公顷的农场数量占农场总量的比重由 2.41% 上升为 3.42%，规模为 500～1 000 公顷的农场数量由 0.69% 增加为 0.9%，而 1 000 公顷以上规模的农场占农场总量的比重也小幅度增加，由 2010 年的 0.5% 增加为 2019 年的 0.56%。

表 6－2　德国农场规模及数量结构情况

单位：%

规模	2010 年	2011 年	2012 年	2013 年	2014 年	2015 年	2016 年	2017 年	2018 年	2019 年
5 公顷以下	9.14	9.05	8.85	8.63	9.17	9.40	8.74	8.02	8.17	8.01
5～10 公顷	15.82	15.58	15.34	15.65	15.62	15.60	15.88	16.23	16.42	17.12
10～20 公顷	21.11	21.06	20.99	20.70	20.68	20.33	20.55	20.58	20.24	20.14
20～50 公顷	25.43	25.28	25.36	25.09	24.90	24.43	24.24	24.04	23.66	23.39
50～100 公顷	17.26	17.39	17.49	17.61	17.29	17.38	17.31	17.35	17.45	17.04
100～200 公顷	7.63	7.86	8.05	8.32	8.23	8.58	8.82	9.11	9.28	9.42
200～500 公顷	2.41	2.52	2.67	2.74	2.82	2.99	3.09	3.25	3.33	3.42
500～1 000 公顷	0.69	0.71	0.76	0.77	0.77	0.78	0.82	0.84	0.87	0.90
1 000 公顷以上	0.50	0.51	0.52	0.53	0.52	0.53	0.55	0.57	0.57	0.56

数据来源：根据德国联邦统计局数据计算得出。

表 6－3 显示了 1991 年以来德国农场规模及占地面积构成的变化情况。可以发现，大规模农场数量虽少，占地面积却很大，且扩张趋势最为明显。2019 年，100 公顷以上的大规模农场虽然占农场总量的比重仅为 14.29%，但占农地总量的比重却超过了 60%。100 公顷以上规模的农场占地面积约占德国农地总量的 61.27%，200 公顷以上规模的农场面积约占德国农地总量的 4 成。2010 年以来，100 公顷以下规模农场的占地面积不断减少，其中 5 公顷以下小规模农场占农地总量的比重不断降低，到 2019 年仅占 0.24%；5～10 公顷规模农场的占地面积也不断降低，由 2010 年的 2.06% 降低为 2019 年的 1.99%；10～20 公顷、20～50 公顷和 50～100 公顷规模的农场占地面积在 2010—2019 年分别减少了 0.86、2.73、2.47 个百分点。100 公顷以上规模农场占农地总量的比重却不断上升，其中 100～200 公顷规模的农场占地比重由 18.39% 小幅增加到 20.50%，200～500 公顷规模的农场占地比重增加了 3.35 个百分点，而 500～1 000 公顷规模的农场占地面积大幅增长了 1.31 个百分点，只有 1 000 公顷以上规模的农场占地面积下降了 0.56 个百分点。由此可见，德国农场规模正在不断扩大，占农地总面积的比重也相应地持续增加。

表 6 - 3   德国农场规模及占地面积结构情况

单位：%

规模	2010 年	2011 年	2012 年	2013 年	2014 年	2015 年	2016 年	2017 年	2018 年	2019 年
5 公顷以下	0.32	0.32	0.31	0.27	0.28	0.27	0.25	0.25	0.24	0.24
5~10 公顷	2.06	2.00	1.93	1.95	1.95	1.90	1.91	1.91	1.91	1.99
10~20 公顷	5.66	5.57	5.45	5.31	5.30	5.13	5.09	4.98	4.84	4.80
20~50 公顷	15.18	14.77	14.64	14.24	14.28	13.69	13.37	13.00	12.65	12.45
50~100 公顷	21.72	21.49	21.29	21.26	20.87	20.57	20.22	19.92	19.78	19.25
100~200 公顷	18.39	18.62	18.80	19.21	19.11	19.49	19.77	19.96	20.24	20.50
200~500 公顷	12.64	13.03	13.51	13.66	14.11	14.61	14.87	15.25	15.54	15.99
500~1 000 公顷	8.76	9.05	9.25	9.44	9.36	9.42	9.52	9.58	9.85	10.07
1 000 公顷以上	15.27	15.17	14.82	14.66	14.73	14.92	14.99	15.15	14.93	14.71

数据来源：根据德国联邦统计局数据计算得出。

表 6 - 4 显示了 2019 年德国各种规模农场经营方式的构成情况，主要包括个体经营、合伙经营及其他实体经营三种类型。88.80% 的农场都以个体经营的方式存在，占德国农地面积的比重达 64.05%。个体经营是规模类型在 200 公顷以下农场的主要经营方式，占各种规模农场数量的比重都高于 75%。200 公顷以上规模中，200~500 公顷规模个体经营比例达到 63.31%。而在 500~1 000 公顷规模中，个体经营、合伙经营、其他实体经营三种方式均占一定比例，分别为 27.27%、31.82% 和 36.36%。，1 000 公顷以上规模中，个体经营比例仅为 6.45%，以其他实体经营方式为主，其他实体经营方式占 74.19%。200 公顷以下不同规模分段中，个体经营方式的占地面积的比重都达到了 75% 以上。200~500 公顷规模中，个体经营方式占地面积占德国此类规模农地总面积的 60.95%，合伙经营方式占 30.94%，其他实体经营占 8.1%。500~1 000公顷规模中，个体经营、合伙经营、其他实体经营三种方式均占一定比例，分别为 26.50%、32.08%、41.42%。1 000 公顷以上规模中，其他实体经营方式占地面积比例较大，为 77.20%。

表 6 - 4   2019 年德国各种规模农场经营方式情况

项目	5 公顷以下	5~10 公顷	10~20 公顷	20~50 公顷	50~100 公顷	100~200 公顷	200~500 公顷	500~1 000 公顷	1 000 公顷以上	合计
农场总数（个）	27 300	66 400	96 300	124 900	95 000	48 900	16 900	4 400	3 100	483 100

(续)

项目	5公顷以下	5~10公顷	10~20公顷	20~50公顷	50~100公顷	100~200公顷	200~500公顷	500~1 000公顷	1 000公顷以上	合计
个体经营（个）	25 000	63 600	92 200	116 600	82 100	37 100	10 700	1 200	200	429 000
比重（%）	91.58	95.78	95.74	93.35	86.42	75.87	63.31	27.27	6.45	88.80
合伙经营（个）	1 900	2 000	3 500	7 500	12 300	11 100	5 100	1 400	500	45 700
比重（%）	6.96	3.01	3.63	6.00	12.95	22.70	30.18	31.82	16.13	9.46
其他实体（个）	400	300	0	700	500	500	1 100	1 600	2 300	8 400
比重（%）	1.47	0.45	0.00	0.56	0.53	1.02	6.51	36.36	74.19	1.74
占地总面积	41 700	324 300	855 100	2 219 500	3 395 000	3 310 400	2 488 400	1 584 000	2 497 000	16 715 300
个体经营（公顷）	38 300	310 300	819 300	2 061 100	2 913 500	2 504 800	1 516 800	419 700	122 100	10 705 900
比重（%）	91.85	95.68	95.81	92.86	85.82	75.66	60.95	26.50	4.89	64.05
合伙经营（公顷）	2 800	10 500	29 100	142 300	454 600	752 400	770 000	508 100	447 100	3 118 800
比重（%）	6.71	3.24	3.40	6.41	13.39	22.73	30.94	32.08	17.91	18.66
其他实体（公顷）	700	0	0	14 900	25 400	50 900	201 500	656 100	1 927 800	2 890 600
比重（%）	1.68	0.00	0.00	0.67	0.75	1.54	8.10	41.42	77.20	17.29

数据来源：根据德国联邦统计局数据以及作者计算得出。

第二节 农地使用政策及变化

国家或地区之间的土地制度经常会存在明显差异，由土地所有制度决定的农地使用制度也有较大差异，但大致可分为两类：一类是建立在土地私有制基础上的农地产权市场流转政策；一类是以公有制为基础的农地产权市场流转政策。德国的农地市场属于前者，是建立在农地私有的基础之上，其农地使用方面的政策更多表现为农地流转，即包括农地买卖和租赁等方面的政策。为扩大经营规模，提高生产效率，德国政府相继利用信贷、补贴等经济和市场手段来促进土地集中经营，鼓励农民从事非农产业。具体措施如下。

一、土地整理

德国农户不仅平均规模小，而且大多数农户的地块极其分散，插花分布也十分严重。长期以来小农户占优势的农业结构是农业发展的一大障碍，因此政府十分重视农业结构的改善，加强土地整理。德国土地整理在推进农业农村现代化发展、促进城乡融合方面发挥了显著作用。德国土地整治过程中，十分重视将土地整治与经济社会发展协调推进，注重在土地整理时保护自然环境，实现土地整理和其他目标协调一致。德国土地整理的内容涉及多个方面，既包括道路建设、水利建设、土壤改良等硬件条件的改善，也包括农村景观的维护、农民生活水平提高和农村文化的继承与发展等软件条件，是综合性的整理工作。德国土地整理十分重视运用法律手段进行规范，1953 年颁布《德国联邦土地整理法》，并于 1976 年、1982 年分别进行了修订。《德国联邦土地整理法》明确规定了土地整理的目的、任务和方法、组织机构及其职能、参与者的权利与义务、土地整理费用、土地估计、权属调整及成果验收等内容[①]。具体措施包括：

（1）为促进农业和林业发展，将农村地块按照合理化、技术化、机械化的经营需要，从位置、形状、大小等方面对零碎或不经济的地块进行合并、调整和塑造，通过地块调整改善土地结构。

（2）完善道路和水利设施建设，进行荒地开发、土壤治理等，以保证方便管理，提高收益。

（3）土地整理区域的塑造必须符合农业结构的合理性，并顾及参加者利益和公共福利，进行公共设施建设。

（4）增强农村居民点的建设，使其具有吸引力，如进行居民点的对外交通道路和居民点内部道路的改造建设以满足机械化及交通的需要。

据统计，德国约有 700 万公顷土地进行了调整和合并，经营规模在 30 公

---

① 田玉福，2014. 德国土地整理经验及其对我国土地整治发展的启示［J］. 国土资源科技管理，31（1）：110-114.

顷以上的大中农场数量增加了 41.9 万个，经营规模在 1～30 公顷的小型农场数量减少了 8.2 万个，每个家庭农场平均经营规模由 8.06 公顷扩大到 14 公顷。为此至少花费了 100 亿马克[①]，其中联邦政府投资 60 亿马克，各州地方政府投资 40 亿马克[②]。

二、农户升级

所谓农户升级，就是将家庭农场的现有规模进行扩张，特别是 10 公顷以下小规模农场的扩张。为了扩大农业生产经营规模，加速推进土地和资本的集中，联邦德国于 1955 年 9 月颁布了《农业法》。该法律允许土地自由买卖和出租，鼓励已经在非农部门就业的农村人口出卖和转让土地，促使原本规模很小、没有生命力的小农户转变为拥有 10～20 公顷或规模更大的有竞争力的核心农户[③]。德国政府强制性地将一部分土地出卖或出租给地段较为邻近的农户，而购买或承租农地的农户将受到政府低息贷款的资助[④]。这些政策措施的实施，促进了土地的流转，扩大了生产经营规模，使原本规模不大、生命力弱的小农场转变为规模更大的富有生命力的农场。

三、投资信贷刺激

为了促进农场经营规模的扩张，鼓励农业投资，联邦德国政府早在 1969 年就颁布了《市场结构法》，规定加入"生产者共同体"的只能是 10 公顷以上的大农场，在履行合同的条件下，国家在前 3 年向"生产者共同体"提供一定的财政补助，并给予 20% 的投资补贴。在信贷政策上规定，只有占地 10 公顷以上的农场才能得到年息 3%～7% 的中长期低息贷款，占地 10 公顷以下的农场只能得到年息 8%～12% 的短期贷款。1970 年又规定，对生产和收入基础薄弱的经营者，不予新的投资刺激和帮助，而要采取促进他们脱离农业的社会政

[①] 欧元引入之前德国的货币单位为马克，1 马克约等于人民币 4.79 元。

[②] 刘继芬，2005. 德国对核心农户的扶持政策 [J]. 世界农业（8）：31-33.

[③] 张新光. 农业资本主义演进的"普鲁士道路"历史终结及其启示 [J/OL]. 国研网，2009 年 5 月 22 日，http：//www. drcnet. com. cn/eDRCnet. common. web/DocSummary. aspx? docid=1957109&chnid=2163&leafid=3402.

[④] 高启杰，齐顾波，1997. 德国的农业规模经营 [J]. 中国农垦经济（3）：46-48.

策措施[①]。

四、农户迁移

联邦德国政府通过资助迁移费用，鼓励农户从人烟稠密的村庄迁往人烟稀少的地区，并在迁入地区建立新的规模较大的农场，同时也实现了留在原迁出地区农户经营规模的扩大。迁出农户迁移费用的一半以上基本由政府负担。到1970年，累计有16 145万个迁移农户，共开发利用农地3 015万公顷，迁移农户占联邦德国农户总数的10%左右[②]。

五、资助大型农场

作为欧盟的成员国之一，德国的农场也可享受欧盟的农业发展相关支持政策。按照欧盟规定，成员国农户得到欧盟农业共同基金调整部分的资助，须具备下列条件：①申请资助的项目应达到规定的规模和投资额；②项目的技术改造设施要达到规定的利润率，并保证项目在开始经营后的15年内能不断完善技术而盈利；③申请资助的农场应拥有一定量的自有资金。从这些规定中可以发现，能达到以上规定条件并得到资助的只有较大规模的农场[③]。

六、鼓励农业劳动力改行、提前退休和出租土地

为鼓励农地经营规模的不断扩张，并避免土地集中后产生农业劳动力就业不足和收入差距等问题，联邦德国政府还设立了各种专项基金和奖项，鼓励农民从事其他行业的工作，或者提前退休。如设立了"改行奖金"用于鼓励小农户弃农转行，设立"提前退休奖金"用于鼓励农民提前退休；1965年出台《土地出租奖励法》，对为期12～18年的长期出租给予奖励，凡土地出租超过12年的，每公顷可获奖金500马克。据统计，领取改行奖金而交出的土地达到3 713万公顷，相当于联邦德国农地总面积的3%左右，而1966—1975年租地面积占联邦德国农地总面积的25%左右[④]。欧盟规定，包括德国

---

①②③④ 高启杰，齐顾波，1997. 德国的农业规模经营 [J]. 中国农垦经济（3）：46-48.

在内的成员国有权限制出售农业用地，以确保对农业用地的管理并促进可持续农业发展。

七、限制地块分割和农地转用

为防止地块分割和农地转用，德国政府特别对农地分割和流转进行限制，规定凡买卖土地有招致土地小块分割时，政府有权干预，并在 1962 年生效的不动产交易法中规定，若土地出售之后其新成立的农场或剩余的耕地小于 1 公顷，或林地小于 3.5 公顷，则为不合理分割，政府不允许此类土地的买卖。

第三节　农地管理政策及变化

虽然德国是土地私有制国家，土地的买卖、出租和抵押受到法律的保护，但也不意味着农地交易是任意的，而是要受到土地法律、农地所有权、使用权等权利的种种限制，在农地交易中存在着广泛的许可证制度。

一、土地立法①

对土地的立法，旨在对土地进行管理。德国非常重视土地的法制建设。为维护土地所有者的权益，先后颁布了专门关于土地买卖、租赁、转让、评价等方面的法规。此外，还为确定土地权属，颁布了州地籍法；为保护土地资源及合理利用土地，颁布了自然保护法、保护森林与发展林业法、土地整理法、区域整治法、矿业土地复垦法、肥料法、建筑法等。对于私有土地的利用管理，国家重点放在农用土地改变用途的管理上。

农业土地转化为非农业用途，必须经县农业主管部门审查。农业部门可以根据以下三条理由不予准批：一是土地分配不合理，即在某些地区要保持更多的农田，或是因为保持自然保护区的完整性；二是不符合土地整理的要求，破坏了农地经营的合理规模和地块形状；三是价格不合理。

---

① 罗必武，1985. 联邦德国的土地管理 [J]. 世界农业（10）：4-6.

二、地籍管理[①]

早在19世纪，为了征用土地税，联邦德国便开始有了地籍管理工作。随着土地的租赁、买卖、继承等问题的出现，亟须加强地籍管理工作。20世纪初，就开始出现了土地登记制度。地籍管理法中规定，地方法院和地籍机关分别负责土地权属登记和地籍管理。一般来说，一个县有一个地籍局，主管地籍测绘、建设用地整治、土地登记等工作。在工作程序上，首先是进行地籍测绘，确定权属界，然后进行地籍登记。在管理分工方面，地方法院负责土地权属登记手续，内容包括土地本身情况、记录和保存土地登记簿，以及土地所有者家庭财产和债务情况。地籍机关负责地块登记手续，记载和保存自然地块登记簿，内容有地块图、位置、面积、经营方式、土地评价分值、产量指标等。另外还有按户的登记簿，内容包括姓名、住址、建筑物（不动产）、编号等。德国地籍管理的任务，始于土地权属的确认和为税收服务，现已发展到为区域整治、土地整理、土地统计、土壤调查等提供依据，并已广泛使用遥感、电子计算机数据处理等先进技术与手段。

土地评价是德国地籍管理的内容之一，由地籍局根据土地的质量确定一个农田指数。农田指数主要由土壤种类、成土母质和发育三个要素决定，再加上地形、气候等条件予以修正。地籍局把握这些资料并进行登记，同时提供给财政机关。财政机关的专家根据其利用条件、经济条件、土地税等因素，用数学方法进行计算，得到一公顷土地的价值，再加上土地上的基本建设设施、房屋条件等，得出一个综合的价值，用作农业企业税收、土地整理与土地转让定价的依据，并且可以计算出某个农业企业的土地资产的潜在增值收益。

三、耕地保护

德国于1999年3月1日开始实施《土壤保护法》，对土壤的保护主要体现在以下几个方面：一是在土壤管理方面，防止土壤紧实和水土流失，加大已有防风林的种植密度和面积；尽可能采用轮作方式，保持土表高覆盖度，减少土

---

① 罗必武，1985.联邦德国的土地管理［J］.世界农业（10）：4-6.

表的机械使用；作物残留物和有机物均衡处理，保持土壤适宜的酸碱度，以保证土壤微生物活力。二是在肥料管理方面，对施肥方式、措施，不同肥料的应用与管理，不同肥料与土壤的关系，以及保障土壤的肥力、酸碱度平衡等方面提出了明确的要求。三是对于肥料中重金属的含量做出了明确的限制性规定。德国的土壤保护对可能造成土壤污染或土壤退化的相关规定比较具体，这是与德国土壤污染严重的社会现实分不开的。1999 年以前，德国在土壤污染防治方面的规定散见于各类资源环境法之中，如《循环经济与废物管理法》《肥料和植物作物保护法》《基因工程法》《联邦森林法》，以及各州的《森林法》《国土整治法》《建设规划法》《联邦矿业法》《联邦污染防治法》等法律中对此都做了部分规定。德国的土壤污染防治单行立法始于 1999 年颁布实施的《联邦土壤保护法》，其与《联邦土壤保护与污染地条例》和《建设条例》等共同组成了关于土壤污染防治的基本法律体系①。截至 2002 年，德国境内大约有36.2 万处场地被疑作受污染场地，面积约 12.8 万公顷②。土壤污染不仅阻碍了受害地区的经济发展，同时也增加了投资的环境风险性，为此德国制定了一系列关于土壤污染防治的法律规范。为了进一步防止水土流失，改善土壤质量，德国采取了欧盟共同农业政策关于农村发展的计划（2014—2020），根据这一计划，农地管理协议下的涉及 2 520 万公顷、占 14.3％的农地以及 240 万公顷、占 3.5％的林地，将实施改善土壤管理方案或者采取必要措施防止水土流失。

四、租赁管理

为防止改变农地用途，实现农地的可持续利用，保护租赁双方当事人的合法权益，加强农地租赁管理，在《民法典》规定的基础上，1986 年德国颁布实施了《农地用益租赁交易法》，规定农地租赁实行合同备案制度，租赁期限为 12～18 年，地租要符合国家规定，并由农业部门定期检查，重点检查租金是否适当、股东或者合伙人是否变动、用途是否改变、是否转租等，并根据检查结果对租赁合同做出调整。如果承租人两个季度未付租金，或者未经批准转

---

① 罗必武，1985. 联邦德国的土地管理 [J]. 世界农业（10）：4-6.
② 潘宇，2010. 耕地资源法律保护研究 [D]. 北京：中国政法大学.

租、改变用途，则要求当事双方解除合同①。德国的农地租赁纠纷主要通过调解和农业法院解决。调解不是必经程序，主持人由经过考核的专业人士或者双方认可的调解人担任。调解不成可向农业法院起诉。农业法院属于基层法院，由一名基层法官和两名名誉法官组成，对农业法院判决不服可上诉到州中等法院②。

第四节　农地征用政策及变化

德国对农地的征收有明确的法律规定，且必须符合公共利益的改善。以德国勃兰登堡州为例，该州颁布了《勃兰登堡州土地征收法》，规定了只有在增进公共利益条件下方可征收土地。对于农地，如果某块土地上进行农业、林业或渔业生产而不能实现增进公共福利需要，那么可以放弃耕种，对土地进行征收，谋求更公益的目标③。

德国的农地征收政策是在以土地私有制和市场交换为资源主要配置机制的前提下产生的一种土地征收法律制度，具有公共利益、公正程序、公平补偿、公权保障四大特征。

在西方各国中，德国第一个征收法是黑森大公国于 1821 年公布的，随后，各邦国也陆续制定了征收法典，1874 年普鲁士土地收用法基本确立了土地征收法律制度，1919 年魏玛宪法第 153 条第 2 款以精密技术性的方式，将土地征收首次规定于宪法内。第二次世界大战以后，德国基本法承继了魏玛宪法的相关规定，构成了德国土地征收法律制度的宪法基础。

德国土地绝大部分属于私有，也有一部分实行公有（如国家、州、市镇所有）。除法律另有规定外，土地所有者对该土地包括地上和地下享有占有、使用、收益、处分等权利，可以自由交易。但实际上绝对自由是不存在的，为了社会公共利益和保护他人的合法权益，在承认土地所有者的合法权益的同时，政府通过立法程序对其权利加以限制，要求每个公民遵循法律规定，服从国家需要。

但由于农地的特殊性和农业发展的需要，防止农地细碎化，防止土地集中

---

① ② 杨国新，2011. 德国的农地产权管理［J］. 农村经营管理（2）：47.

③ 于小丽，2013. 德国土地产权与土地征收补偿制度介绍［D］. 济南：山东大学.

到非农民手中，防止农业滑坡，自1918年以来，德国就对农地自由交易实行控制，并延续至今。德国法律规定，严禁农用耕地的产权转让方向以及经营方向的变更。农场主相互间的土地交易，如果买卖双方的用途相同，买方又具有一定的经营能力，双方才可商定交易价格，签订交易合同，并要报政府批准，同时在变更登记和更改地籍后方可生效。如果本来就具有一定经营规模的农场主为了更大的扩张而买地（超过规定的300公顷），政府同样给予限制，同时农业用地不能随便买卖①。在《土地交易法》中规定，出让农地所有权，应经地方农业局许可，对可能导致土地分散经营或者细碎、出让价格与土地价值严重背离、改变农地用途的不得批准出让。农地转为非农用途，必须经过县级农业主管部门审查，农业部门可以根据以下三条理由不予批准：①在某些地区要保持更多的农田；②破坏了农地经营的合理规模或地块形状；③价格不合理。

德国政府为获得所需的土地通常有三种方法：一是由用地单位直接购买；二是通过土地整理，由土地整理参加者协会预先购买土地，用其与地产主的土地交换；三是无法依靠上述方法获得土地时，政府才按法律规定，根据土地估价委员会确定的市价强行征购土地，但一般不采用这种方法。若以此强行征购土地，则应给地产主以补偿，或以现金或以等价土地补偿。其补偿范围和标准如下：①土地或其他标的物的权利损失的补偿，其补偿标准为，以土地或其他标的物在征用机关裁定征用申请当日的转移价值或市场价值为准；②营业损失补偿（即原财产权人在职业、营业或履行其应负的任务所接受的暂时的或持续的损失），其补偿标准为，其在其他土地投资可获得的同等收益；③征用标的物上的一切附带损失补偿。德国被征用土地的补偿价格以政府公布土地征用决定时土地的市场交易价格为基准。所谓交易价格是指在一般交易上依公平条件、事实状况、其他特性及土地状况等标准所估定，而不考虑特殊情况及个人关系。对于农业用地，补偿费等于被收回土地的现行市价。在田地被分割和切断的情况下，必须根据下面几种情况支付：①花在路上的时间长了，要多买汽油；②受走弯路之苦；③土地边界增加带来的损害补偿金；④被损坏的土地界址带来的损失②。

---

① 方西屏，1994. 联邦德国的土地交易 [J]. 中国土地科学（1）：38-42.
② 陈建民，2008. 土地征用补偿机制研究 [D]. 苏州：苏州大学.

第七章 CHAPTER 7

德国农业财政与金融政策 ▶▶▶

德国的农业财政政策与欧盟的农业财政政策紧密相连。欧盟大多数国家的农业财政政策由共同农业财政政策所代替。作为欧盟最重要的成员国之一，德国的农业财政政策始终是处于欧盟统一的共同农业政策框架下，与之保持一致，并随着欧盟共同农业政策的演变而变化发展的。同时，德国的农业财政政策也充分考虑了本国的实际情况，具有一定的自身特色。而德国的农村金融政策历史悠久，特别是其合作金融制度，对德国的农业发展有着深远的影响。本章将分别就德国的农业财政政策、农村金融政策和农业保险政策作出具体的介绍。

第一节　农业财政政策

德国农业财政政策的总体目标是：为国民提供价格适宜的高质量的健康食品，为工业提供可再生原材料，保障和完善人们生活和生产的自然空间条件，保持农村风景文化。多年来德国政府为农业提供补贴的大政方针始终没有改变，改变的只是补贴方式和补贴方向，逐渐由刺激产量增加转向注重农产品质量安全、区域发展、环境保护和改善生产生活条件等方面。根据内容的不同，德国的农业财政政策主要分为财政支农政策和农业税收政策两大类。

一、财政支农政策

财政支农，又称农业财政投资，是指政府将集中掌握的一部分财政资金通过财政预算拨款的方式，交给农业部门及农业企事业单位使用，以促进农业生产的发展。目前，德国的财政支农政策主要由三部分组成：一是欧盟提供对农场主的直接补贴和市场政策补贴，目前德国农场主平均每公顷得到欧盟直接补贴 300 欧元左右；二是联邦政府提供涉及农业、农村、农民的各项社会事业补贴，如农业保险、农民社会保障体系建设、大型的基础设施建设、环境保护等；三是州及州以下的地方政府提供农业科技推广、农民培训、结构调整、救灾、环保以及支持农场合并、平衡自然条件不同的农场的经济利益等支出。

2014—2020 年，德国每年都能从欧盟获得大约 62 亿欧元的农业支持资金[①]。以 2018 年为例，德国农场主获得的直接支付资金为每公顷 287 欧元，其他支付（如农业环境与气候项目等）资金为每公顷 124 欧元，每个农场获得的平均支付资金为 34 391 欧元[②]。

具体来看，德国财政支农政策主要支持的农业领域包括以下几个方面。

（一）农业直接补贴

此类补贴是 WTO 允许德国等欧盟成员国对农民提供的直接补贴，又叫"蓝箱"补贴。WTO 当初同意这一有争议的条款，目的是想借此遏制其农业生产和农产品价格，但这一政策在相当程度上还是鼓励了农民多生产。迫于 WTO 的压力，德国等欧盟成员国在 2003 年共同农业政策改革之后，对农民提供的直接补贴由原先的"蓝箱"政策转向"绿箱"政策，即越来越紧密地与环境、食品安全、动物福利等因素相联系，与农民的环保工作（如植树造林和清除环境污染等）挂钩。虽然这一补贴形式已发生了转变，但曾经是德国等欧盟成员国的主要农业补贴形式，也是制定"绿箱"补贴政策的基础和参考。2014 年欧盟共同农业政策改革之后，德国向农户补贴标准的平均水平为每公顷 180.62 欧元，该标准在每个联邦州内部是统一的，但各联邦州之间并不一样，补贴标准最高的联邦州可达每公顷 192.19 欧元，而最低的仅有每公顷 155.07 欧元。对那些在有特定自然限制地区进行生产的农户，还会进行额外

---

① 德国联邦粮食和农业部．共同农业政策（CAP）的主要特征及其在德国的实施［EB/OL］．https：//www.bmel.de/EN/topics/farming/eu-agricultural-policy-and-support/CAP-main-features-implemantation-germany.html.

② 德国联邦粮食和农业部．Understanding farming – Facts and figures about German farming［EB/OL］．https：//www.bmel.de/SharedDocs/Downloads/EN/Publications/UnderstandingFarming.html.

的补偿①。平均而言，这些补贴占到农场收入的40％左右。

1. 种植业补贴

在2003年共同农业政策改革之前，德国主要通过作物面积支付方式，依据符合补贴条件的作物种类和相应的可享受补贴的作物面积来发放补贴。可申请支付的面积是指部分或全部种植谷物、油料、蛋白作物和纤维作物的农地面积。有一个享受面积支付的基础面积数额，超过基础面积的部分不能够申请面积支付。享受面积支付的平均单产是以1989—1991年的平均产量为依据来计算的②。2003年之后，按照新的改革方案，基本取消降低支持价格的补偿，代之以"单一的农场补贴"。每个农民获得的补贴额将根据以2000—2002年为基期的情况确定。数额一经确定，补贴就与当年种植的作物种类和面积多少无关。同时，这一政策变化有一定的弹性，做了一些妥协和保留：如果某成员国认为有必要避免遗弃土地的危险，则可以将现在的面积补贴幅度的25％予以保留，仍然与当年的生产面积挂钩，而其余的部分改为不挂钩补贴；如果成员国愿意，对谷物干燥方面的补贴和对边远地区的直接补贴，可以不改变现在的挂钩补贴方式。新方案对具体农产品的提议为：对谷物及相关耕作物的补贴从每吨63欧元增加到每吨66欧元，归入农场单一支付体系；对水稻的直接收入支持从每吨52欧元增加到每吨177欧元，其中102欧元成为脱钩的补贴，并入单一农场补贴（按最大限定面积给予补贴），另外75欧元乘以1995年矫正产量作为作物的特殊资助额。对传统地区硬粒小麦的特殊补贴额从每吨344.5欧元降低到每吨250欧元，并入单一农场支付体系中，取消新增地区硬粒小麦的特殊补贴，从2004年起的3年内完成上述转变。同时，为了提高硬粒小麦作为加工产品使用的质量，对满足特定条件的生产者给予特殊补贴③。

2. 休耕面积补贴

在休耕面积补贴的申请规定中，如果申请补贴的作物面积折合谷物总产量大于92吨，则该农场必须休耕至少10％的耕地；如果申请补贴的作物面积折合谷物总产量等于或小于92吨，该农场没有强制性休耕义务，但可以自愿休

① 梅坚颖，2018. 欧盟共同农业政策（2014—2020）的主要做法及对我国实施"乡村振兴"战略的启示［J］. 西南金融（11）.

② 朱立志，方静，2004. 德国绿箱政策及相关农业补贴［J］. 世界农业（1），30-32.

③ 宋波，2003. 欧盟共同农业政策的改革及其特点［J］. 国际经济合作（5）：20-23.

耕。由此，享受面积支付的农场就相应地分成了两类：有强制性休耕义务的农场和无强制性休耕义务的农场，后者又称为自愿性休耕的农场。

由于有强制性休耕义务农场的休耕面积至少要达到申请作物补贴面积的10％，因此休耕是这类农场获得作物面积支付的必要前提。在此规定比例的基数上，农场还可以自愿增加休耕面积，此时，该农场的总休耕面积等于强制性最少休耕面积加上自愿休耕面积，但总休耕面积最多不能超过补贴申请面积的33％，超过33％的休耕面积部分不能得到休耕补贴。而无强制性休耕义务的农场可以自愿参加休耕计划，从而获得同样的休耕补贴。其休耕面积不受10％的下限限制，但休耕面积上限同样不能超过33％，超过33％的休耕面积部分也不能得到休耕补贴。此外，成块连片的休耕地的最小休耕面积为0.3公顷，以德国的标准计算，即休耕地块的宽度至少为20米。但如果休耕地块受到环境（如墙体、岩石、水道等）的限制时，可以作为例外而小于0.3公顷。另一种例外情况是，休耕地是由一块或几块自然地块组成，其宽度也可以小于20米。每公顷休耕地的休耕补贴与当地的谷物（包括玉米）产量的作物面积支付额相当。

休耕补贴分为两种：一种是面积补贴中所涉及的，每年同面积补贴一起申报。休耕时间从每年的1月15日到8月31日。这种每年一次的休耕，享受与谷物同等的面积补贴标准。另一种是多年性休耕，至少休耕10年以上。100公顷以下的农场最多可以休耕5公顷，100公顷以上的农场最多休耕10公顷。多年性休耕的补贴标准要比每年一次的休耕略高一些。休耕地的总体要求是：休耕地不能裸露，至少应当绿化，或者种草；休耕地不能施肥，不能施农药；休耕地除了可以生产非食品原料之外，如用于制造化工原料、生物酒精、生物汽油、生物能源等，不能生产别的农产品，但农场可以在其上种植自用的饲料（禁止将此饲料卖给别人）[①]。2015年，德国休耕地与上年相比增加了57％，间作作物增加了30％，显示出该补贴政策良好的实施效果。

3. 畜牧业补贴

德国可享受该种补贴的牲畜只有两类——牛和母羊，其他牲畜如马、猪、鹿、禽等均不能作为牲畜补贴对象。纳入牲畜补贴范围的农业补贴主要有六种：粗放化经营补贴、公牛补贴、母牛补贴、牛的屠宰补贴、补充款项补贴和

---

① 朱立志，方静，2004. 德国绿箱政策及相关农业补贴［J］. 世界农业（1）：30-32.

母羊补贴[①]。畜牧业补贴标准是按照单位面积承载量测算的。

（二）生产资料补贴

在农业生产资料支出方面，德国也给予农民一定数量的补贴。例如，从 1953 年开始，国家支农支出预算中每年都会安排一定数量资金，用于农民的农用柴油补贴。

（三）农村社会保障体系建设

从 1972 年开始，德国在农业财政拨款中增加了农业社会保障政策这一重点，通过承担农民生活、生产、养老等保险业务的支出，对农民的生、老、病、死提供社会保障。所有农场主、被雇用的农工、农机生产及农技服务企业的职工都必须参加该保险体系，保费缴纳由政府补贴和农民个人缴费共同组成。

（四）农业基础设施建设

农业基础设施建设是一种投资大、周期长、外部性强、直接和短期经济效益低的社会公益性事业，是一种类似于公共物品的准公共物品，完全由私人提供极易造成供给不足。因此，德国政府通过财政直接投资的方式来支持农业基础设施建设，如建造重要的排水与供水设施、堤防，修建农村道路，进行农田和林地重建等。联邦财政和州财政每年都要安排这方面的预算。对这些农村基本建设工程的费用，或者全部由政府负担，或者由政府对不同的基础设施进行分类，按不同类型给予不同的补贴额。以北威州 AFP 项目管理为例：投资在 5 万欧元以上的项目，主要是帮助农民、农场（企业）改善基础设施，提高生产能力。对此，国家给予 20％的补助，最高补贴限额 12.5 万欧元，其他由农户（企业）自筹，并规定同一农户（企业）6 年以内，可以向政府申请得到的补助款最多不能超过 150 万欧元。其他州也有相应的规定。

（五）农业环境保护

德国政府非常注意农业环境的保护，如果农民在农业生产中采取了一定的

---

① 朱立志，方静，2004. 德国绿箱政策及相关农业补贴［J］. 世界农业（1）：30－32.

保护生态环境的农业措施，如单位面积施肥限量、土地休耕和免耕、减少农药和化肥施用量、粪便垃圾有效处理、退耕还林等，使得生产对环境的影响向着有利于环境保护的方向发展，则政府会通过一定的补贴给予其鼓励。环境保护补贴的基本原则是：自愿参加，参加期限至少 5 年，必须遵守有关环境保护的规定。农业环境保护具体又分为几种不同的类型。第一种是发展生态农业。在德国从事生态农业生产，每公顷土地每年可以得到 230 欧元的补助。德国近几年的生态农业发展迅速，除了生态农业协会，还有生物农业协会和有机运动联盟、生态农场、生物农场和有机农场，虽然名称有所不同，但实质上差异不大。目前，在德国从事生态农业的农场已占到全国农场总数的 10% 以上，食品市场销量占 30% 以上，品种多达 3 000 个以上。联邦政府的目标是到 2030 年将生态农业的比重提高到 20%。第二种是粗放型草场的使用，包括将耕地变为粗放使用型草场。要求的条件是：草场载畜量不超过每公顷 1.4 大牲畜单位，最少为每公顷 0.3 大牲畜单位；大幅度减少肥料和农药施用量；不转变为耕地。第三种是对多年生农作物放弃使用除草剂。多年生农作物包括各种水果和葡萄等。

在德国的一些州，如果参与环保项目还可以得到另一份补助。如在巴登-符腾堡州，州农业局对一些具有旅游价值的乡村耕地，还给予每亩 150 欧元的补助，目的是通过补贴使这些地方不再因进行开发而破坏生态。州农业局的任务之一就是核查申请有机农业种植的面积，落实补助金。目前有些州环保型土地已达 2/3 左右，农户可以从政府那里得到补助。农民得到的各项补助费加起来，占农业生产成本的 70% 左右。同时，德国不断提高对农业环境措施的援助强度，明确了支持办法的环境措施和补贴标准，如对能源作物每公顷给予 45 欧元的环保补贴，而且规定了享受该项补贴的最大面积为 1 500 公顷等[①]。

（六）农业科技推广与技术革新

德国为科技成果的应用积极创造条件，使提高生产力和保护环境有机地结合起来。例如，对为工业生产提供可再生、易处理的原材料的农业生产给予补贴，对垃圾处理、土地保护、地下水保护等方面先进技术的应用给予补贴等。

---

① 朱立志，方静，2004. 德国绿箱政策及相关农业补贴 [J]. 世界农业 (1)：30 - 32.

从 1935 年开始，德国就开始了对土地的分等定级，国家免费为农民进行土壤检测，农民根据检测结果改良土壤。国家还规定，农业机械可以加速折旧，农民购买新机械费用的 20％由国家给予补贴。

（七）农业结构调整

德国为了改革农业结构、提高农业生产率，也采取了一些支持措施。这些措施旨在通过土地整理，支持有生命力的农户扩大经营规模，主要包括：国家动员小规模的土地经营者将土地交给大农户经营，土地调整费用的 2/3 由国家负担；农民到 58 岁时，如果不愿意经营，而将土地出售或长期出租给其他经营者，可以享受提前退休的待遇，国家发给其"土地转让养老金"，这项养老金高于一般老年农民的养老金；国家出资购买农民零星分散的土地再进行调整等。

（八）不同农场间经济利益的平衡

为了平衡自然条件不同的农场之间的经济利益，德国对山区、低产区及受地理条件限制、种植面积较小的农场进行一定的补偿。根据作业难度及上述土地所占比例，每公顷补贴额在 25～180 欧元。手工劳动比例高的山地，每公顷可达 200 欧元。为保证受益农场的普遍性，每个农场每年最多可领取 1.6 万欧元补偿金。若农场雇用员工达两人以上的，每多一个雇员，可额外得到 8 000 欧元补贴。

（九）农村发展

2005 年以来，包括德国在内的欧盟国家用于促进农村发展的资金大幅度增加，范围也有所扩大。德国在促进农村发展方面主要有四项措施。一是鼓励农民生产高质量的能更好地满足消费者需求的产品。此项补贴的最高补贴额为每个农场每年 3 000 欧元，最多补贴 5 年。二是支持农民按照欧盟标准进行生产。这种补贴是临时性的，时间最长不超过 5 年，每个农场每年最高补贴额不超过 1 万欧元。如果农民需要有关的咨询服务，则可对该咨询费用进行补贴，数额不超过 1 500 欧元。三是对实行高标准动物福利的农民进行补贴。如果农民采取的畜牧饲养方式比一般饲养方式标准高，并且至少连续 5 年实行同样的措施，则可视情况给予补贴。补贴的幅度依据采取这种高标准所增加的成本或者减少的收益情况确定，每年每个牲畜单位（成牛）最多可以补贴 500 欧元。四是增加对青年人进入农业的投资补贴，目的是鼓励青年人进入农业行业和从事农业生产[①]。如果首次进入农业领域从业的人是 40 岁以下的青年农民，则最高可获得 2.5 万欧元的开业补贴。2014 年欧盟共同农业政策新一轮改革之后，德国按照每公顷 44.27 欧元的标准对青年农民进行补贴，最多补贴 90 公顷，补贴期限不超过 5 年[②]。

二、农业税收政策

农业税收是国家对农业生产者从事农业生产所取得的收入征收的一系列税，是农业财政政策的重要手段之一，是国家调控农业生产，调节国家与农民之间利益关系的一个重要工具。在德国的农业税收政策方面，涉及农业领域的税收主要包括个人所得税、增值税、土地税、赠送和遗产继承税、土地买卖税、机动车辆税等。

（一）个人所得税

农业所得税是欧盟诸国对农场征收的重要税种之一。按欧盟国家的税法，有独立法人资格的农场取得净收益一般都要依累进税率缴纳农业所得税。德国农业个人所得税与普通个人所得税不同，详细地规定了从事种植、养殖和林业等的个人为农业个人所得税的纳税人。从事其他行业的个人不是农业个人所得税的纳税人。并且明确区分了从事农业生产和农业加工的纳税规定：农业生产中的原料有 30% 以上是收购而来的，就不属于农业生产，不适用农业个人所得税。德国之所以如此严格界定农业个人所得税的界限，是因为德国农业个人所得税的起征点比一般个人所得税高很多。对于农业人口的个人所得税免税额，单身为每月 670 欧元（已婚翻倍），年收入为 30 700 欧元（已婚翻倍），低于此收入的，就可以享受免税待遇；而绝大部分纳税人的年收入不能达到起征点而不必缴纳农业个人所得税。农业个人所得税的免税额与当地居民的平均

---

① 国际农业补贴制度的新变化及对我国的启示，2005. http://www.privatelaw.com.cn/new2004/shtml/20050729-231212.htm.

② 张天佐，张海阳，居立，2017. 新一轮欧盟共同农业政策改革的特点与启示——基于比利时和德国的考察 [J]. 世界农业（1）：18-26.

收入水平有关，即它视农场主家庭成员的多少及供养人的情况不同而定，例如，一对农业夫妻和三个孩子年收入要超过 40 000 欧元才缴纳个人所得税。免税额的规定旨在保护农业生产者的生活水平不低于当地居民的平均生活水平。

德国征收农业个人所得税分两种情况：一是农民所经营的农场年营业额达到 35 万欧元、纯盈利在 3 万欧元以上或实际耕地产值在 25 500 欧元以上的，必须要建立自己的账簿，以企业形式申报纳税，但是能达到这种标准的农民非常少；二是对于达不到上述标准的小型农场，以耕地面积和土地条件等核定征收率，定额征收农业个人所得税，其征收率是根据多年经验统计制定的。这类似我国目前已经取消的农业税制。在这种情况下，一般只有不种植经济作物、拥有 20 公顷以上的土地或 50 个单位以上的牲畜存栏数（Vieheinheit，根据饲料消耗量而定，如奶牛、成年肉牛为 1 个单位，猪、羊、蛋鸡各为 0.33、0.1、0.02 个单位）的农场才有可能超过起征点，并且应纳税农业收入的估算值约为农场实际收入的 60%。由于德国农业个人所得税的起征点比较高和扣除项目比较多，所以大多数农民连这种以征收率核定的农业个人所得税也不用缴纳[①]。

另外，政府为减轻农民负担，在规定基本免税额的基础上，还制定了以下一些优惠政策：第一，允许农民在收到农产品的销售款后才向税务部门报告，而且允许农民在当年的收入中全部扣除各项农业生产所需的开支。这就使得农民可以通过从当年收入中减去购买供下一年使用的种子、农药、化肥及其他生产资料开支的方法，降低应纳税收入，从而合理地减少交税额。第二，允许农场从当年的经营收入中全部扣除用于投资的部分。第三，允许农民将出售土地等固定资产所获得的收入作为长期资本收益，享受高额的税额减免。第四，对农场主实行延期纳税、税收减免等不同程度的优惠。由此可以看出，德国在农业税收政策上也是采取保护措施的。

（二）增值税

由于欧盟国家实行的是比较彻底的增值税制度，增值税的征收就反映在各

---

① 德国及欧盟农业支持与保护、农产品贸易政策．中华人民共和国财政部．http：//www. mof. gov. cn/pub/nongyesi/zhengfuxinxi/tszs/200806/t20080620_47685. html.

个环节。在德国，作为农民也需要缴纳增值税，但有其特殊的管理规定，使农民真正负担的税率远低于基本的税率水平。增值税的一个重要特点在于可以人为地控制纳税数额，例如，在税率的制定上采取高扣税率、低征税率的办法。德国对从事农业和林业的生产者，对其交易额则使用降低后的特定税率计征。允许抵扣的进项税也用相同办法计算，即德国对从事农业和林业的纳税人的进项税额抵扣不是按照增值税的正常规则进行，而按一个固定税率乘以该纳税人的交易额计算。德国目前其他产品的增值税率为16%，而农林产品销项税率林业为5%、农业为11%，可抵扣的进项税额林业为5%、农业为8%。结果，林业企业基本不负担增值税。农业企业也无需将销项税超过进项税的差额缴纳税务机关，而是作为一种政府财政扶持基金的形式，由企业保留并安排使用。

（三）土地税

德国对农业土地征收三种类型的税：一是根据农场大小及土质的好坏缴纳土地税；二是对年产值超过100万欧元且能上能下的遗产，征收一定数额的遗产税；三是根据买卖土地成交价格，向受让方征收3.5%的土地所得税，这与我国的土地契税十分相似。在实际执行中，由于德国政府对农业十分照顾，制定了一些减征或免征的优惠政策。例如，根据粮食的收成情况，土地税的税率一般为6%，但同时规定了某些利于环保的农场可以免税；遗产税的起征点高，且数量不多，一般是高于41 000欧元才需缴纳遗产税，有孩子家庭起征点为51 000欧元，税率一般是7%～30%；对土地所得税，政府也只对60%的应税额征收，其余予以免收。在德国，农业土地约占整个国土面积的46%，但农业土地税收只占整个土地税收的4%[①]。

（四）机动车辆税

在德国，根据机动车辆的马力和大小需缴纳机动车辆税，但是在农业领域，收割机和推车是不用缴纳的，用于耕种的拖拉机也不用缴纳，但用于运输

---

① 宰守鹏，2002. 英德芬三国农业财政政策的比较——兼论对我国的启示 [J]. 财会研究（1）：59－60.

的拖拉机是需要纳税的[①]。

(五) 针对农业企业的税收政策

德国农业企业同其他企业一样，被纳入现有的税务制度中。但是为了激发农业企业生产的积极性，政府对其涉及的每个税种都给予了差别优惠待遇。在一般情况下，成立农业企业不需要进行专门审批，因此农业企业就不需要缴纳企业税（合作社和有限公司除外）和营业税。对于农业企业雇用的临时雇员（工作时间不超过全天员工的 1/4），工资按统一的优惠税率 5％征税。农业企业、合作社还可获得免交机动车辆税的待遇。为农业企业提供咨询、农机出租等服务的合作社免交法人税（25％）；农业企业联合体（Erzeugergemeinschaft）自成立之日起 10 年内，每年享受 15 339 欧元的法人税免税额度。在能源税方面（20.50 欧元/1 000 千瓦时），农业企业用电量超过一定额度，可享受高达 80％的减税优惠，如果从可再生能源发电站（装机容量超过 1 000 千瓦）购电，可予以免税；年用量超过一定标准的，可减掉 80％的矿物油税等[②]。

由以上可以看出，德国对农业生产在税收上制定了许多特殊的优惠政策。德国每年征收农业所得税约 5 亿欧元，仅占全部所得税的 0.8％，德国所有的农业税收入在整个国家税收中所占的比例也只有 1.7％，但各级政府每年给予农业的优惠税收达 6.8 亿欧元，占全部税收优惠的 7％。因此，德国的农业生产实际上并没有税收负担。

三、农业财政政策的改革方向

总体来看，德国农业财政政策的实施取得了显著成效。它有效地保护了农民的利益，缩小了城乡差别；加速了技术进步，提高了农业生产的科技含量；改善了农业基础设施，为农业生产提供了有力的保障；促进了生态农业的发展，为保持农业和国民经济的可持续发展创造了条件。

然而，德国农业财政政策也存在一些弊端。德国各级政府每年都拿出约

---

① 德国及欧盟农业支持与保护、农产品贸易政策 . 中华人民共和国财政部 . http://www.mof.gov.cn/pub/nongyesi/zhengfuxinxi/tszs/200806/t20080620_47685.html.
② 平欲晓，彭继增，2006. 德国农业贸易促进体系对我国的启示 [J]. 企业经济 (4)：133 - 135.

7％的预算资金投资农业，以促进农业经济的发展。随着农业的发展，由于政策实施中需要的补贴越来越多，德国政府的财政负担也越来越重。特别是世界贸易组织关于降低关税的规定，使得德国财政收入有不断减少的趋势，农业财政政策的实施更加困难[①]。

目前，包括德国在内的整个欧盟都已经开始着手进行这方面的改革，即减少相应的补贴，把节省下来的资金用于对从事生态农业、创造更多就业机会的农户，或比较偏僻山区的农民进行补贴等。总的来看，虽然负担没有减少，但更体现了促进农业生产方式改变的农业财政政策。具体来讲，德国的农业财政政策正在向着以下几个趋势进行演变。

一是在政策指向上，由提高农业及食品工业劳动生产率、保障供给、支持农民收入，向发挥农业的多功能性、实现人与自然的和谐发展方向转化。重点是在保护农业生产潜力、稳定农民收入的前提下，一方面将农业作为保护自然环境、保护乡村文化遗产的载体，鼓励旅游、手工艺、农业培训等农村服务业发展，保护乡村遗产、原生态环境及田园风光；另一方面将农业作为新兴能源产业，大力发展生物能源。根据德国有关专家预测，生物能源的开发将成为德国今后农业增长的重要动力。

二是在支持方式上，由直接补贴向间接补贴转变。今后德国对农业的补贴将与产量、面积等生产指标脱钩，而是将其作为某种专项补贴的形式出现（间接补贴），如科技推广、设施改善、人性化的饲养、提前退休、青年农场主培训，对农民因采取更加符合环保要求的措施而增加的成本给予补偿，以及由于环境差别导致生产成本差异给予支持等。

三是基于多哈回合的谈判承诺，对扭曲市场价格和贸易的国内支持政策将大幅度缩减，主要包括：出口补贴、进口关税，以及与产量、面积挂钩的直接补贴政策等。

四是在支持对象上，由支持农业生产向支持农村、农民的方向转变。除了扩大前面提到的"绿箱"政策的有关措施外，主要是进一步加大对农民社会保障的投入力度。因为从 WTO 规则来看，各国对农民的社会保障投入不统计在农业国内支持范畴内，同时也是为了应对国内人口老龄化及青年农民减少的趋

---

① 农业财政政策培训团，1999. 德国的农业和农业财政政策［J］. 农村财政与财务（3）：44 - 46.

势，所以德国对农民养老、医疗的社会保障补贴力度将会进一步加大①。

第二节　农村金融政策

一、农村金融组织体系

德国是世界最早建立农村金融制度的国家，是欧洲农业信用合作的发源地，其农村金融制度的历史已达 200 多年，对德国的农业发展有着深远的影响。德国农村金融是以合作金融为主体的，经过一个多世纪的发展，已经形成了遍布城乡的合作金融组织网络和健全的合作金融管理体制。在德国农村金融市场，专营农业金融的商业银行比较少，合作银行和信用社是最重要的农业金融机构，60％以上的农业信贷都是由合作银行和信用社提供的。此外，政府还设立了一些其他的农村金融机构。这些金融机构包括德国的土地抵押信用协会、土地改良银行、农业抵押银行、农业地租银行、德意志土地垦殖银行等，它们大多是政策性金融机构，为农村合作银行体系提供协助。这些农村金融机构与农村信用合作组织一起，共同构成了德国的农业金融体制，两者共同推动着德国农村经济的发展，形成了以合作金融为主、其他金融机构为辅的农村金融组织体系。由于德国的合作金融极具特色，并且在整个农村金融体系中占据着绝对的优势地位，所以在此将重点予以介绍。

（一）合作金融体制的起源

德国合作金融体制历史悠久，在合作制度的建设、规范等方面成效显著。19 世纪初期，普鲁士政府发布命令取消城市里行会独占，使得小手工业者摆脱了对师傅的依附，有了建立起自己独立企业的可能性；在农村解放农奴，进行土地改革，允许土地自由买卖。这些改革措施促进了农业的资本化，解放了工商业发展的束缚，加快了产业革命的到来。但无论是农村的自耕农，还是城市里的小手工业者，都因为资金或者技术上的困难而濒临破产。为了维护自己的利益和地位，农民和城市小手工业者几乎同时建立起自我帮助、自我管理的

---

① 德国及欧盟农业支持与保护、农产品贸易政策．中华人民共和国财政部．http：//www.mof.gov.cn/pub/nongyesi/zhengfuxinxi/tszs/200806/t20080620_47685.html.

合作社。1850 年在城市里出现了舒尔茨（Schulze）合作社，今天发展为大众合作银行；1859 年在农村地区出现了雷发巽（Raiffeisen）信用合作社，使得农民免受高利贷的剥削，并且进行农业生产和防止农业灾荒。后来，雷发巽信用合作社发展成为今天的雷发巽合作银行（Raiffeisenbank）[①]。1871 年，德国颁布了第一部合作社法《产业及经济合作社法》；其后合作社法几经完善，以满足农村信用合作及其他合作经济蓬勃发展的需要[②]。

（二）农村合作金融体系的结构

德国的合作金融组织是按照真正的合作制原则组建的。整个德国农村合作金融体系分为三个层次，呈现金字塔形结构，从中央到地方依次是中央合作银行、区域性合作银行、地方性合作银行，如图 7 - 1 所示。各级合作组织都是独立的法人经济实体，不存在行政隶属关系，自下而上入股，自上而下服务。最基层的是 2 500 家地方性农业合作银行（包括赖夫艾森银行和大众银行）及 2 万多个分支机构，由农民、城市居民、个体私营企业、合作社企业和其他中小企业入股组成；它们遍布城乡各地，其主要经营业务是直接为农户发放贷款。地方性农业合作银行采取民主管理方式，其决策机构是社员代表大会，所有社员享有同等的表决权，按照一人一票的投票方式进行组织安排和经营方针决策，并由理事会聘用经理进行经营，监事会作为监督机构也由社员选举产生。中间层由 3 家区域性合作银行组成，即 GZB 银行、SGZ 银行和 WSZ 银行。它们也开办信贷业务，其主要职责是调剂、结算系统内资金，为基层的农业合作银行提供资金支付、结算服务与短期再融资服务，充当基层合作银行与中央合作银行之间的业务媒介和清算中心。在管理制度上，区域性合作银行同样采取民主管理的方式。最顶层为德意志中央合作银行（DZ Bank），它对地方合作银行没有行业管理职能，只对其提供业务指导和金融服务，包括提供资金调剂融通服务、合作银行系统资金支付结算服务，开发提供各类银行产品，以及提供证券、保险、租赁、国际业务等金融服务，在国外设有分支机构，并具有代表德国全国信用合作事业的职责。中央合作银行的大部分资本金由地区合作银行提供。此外，政府为了表示对合作银行的支持，也持有一定的股份，

---

① 张亦春，甘少浩，2001. 德、美、日农村合作金融比较 [J]. 发展研究（8）：52 - 53.
② 谢安，陈和钧，2001. 德、美、日三国农村信用合作制的比较及对我国的启示 [J]. 金融理论与实践（1）：51 - 53.

根据《德国合作银行法》，政府最高可参股 25％。在管理制度上，中央合作银行与区域性合作银行和地方性合作银行有所不同，股东大会是最高权力机构，其组织与一般股份公司无本质区别，理事会的组成包括各方面的人员，且中央合作银行主要负责人的任命要经政府同意。作为全能银行，中央合作银行业务能力过硬、经营业绩良好、业内竞争力强大，并且十分注重并不断完善对基层单位的服务，成为地方合作银行开展商业活动和进行市场拓展强有力的支撑。截至 2017 年末，德国中央合作银行资产总额达 5 373 亿美元，实现营业收入 326 亿美元，是德国国内第二大银行集团。国际评级机构穆迪和标准普尔公司对德国中央合作银行的评级为 Aa3 和 A⁺①。美国金融杂志《环球金融》2019 年公布的全球最安全 50 家商业银行排行榜中，德国中央合作银行位居第三位。

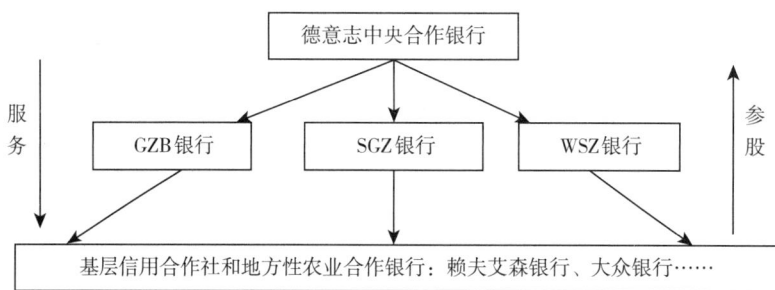

图 7 - 1　德国农村合作金融体系

（三）农村合作金融的监管机制

德国在农村合作金融的监管上，发挥了农村合作金融体系外部监管与内部监管的双重作用，保证了合作银行的规范与健康发展。

在外部监管方面，德国具有综合监管型的协调机制。德国是金融混业经营和综合监管的代表，其监管特色集中体现在德意志联邦银行和联邦金融监管局两个有权主体对监管事务的分工与协调上，是一种单层两头式的综合监管模式。

联邦金融监管局是德国合作金融在中央的行政管理机构。为节约监管资源，金融监管局仅设有联邦一级，不在各州设立分支机构；联邦监管局对合作

---

① 程列辉，朱建平，2018. 德国、荷兰合作金融体制考察及启示 [J]. 金融纵横（8）：35 - 40.

银行主要进行非现场监管，对各州银行的日常监管及监管数据和信息的获得则由德意志银行及其分行代为承担并向金融监管局报告。联邦金融监管局的具体职责为：一是从总体上监督中央合作银行和区域合作银行的业务是否直接或间接支持基层信用合作社的业务，定期派人检查。二是监督《德意志合作银行法》的实施情况。德国中央合作银行是根据专业性的《德意志合作银行法》建立的，因此，在中央合作银行建立之初，联邦金融监管局就派一名政府特派员，检查中央合作银行是否符合这一特别法律。三是根据资产负债管理的要求，负责利用各种指标对合作金融组织的业务运行情况进行监督，如风险资产不能超过资本总额的 12.5%，外币资产与负债的差额不能超过银行自有资本的 30%，长、短期资产与负债要相匹配，银行提供的贷款最大额与单一客户贷款最大额的上限规定等实际情况的监督[①]。

德意志银行是唯一有权对金融机构行使统计权力的机构，对涉及金融机构资本金与流动性方面的信息所做的报告也要向金融监管局提供。德国主要依托联邦中央银行和行业审计的监管体制和风险防范与保护系统，保证农村合作金融在规范的基础上不断发展。

在内部监管方面，德国充分发挥了农村合作金融内部行业协会的监管作用。德国农村合作金融协会具有金融服务与审计功能。大众银行和赖夫艾森银行联邦协会（BVR）是德国合作金融领域的全国性协会机构。除了全国性的协会，还存在 11 家由各类合作社共同组织成立的区域性审计协会，它们的活动基本上与大众银行和赖夫艾森银行联邦协会相同，只不过它们是区域性的。但这些区域性的审计协会都有审计上的功能，信用社每年都有义务接受一次审计，以检查是否按照法规从事经营。因此，可以说区域性审计协会是各类地方合作社在地区一级共同的行业监督组织。

此外，德国的信用合作存款保险机构也是由行业组织的。1977 年，德国组建了合作银行保护系统，并设立了保护基金，主要由大众银行及赖夫艾森银行联邦协会的保障基金和保障协会两部分构成。其职能是：当会员银行陷入流动性危机时，保护基金通过贷款、担保等方式进行援助。基金由各会员缴纳的款项构成，每年缴纳的费用按存款的 0.05% 计算，如有必要可调高到 0.15%。

---

① 刘颖，2008. 国外农村合作金融立法主要经验及启示 [J]. 哈尔滨金融高等专科学校学报（12）：20 - 22.

该机构主要是为那些资金情况良好，但偶然发生周转困难的银行提供安全基金予以资金援助。其援助方式是：当某家银行发生资金周转困难时，可以用票据到该机构申请贴现，而该机构可以将贴现的票据到联邦银行再贴现以融通资金。这种方式间接地保证了存款人的存款安全，避免损害合作金融机构的信誉。但是德国的农业信用合作存款保险属于自愿投保，国家不强制。德国的农村合作金融只在外部监管上依托于中央银行和行业审计，并建立了信用合作与其他合作社相互融合的行业自律体系[①]。

（四）农村合作金融的主要特点

通过以上的分析，可以把德国农村合作金融的主要特点概括如下。

1. 坚持合作金融的核心原则

合作金融的核心原则是由入股社员所拥有、由入股社员民主管理、主要为入股社员服务等，德国的信用社不论其规模有多大，业务范围有多宽，联合层次有多少，处处体现着合作金融组织的这一核心原则。

2. 建立自上而下、各自独立的合作金融组织体系

德国合作金融组织采取多级法人制度，体系完整、层次分明，各级之间都具有独立的法人资格和自主经营权，每级组织均由各自成员入股，实行自上而下的控股制度，形成一个独立的组织体系，这种布局既体现了中央和地方不同层次的职能特色，又为合作金融的发展提供了较大的空间，并且在更大的范围内体现了合作制的原则和特点。

3. 合作金融的生命力在于其组织体系内的相互合作关系

在保证各级合作金融组织自主经营的前提下，其组织体系内部在资金融通、资金清算、信息交流、人才培训等方面开展相互合作，有效地促进了合作金融组织的发展。

4. 合作金融组织在合作本质的前提下，不断完善服务功能和手段，实行业务上的商业化经营

德国的合作银行，是一种综合性的商业银行，在金融业务上与其他商业银行没有多少区别，在政策上对合作银行也没有什么特殊的优惠。因此，在德国

---

① 王晓博，2009. 我国农村合作金融组织创新与存款保险制度构建［J］. 金融理论与实践（4）：62－67.

银行业竞争日益激烈的情况下，合作银行充分发挥合作制优势，根据客户的需要不断拓宽业务领域，完善服务职能，为社员提供综合性的金融服务，实现合作制与商业化经营的有机结合。

5. 国家通过健全的法律法规和完善的管理手段，对合作金融组织进行监管并提供法律保障

德国农村合作金融制度的发展过程中国家干预最少，甚至对农业合作金融存款保险国家都不强行要求，而任其自愿；只有在外部监管上依托于中央银行和行业审计，这里的国家干预是合作金融发展到一定阶段的内在要求，国家只是顺应了这一要求而已。严格的行业审计制度和风险防范与保护系统，足以保证合作银行的依法经营和健康发展[①]。

二、农村金融政策及措施

在农村金融政策方面，德国政府采取农业低息贷款、直接资助、间接利息补贴、金融机构税收减免等一系列的信贷、投资与财政措施，有力地促进了德国农业和农村的发展。

（一）农业信贷政策

德国的农业比重只约占国内生产总值的1％，但农业贷款占金融机构贷款总额的比重却达2.5％。20世纪80年代以来，德国的农业贷款以年均3.7％的速度增长，几乎所有金融机构都参与了农村信贷市场活动[②]。德国的农村信贷市场如此活跃，与其积极的农业信贷政策是分不开的。

德国实行以综合银行为主体、特殊银行为补充的银行体系。综合银行是指能够从事存贷款、证券、保险等各类金融业务的全能性银行；特殊银行又称专业银行，是指专门从事某方面业务或专门为某行业服务的银行，业务范围较窄。综合银行由以下"三柱模式"组成。一柱是私立性质的信贷银行组，包括大银行（如德意志银行、德累斯顿银行、HVB银行等）、区域性银行、外国银行的分支机构，共有252家（不含分支行），在农村信贷市场上的份额为13％

---

①　夏霖霖，2009. 论德国合作金融对我国农村合作金融的启示［J］. 现代商贸工业（6）：168.
②　陈武，2006. 欧盟共同农业政策演变与德国农村信贷市场概况［J］. 农业发展与金融（1）：46-49.

左右。二柱是汇划性质的储蓄银行组，分三个层次：第一层次是德国汇划总署，为储蓄银行领域的最高机构；第二层次是州立银行和汇划中心，共有 12 家；第三层次是储蓄银行，共有 477 家（不含分支机构），在农村信贷市场的份额为 35％左右，是农村信贷的第二大供给者。三柱是合作银行组，即德意志合作银行、区域性中心合作银行和信用合作社三个层次，共有 1 338 家（不含分支机构），在农村信贷市场占 44％左右的份额，是德国农村信贷的最大供给者。特殊银行和其他金融机构当中，参与农村信贷活动的主要有德国农业地产抵押银行（简称 LR 银行）、垦殖与地产抵押银行（简称 DSL 银行）、德国复兴信贷银行（简称 KfW 银行，又称德国战后重建银行）等金融机构，这类机构多为再融资性质，一般不直接发放贷款，而是通过其他银行机构间接向农业企业提供长期贷款，虽然占农村信贷市场的份额只有 8％左右，但地位特殊，有些是国有政策性银行，曾经在德国战后重建中发挥了重要作用，到 20世纪 70 年代占农贷市场的份额仍高达 30％，对德国农业和农村经济的发展起到了不可替代的作用。截至 2016 年末，德国农业地产抵押银行总资产为8 630 亿欧元，德国复兴信贷银行总资产为 5 030 亿欧元。

在德国，由于土地归农民个人所有，农民在申请贷款时一般都用土地作抵押，加上欧盟、联邦政府及各州政府鼓励小型企业和农庄发展，对符合共同农业政策的项目给予直接援助，特别贫困的农民可以用休耕补贴和政府援助资金作还款保证，因此在德国很少有金融机构拒绝农民贷款申请的事情发生。为鼓励金融机构参与农村信贷活动，从 1954 年起，政府对农村信贷实行利息补贴，补贴范围涵盖所有种养业、农业生产资料、农产品加工、水利设施、土地改良与归整、房屋建筑、农业结构调整、生态农业、环境保护、利用农庄提供旅游服务以及创立新农业企业等。享受补贴的贷款项目期限原则上不少于 8 年。其信贷方面的政策规定主要包括以下几个方面。

（1）限制农村贷款最高利率或降低金融机构农业贷款利率，对参与农业贷款的金融机构实行利息补贴，或减少其存款准备金比例。

（2）通过州立银行提供优惠贷款。州立银行为州政府公共性质银行，其主要任务是管理各会员储蓄银行的流动性储备，协助州政府管理财政专项资金和预算项目，对政府发起的重要开发项目、技术创新、农业、区域发展及环境保护等公共项目提供贷款、贴息及无偿拨款。

（3）由国家政策性金融机构安排长期低息贷款。在信贷方面，德国政府采取的农业低息贷款政策，有力地促进了农业的发展。例如，政府规定购置农业专业设备设施的长期贷款期限可达 20 年，年息为 3％；其他农业贷款年息 4.5％～6％，比一般的贷款利息都要低；某些特殊的农业生产贷款期限可长达 50 年，年息仅 1％等[1]。目前，长期低息贷款工作主要由德国农业地产抵押银行和德国复兴开发银行承担，并办理政策性贷款贴息资金的发放。德国农业地产抵押银行的主要任务是在联邦银行的监督下从事区域间的农村信贷资金供需平衡和调剂，以优惠利率保证农村经济各领域的长期信贷资金需求（一般不短于 4 年，最长可达 25 年），同时管理和分配联邦银行和联邦政府用于农村信贷的贴息资金。德国农业地产抵押银行在农村信贷活动中实施了四个特别项目，即种养业特别信贷项目、青年农民特别信贷项目、村镇整治特别项目和区域结构调整特别信贷项目，比信贷市场利率低 0.1～1 个百分点。青年农民特别信贷项目是 20 世纪 80 年代以来政府鼓励、扶持青年农民从事农业生产的一项措施，凡 40 岁以下的青年农民，均可获得特别优惠贷款或补贴，利率比种养业特别信贷项目还要低 0.25 个百分点左右，最高信贷额度高出 5 万马克左右。实施该项政策的目的是鼓励更多的年轻人投身于农村经济活动，培养新一代农村企业经营者。2000 年以来，联邦政府通过德国农业地产抵押银行对到农村从事农业生产和企业经营的年轻人，给予 1 万欧元的政府特别优惠贷款。进入 21 世纪以后，德国农业地产抵押银行的业务范围已拓展到农业和农村发展的整个领域，在发展传统业务的同时，重点支持环境保护、可再生能源利用、食品供应链延伸、水资源利用、乡村旅游和农业创新研究等[2]。德国复兴信贷银行近期发放农村优惠贷款的主要领域是利用农业资源转化能源项目，如利用农用地做风力发电、油菜籽加工转化成燃料等项目[3]。

（4）对农业企业及项目进行融资支持。德国成立了专门的政策性银行——德国农业养老金银行，为农业企业提供融资便利。该银行为公立机构，实行企业化经营，资金通过发行债券等形式从国际资本市场筹集。一是对土地经营相关企业提供贷款。任何形式的农业企业、农机生产企业及农产品流通和服务企

---

① 戴小枫，边全乐，付长亮，2007. 发达国家发展现代农业的若干作法 [J]. 中国农学通报（4）：472-476.

② 田艳丽，王鹏杰，郭斌，2018. 德国农业地租银行发展经验对中国农业发展银行的借鉴 [J]. 世界农业（2）：79-84，94.

③ 陈武，2006. 欧盟共同农业政策演变与德国农村信贷市场概况 [J]. 农业发展与金融（1）：46-49.

业等，只要其主要业务活动是土地经营或与其密切相关的行业，且这方面的销售收入在企业销售总收入中所占的比例超过 25％，企业规模达到或超过有关法律规定的最低要求，合法经营，均可申请该行的贷款。此外，从事园林建设、林业生产以及养蜂、水产养殖和放牧的企业同样可以获得融资支持。每个企业年贷款额不超过 100 万欧元，需支付一定手续费（不超过 1％）。企业计划购买农用机械、土地，或采购太阳能设备、加强可再生资源使用等，均可申请。企业销售额下降 30％以上，临时出现清偿危机，也可申请贷款，贷款额不高于下降的销售额。二是对扩大生产规模、降低成本、引进环保措施等投资，提供补贴及贴息贷款。投资额 1 万～10 万欧元的小型项目，提供偿还期为 10 年、利率不超过 5％的优惠贷款，政府贴息比例最高为 35％，单个借款人每年的贴息额度不超过 1.75 万欧元；5 万～125 万欧元的大项目，可申请利率不超过 5％、偿还期为 20 年的优惠贷款，政府进行贴息。企业还可申请直接补贴，最高补贴比例为 10％、额度不超过 3 万欧元。不过，政府对申请贷款的农业企业也有一些条件限制。例如，申请贷款的企业经营者必须提供受过农业方面专门培训的证书、拥有一定数量自有资金的证明、相应的会计报表、企业经营情况说明和投资计划书。此外，申请资助的企业在环保、卫生和动物保护等方面必须达到德国法律规定的最低要求，企业经营者及其配偶的年收入不得超过 9 万欧元。如果是合资企业，其中任何一位持股 5％以上的合伙人（及其配偶）的年收入超过了 9 万欧元的上限，那么这家企业所获资助额将按照该合伙人在企业中的持股比例予以扣除。如果有公共资金入股，公共资金在农业企业自有资金中所占比例不得超过 25％等。

国家政策性银行和州立银行的资金来源初期主要靠财政资金和一些特别基金（如马歇尔计划基金），后来由于政府撤资，这些银行完全转向通过货币市场和资本市场融资，政府为其再融资提供担保。银行用于农村信贷的补贴资金来源，则依项目性质而定：属于联邦政府公共投资项目的，由联邦财政承担；属于州政府公共投资项目的，由州财政承担；有些项目根据规定由联邦财政和州财政共同承担。在德国农业贷款贴息政策支持下，农民贷款的利息负担一般不超过 3％。在一些州，利息补贴在支农支出中占相当大的比重。

（二）金融机构税收政策

在德国的金融政策中，针对合作金融机构采取了不同的税收减免政策。由于德国对合作金融的立法扶持是分阶段的，因此，对合作金融组织在不同历史阶段也采取了不同程度的税收优惠政策。其具体表现为：信用合作社用于社员分红的收入免缴公司所得税，而由社员承担收入所得税，以避免双重征税问题，并且进而把这部分所得税负担减少到 36％。1939 年以前，信用合作组织与其社员间的业务所产生的盈利不缴所得税；1939 年起，所有合作社组织均有缴纳所得税的义务，但只要信用合作组织的贷款业务限于其社员，其所得税税率仅为普通税率的 1/3。起初，合作金融组织缴纳 10％ 的所得税。第二次世界大战期间，所得税税率曾多次提高，二战结束时达到 19％，并一直保持到 1967 年底。从 1968 年起，信用合作社承担 32％ 的所得税，而这时普通税率为 49％。尽管该税率比普通税率低了 17％，但信用合作社要获得所得税税率上的优惠须在业务上满足两个条件：一是贷款业务仅限于社员，二是其非银行业务不能超过其业务总量的 5％。1974 年修订合作社法以后，信用合作社贷款业务仅限于社员的限制被取消，且从 1976 年起所得税税率提高到 41％。1981 年起，信用合作社所得税税率统一提高到 56％，并取消了信用合作社所有业务限制。按照 1988 年的税制改革方案，从 1990 年起，所得税税率一律降为 50％，合作经济组织不再执行特殊的所得税税务条款[①]。由此可见，德国对农村合作金融的税收政策，实行了有目的、分阶段的优惠，并且不是对所有的合作金融业务都进行优惠，而是有选择性的，这是符合德国经济发展状况的表现。

（三）农业信用政策

德国的农业信用政策主要指土地抵押信用的政策规定，它始创于 18 世纪下半期，以合作组织的形式出现。发展初期由政府强制组建，主要由地主联合成立，后来逐渐平民化，成为主要的长期农业信用。土地抵押信用放款的期限一般是 10～60 年，分年偿还，年利息约 5％。除土地抵押信用合作社及其联合银行外，德国各地还有许多公营的土地银行及土地改良银行，放款协助农民购买土地及进行水利建设等。这些银行有的是联邦政府设立的，有的是州政府和地方政府设立的。公营的土地银行与土地抵押信用合作社互相配合，

---

① 刘颖，2008. 国外农村合作金融立法主要经验及启示 [J]. 哈尔滨金融高等专科学校学报 (12): 20 - 22.

构成了全国完整的长期农业信用网，有助于德国的农地改革及农业的发展和进步[①]。

三、农村金融政策的成效

德国的农村金融政策为国家农业发展提供了大量的资金，支持作用十分明显，因此政策的制定是十分成功的。其成功之处主要可以概括为以下三个方面。

第一，德国农村金融政策的实施依托于职责明确和分工协作的农村金融组织体系。农业生产具有分散性、季节性、风险性等特点决定了农村金融需求的多样性，它要求有政策型、合作型和商业型等金融机构介入农村金融市场。德国建立起了商业金融、合作金融、政策金融并存的正规农村金融组织体系，与民间金融共同构成农村金融市场供给主体。从其农村金融组织分工来看，商业金融主要提供中短期贷款，合作金融主要提供极短期贷款，政策金融作为推行政府农业政策的工具，主要提供长期低息贷款，民间金融则在调剂农村资金余缺方面发挥着重要的补充作用。可见，这种既有分工又有协作的多元化农村金融组织体系，既能保障农村资金的相对独立运行，又能最大限度地适应和满足农村金融需求。

第二，德国农村金融政策的支持范围十分广泛，涉及农业的各个领域。在政府对参与农村信贷活动的金融机构实行的利息补贴政策中，补贴范围涵盖了所有种养业、农业生产资料、农产品加工、水利设施、土地改良与归整、房屋建筑、农业结构调整、生态农业、环境保护、农庄旅游服务以及创立新农业企业等贷款项目。国家政策性金融机构还针对种养业、村镇整治、区域结构调整、农业资源利用和农业企业融资等领域实施了特别信贷项目，以优惠利率保证农村经济各领域的长期信贷资金需求。另外，德国政府还通过公营的土地银行与土地抵押信用合作社，放款协助农民购买土地及进行水利建设等。

第三，在制定农村金融政策时，德国政府始终都特别注意保护好市场机制的作用，使农村金融政策的实施建立在市场机制主导之下，有效提高了农村金融市场资源配置效率。在德国，商业金融是农村金融市场的重要组成部分，即

[①] 秦秀红，2008. 世界主要发达国家农村金融的发展经验探讨 [J]. 安徽农业科学，36 (16)：6991-6992，7021.

使是政策金融和合作金融的资金来源，很大一部分也依托于城市金融市场发行证券融资；农村政策金融是在注重保护和发挥市场机制的作用基础上被利用的，合作金融组织也始终坚持市场原则和合作原则，只在上层组织结构中才引入政府干预因素。

第三节　农业保险政策

农业保险有广义与狭义之分。狭义的农业保险仅指种植业（农作物）和养殖业（饲养动物）保险；广义的农业保险除了种植业和养殖业保险之外，还包括从事广义农业生产的劳动力及其家属的人身保险和农场上其他物质财产的保险。从广义的农业保险范畴来讲，德国的农业保险业可谓十分发达；但是若仅仅从狭义的范畴进行考察，德国农业保险的发展又十分有限。这既是德国农业保险业发展的一大特色，又成为其矛盾之处。

一、农业保险的发展历史

德国有着悠久的发展农业保险的历史。1791 年，德国建立了世界上最早的农业保险机构，也成为最早开办农作物雹灾保险的国家。德国的农业生产条件不错，但其所处的特殊地理和气候因素，使冰雹成为德国农业的一大威胁，这大概是德国成为世界上最早推行雹灾保险国家的自然方面的原因。但是，雹灾保险在德国的大面积推行，是与 19 世纪前半叶开始的农业改革和农业现代化相联系的。德国 19 世纪进行了产业革命，随着都市产业的发展，其对农产品的需求增加了，导致农产品价格上升。农场主经营的目标是获得最大的利润，促使农场经营的集约化，增加活劳动和物化劳动的投入。而气象灾害给集约化经营带来的影响比粗放经营大得多，尤其是雹灾给农作物造成的损失。据相关统计数据，1884—1903 年，20 年间，德国平均每年降雹次数最少的省（西格玛林根）是 32 次，最多的省（而兰登贝格）是 550 次。如此高的冰雹发生频率对改革后的农民来说威胁很大，所以各种承保雹灾的相互保险社、保险合作社、股份有限公司先后应运而生，公共保险机构也参与了进来。据 1972 年的统计，联邦德国各种出售雹灾保险单的企业有 24 家，其中保险公司 5 家，相互保险社、合作社 12 家，公共保险机构 7 家，自愿参加雹灾保险的农场占当年农场总数的 40%，承保的作物面积占总耕地面积的 44%[①]。因此，是德国农业自身经营和发展方式向市场经济的转变，客观地提出了对农业保险的需求。

德国的农业保险公司是在农业合作社的基础上分离出来的，最初只是一种自愿的结合。先富裕起来的农民和生产合作社根据自身生产和生活的经历，为了抵御共同的风险，先行组织起来，成立了保险合作社，后来逐步演化为公司，并向其他农民和农业企业开放。这种开放由于有了交通和通信的发展而具备了可行的条件，即不会受到地域和交通的限制。这就使得德国的农业保险公司愈做愈大，最终发展为德国农业保险业的重要载体。而一些大型综合性保险公司也纷纷设立了专门经营农业险种的分支机构。以欧洲最大的保险公司、全球最大的保险和资产管理集团之一——安联保险集团为例，安联于 1890 年在德国柏林成立，其旗下全资子公司 MMA 专门面向"三农"提供保险服务，承保范围几乎涵盖所有种类的农作物、蔬菜和畜牧业；2016 年 MMA 公司实现保费收入 3 970 万欧元，主要来自冰雹、风暴、山火等自然灾害保险；其员工队伍包括 30 名销售人员和 37 名行政管理人员，超过 80% 的员工拥有"农业经营"学位或者具备农业方面的实践经验[②]。

二、农业保险的主要险种

从宏观上来讲，德国的农业保险涵盖的险种非常广泛，其中有针对农户人身的保险，有针对机械车辆的保险，有针对农业经营风险的保险，有针对农户家庭财产的保险，有针对所饲养牲畜的保险，还有火灾保险和自然灾害保险等。以下将对几种主要险种进行介绍[③]。

在针对农户人身的保险中，除了常见的养老保险和医疗保险之外，还有农民事故保险和丧失劳动能力保险等险种。例如，丧失劳动能力保险是指未到养老赔付年龄之前丧失劳动能力者，可按合同约定领取生活补偿金。而德国的农村医疗保险，则是对投保人全体家庭成员的保险，即一人投保，全家享用。

---

① 庹国柱，王国军，2005. 农业保险 [M]. 北京：中国人民大学出版社.

② 农发行 2017 赴德国专题培训班课题组，2017. 德国农村金融的现状及启示 [J]. 农业发展与金融 (11)：89 - 93.

③ 魏爱苗，2009. 德国：农业保险成熟品种多服务好 [J]. 农村财政与财务 (1)：47 - 48.

针对农民的机动车辆保险，既适用于普通轿车，又适用于一些农机具，比如拖拉机、运输车、牵引车和联合收割机等。针对农民所饲养牲畜的保险，则包括了可能出现的各种疫情。自然灾害保险则包括了暴雨、冰雹、洪水、地震、地陷、滑坡、雪灾、雪崩和火山喷发等给农民和农业生产造成的破坏和损失。总之，针对农村、农民和农业企业的保险品种至少有十几个大项，被保的物质包罗万象，很多在一些保险品种中又是重复的。为了避免给投保人增加不必要的保费及避免重复投保的状况，保险公司大都设立一些综合性的保险种类，以便被保险人或投保人在遭遇灾害时能得到比较全面的救护，或让受灾的农业企业能够尽快恢复生产。

其中，"火灾——歉收险"就是一个救助农业企业尽快恢复生产的综合性险种。这类险种比较适合于饲养牲畜的专业户。在牛、羊等牲畜的养殖过程中，稻草是十分重要的饲料。在冬天干燥的季节，若稍有不慎，牛棚或羊圈中堆积的稻草就会引发火灾。火灾造成的房屋及财产损失可以通过火灾保险得到理赔，但这解决不了恢复生产的问题，因为火灾造成生产的中断，由此形成了收入的损失。此外，在生产过程中还会形成其他很多项开支，如借用他人的场地、厂房和设备，需要缴付租金；由于火灾造成生产中断，企业将无法按时供货而面临失去客户的风险，为了保住客户还需要一笔开销以采取相应的措施；如果企业还有其他雇工，仍然需要支付工资，并为其缴纳各种保费；银行贷款的利息也不会因为火灾而停付等。然而，以上所有这些风险都可以通过投保"火灾——歉收险"而得到化解，因为此类险种的赔偿完全可以解决企业在恢复生产中的各项开销问题。

还有一种"动态财产险"，是适用于农业、畜牧业和果农的。投保人只要向保险公司申报耕地的面积或牲畜的存栏数，在遭受各种自然灾害时就可获得相应的赔偿。这种赔偿是动态的，是根据植物和动物的生长周期而进行"自动调整"的。如仔猪和将要出栏的成年猪，价格肯定不一样；秧苗和成熟的稻谷，理赔的价格自然也不会相同。当然，理赔的数额不是由保险公司单方决定的，在什么样的生产周期出险，总赔偿数额是多少，都会事先在保险合同中作出明确规定。

"技术保险"保护的对象是各种农业电动机械和设施。由于使用不当、操作失误、疏漏、电线短路、电压不稳或过高等造成的各种设备的损害，投保后都可由保险公司进行赔付。

"运输保险"是指在运输或出口的过程中，农产品或畜牧产品以及作为劳动工具使用的机械、工具和仪器等遭受到损害时，无论运输人是投保人本身还是物流公司，都可以获得保险公司相应的赔偿。

"法律保护保险"是德国一种十分常见的险种，涉及农业领域，则主要是关于农业法和交通法方面的法律保护。比如农户投保此类险种之后，因所购买的种子质量问题而导致农作物产量减产，在解决纠纷时便可由保险公司支付所聘用的律师费用。每个案件的保额一般为100万欧元，在投保人遭到指控而被处罚时，保险公司可以向投保的农民或农场先行提供10万欧元的处罚贷款。

农业方面的保额，无论是经营险、产品险还是环境险，凡造成人员伤害的，一般为200万欧元。给他人造成财产或财务损失的，保额为100万欧元。在某些情况下，理赔总额最高可达到300万欧元。

德国农业保险业的发达除了保险品种繁多之外，还体现在保险公司优质的服务上。农民或农业企业若想投保，只要打一个电话或发一封电子邮件，约好时间，保险公司就会登门造访，而且会根据投保人的具体需求，随时调整保险种类。因此，在德国投保农业保险，保险的名称并不重要，重要的是被保障的对象和内容。只要投保的内容和条件符合投保人的要求，而名称与内容即使有些不符，照样可以顺利签约，因为保险合同履行的是内容，而不是名称。因此，德国农业保险的种类也处在灵活变通与不断创新的过程中。

三、农业保险的主要特点

从以上介绍中可以看出，德国在广义上的农业保险业发展比较成熟。但德国农业保险的主要特点是体现在其农作物保险方面。从狭义上来讲，德国的农业保险具有自身典型的制度模式。在欧盟内部，农业保险的制度模式大致可分为公有化主导型模式、公有与私有合作型模式和私有化主导型模式这三大不同类型，而德国是典型的私有化主导型农业保险模式。这种模式也被称为民办公助模式，其主要特点是没有全国统一的农业保险制度和体系，政府一般不经营农业保险。农业保险主要由私营公司、部分相互保险社或保险合作社经营，但他们一般只经营雹灾、火灾和其他特定灾害保险。投保都是自愿的，农民自己支付保费，德国政府基本上不提供任何的保险补贴。

此外，与欧盟许多其他国家相比，德国狭义范畴农业保险的另一个显著特点，是迄今为止只发展单一风险责任的农作物保险，而不搞农作物一切险保险，其原因有历史的、自然条件方面的，也有理论方面的。从理论方面来看，这跟德国学术界的传统观点有很大的关系。在理论上，德国的农经学界从 19 世纪以来就认为农业保险（特别是农作物保险）是农村经济发展和繁荣必不可少的政策环节。但是，他们认为农作物一切险是不能成立的。其主要理由是：雹灾以外的各种灾害从数量上测定其发生概率是困难的，从而危险费用（保险费）无法科学合理地确定；即使保险费用可以测定，但由于水灾、旱灾等灾害受损范围广，危险难以在时间上和空间上进行分散；除雹灾以外的农作物灾害，可以通过农户的努力预防或消除，实行农作物一切险保险，就会影响农户防灾减灾的积极性，反而阻碍农业生产力的发展；在发生大规模灾害损失的情况下，如果不是农户的责任，则应由国家提供社会保障。在德国，这些理论见解至今没有改变[1]。

四、农业保险的利弊分析

从宏观上来看，德国广义范围内的农业保险种类多、品种全、服务周到，开展得十分成功。德国农民之所以能够得到许多专门针对农业风险的保险项目，是因为保险经营机构实现了保险业务的良性循环，从而具备了开展农业保险业务的利益驱动机制。这种良性循环的背景有两个前提：一是德国基本消除了城乡差别，农民有了缴纳各种保险费的能力；二是德国民众特有的生活观念，即人们愿意用现有的钱来购买保险，愿意为未来有保障的健康生活买单。这两个前提是德国农业保险业发达的根本保证。

德国农业保险的推行有三种精神值得提倡：一是保险公司工作的主动性，即主动接近客户或潜在的客户；二是工作的灵活性，即根据客户的需要及时调整农业保险的种类和内容；三是保险的广泛性，即农业保险品种繁多，农户总能找到适合自己的一款。正是这三种精神，使德国的农业保险业愈做愈大，愈做愈强，不断向前发展。

然而，以上仅仅是针对广义范畴上农业保险的评价，若仅仅考察狭义范围内的种植业与养殖业保险，德国的农业保险制度模式便有着难以克服的弊端。

---

① 庹国柱，王国军，2005. 农业保险［M］. 北京：中国人民大学出版社.

在私有化主导型农业保险体系中，私有保险公司是实行风险管理和规避风险的载体，同公有与私有合作型农业保险制度所不同的是，私有保险公司在整个保险体系中具有举足轻重的作用；而国家主要通过财政政策提供政策支持，包括公共灾害援助金、特别灾害援助金、减免税赋等。由于没有强制保险的规定，农民可以根据实际情况决定风险处理措施，选择保险品种，而保险金额、保险范围可以根据风险状况的变化而变化。虽然保险原则在这里得到体现，但是"风险对等原则"不能得到充分体现。这里的"风险对等原则"，是指对种植业与养殖业险种的定价没有考虑到农民的总收入，这样的后果是保费的支出占农民收入的比重比其他保险制度都大，甚至部分农民的保费负担可能超过其承受范围。一方面，尽管国家可以提供各种灾后损失补助，但是农民的损失需要达到一定的标准才可以享受相应的补助；另一方面，国家在发放补助的同时需要耗费大量的人力物力进行审核。因此，私有化主导型体系最大的缺点是不能十分有效地满足农户的农作物保险需要，而且国家尽管花费大量的费用，但仍然难以彻底解决问题。

目前，研究农业保险制度的许多欧洲专家和学者已开始注意到美国和加拿大等国的政府主导型的农业保险制度，并且包括德国在内的许多欧盟国家正在改变本国私有化主导型的保险制度模式，通过借鉴其他国家比较成功的农业保险经验来完善自己的农业保险体系。同时，随着欧洲经济一体化的发展，经过一定时期以后，在欧盟内部可能会形成各个国家统一的农业保险制度。无论怎样，这些经验无疑对建立我国的农业保险制度都具有很好的借鉴作用。

第八章 CHAPTER 8
德国农业劳动力就业与相关政策 ▶▶▶

农业劳动力是一国农业生产的重要生产要素之一，农业劳动力的配置直接关系到一国的农业生产，进而对整个国民经济产生重要影响。农业劳动力的流动和结构的变化与一国农业劳动力的就业与相关政策有着密切的关系。本章包括以下几个方面的内容：首先，介绍德国农业劳动力数量和结构；其次，分析德国农业劳动力流动的原因和特点；最后分析与德国农业劳动力相关的政策，包括针对农业季节性劳动力的法律规定、多层次的农业劳动力的教育与再教育政策、农民社会养老保险制度及政府对农业劳动力的财税支持政策等几个方面。

第一节　农业劳动力数量及结构

一、农业劳动力数量

德国位于欧洲中部地区，是欧盟成员国之一。用购买力平价水平计算，2018 年德国是世界上第四大经济体，德国在欧盟中国民生产总值最高，是欧盟中居民人口最多的国家，也是欧洲最重要的市场①。德国不仅有发达的工业，而且其农业由于高效率、高机械化率而闻名于世。第二次世界大战结束以后，德国从国外进口大量食物以满足本国需要，为了提高本国的食品产量，同时弥补自身农业劳动力相对短缺的不足，德国在农业生产中广泛使用机械作业。20 世纪中叶到末期这段时间，德国农业走出了一条农场数

---

① 数据来源：https：//www.cia.gov.

量逐年下降、农业劳动力不断减少、农业经营规模不断扩大的规模化经营道路。20世纪50年代，一个农业劳动力仅能养活6个人，到20世纪80年代可以养活40人，到1995年可以养活90人[①]，2017年可以养活124人。根据配第、费希尔、克拉克等人的分析，一个国家的经济在实现工业化的进程中，农业劳动力占总体劳动力的比重逐渐下降，制造业劳动力的比重先升后降，第三产业即服务业所雇用的劳动力所占的比重逐渐上升。德国农业劳动力占全部劳动力比重逐年下降的事实印证了上述第一个说法。

表8-1反映了1977—1990年东西德统一以前，联邦德国劳动力总量、农业劳动力的绝对数量及其占劳动力总量的比例。表8-2则反映了东西德统一以后，1991—2008年德国劳动力总量、农业劳动力的绝对数量及其占劳动力总量的比例。图8-1反映了2009—2018年德国总就业人数及第一产业就业人数占比情况。

表8-1　1977—1990年联邦德国农业劳动力总量及其占劳动力总量的比例

年份	劳动力总量（万人）	农业劳动力（万人）	农业劳动力占劳动力总量的比例（%）
1977	2 605.10	166.60	6.40
1978	2 620.20	162.00	6.18
1979	2 642.40	155.30	5.88
1980	2 668.40	152.80	5.73
1981	2 693.60	151.00	5.61
1982	2 748.70	140.50	5.11
1983	2 732.10	139.70	5.11
1984	2 750.60	140.20	5.10
1985	2 769.10	138.60	5.00
1986	2 784.00	136.80	4.91
1987	2 807.90	135.20	4.81
1989	2 979.90	102.50	3.44
1990	3 036.90	99.00	3.26

数据来源：国际劳工组织。

注：农业劳动力是指从事种植业、养殖业、林业、狩猎业、渔业的劳动力总量。

---

① 杜受祜，1998. 合作制与德国现代化农业［J］. 经济体制改革（1）：121-124.

表 8 - 2　1991—2008 年德国农业劳动力总量及其占劳动力总量的比例

年份	劳动力总量（万人）	农业劳动力（万人）	农业劳动力占劳动力总量的比例（%）
1991	4 008.80	157.50	3.92
1992	4 012.60	137.90	3.44
1993	4 017.90	125.50	3.12
1994	4 023.60	119.00	2.96
1995	3 939.40	129.40	3.28
1996	3 929.40	118.00	3.00
2000	3 973.10	98.20	2.47
2002	4 002.20	91.70	3.26
2004	4 004.70	82.70	2.07
2005	4 115.00	86.10	2.09
2006	4 160.10	98.60	2.37
2007	4 177.10	98.30	2.35
2008	4 187.50	86.60	2.07

数据来源：国际劳工组织。

注：农业劳动力是指从事种植业、养殖业、林业、狩猎业、渔业的劳动力总量。

虽然有部分年份的数据缺失，但这并不影响对关键问题的分析。从表 8 - 1 和表 8 - 2 可以看出，联邦德国时期及两德统一以后，从时间序列的角度来看，农业劳动力不论是绝对数量还是相对数量都呈现出递减的趋势。例如，1980 年，联邦德国的农业劳动力的绝对数为 152.80 万人，占劳动力总数的比例为 5.73%，到 1990 年，农业劳动力的绝对数为 99.00 万人，占劳动力总数的比例为 3.26%。1990 年两德统一，从时间序列的角度来看，农业劳动力的绝对数和其占劳动力总数的比例均呈现出逐渐下降的趋势。2000 年，德国农业劳动力的绝对数为 98.20 万人，占劳动力总数的 2.47%；2008 年，农业劳动力的绝对数为 86.60 万人，只占劳动力总数的 2.07%。

由于国际劳工组织网站统计数据的季节性调整更新，有些数据的统计口径、公布数据发生变化，根据数据的可获得性和对关键问题趋势的客观反映，采用《中国劳动统计年鉴》中德国的相关就业数据进行分析，也能从一定程度上反映德国农业劳动力的相关变化情况。从图 8 - 1 可以看出，2009—2018 年，德国就业总人数呈递增趋势，但农业就业人数占比呈震荡下降趋势，且 2014—2018 年这 5 年的农业就业人数占比持平。2009 年德国的农业就业人数为 64.72 万人，2018 年下降至 54.50 万人，降幅为 15.79%；而农业就业人数占总人数的比重也由 2009

年的 1.7% 下降至 2018 年的 1.3%，下降了 0.4 个百分点。这说明德国农业就业人数延续了 2009 年前的变化趋势，不论是绝对数量还是相对数量都呈现出递减的趋势。

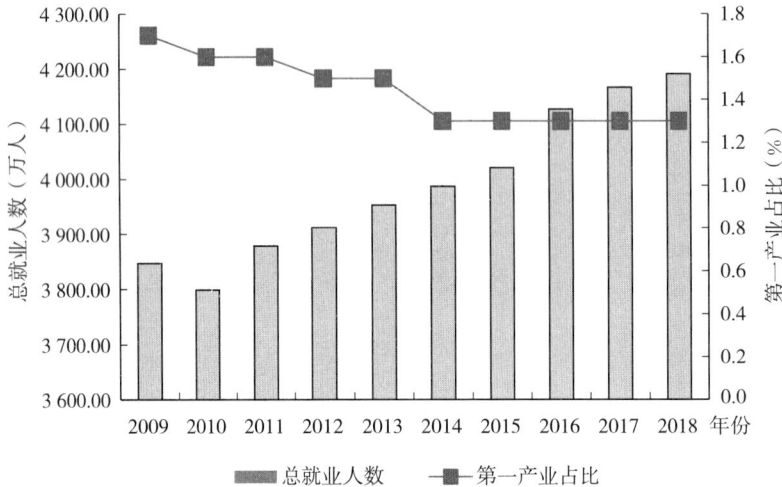

图 8-1　2009—2018 年德国总就业人数及第一产业占比

数据来源：《中国劳动统计年鉴》[2010—2018 年德国总就业人数来自《中国劳动统计年鉴》（2019 年），均为 2019 年调整后的数据，2009 年数据来自《中国劳动统计年鉴》（2016 年）]。

二、农业劳动力结构

根据数据的可获得性，本部分主要从不同区域、兼职或全职、不同年龄、不同职业培训程度等方面分析德国农业劳动力结构状况。

（一）不同区域农业劳动力结构情况

第二次世界大战以后，德国分裂为民主德国和联邦德国两部分，这两个地区在农场经营模式上有很大的区别。在民主德国，农场在社会主义制度下采用集体经营的模式，农场规模较大。两德统一以后，民主德国 3/4 的农场由合作社、合伙企业、股份公司等经营，农场仍然保持着较大的规模。两德统一前后，联邦德国大部分农场都属于家庭经营模式，农场规模较小[①]。图 8-2 和

----

① 资料来源：http：//countrystudies. us.

图 8-3 反映了 2016 年德国东部和西部地区的农场规模情况。从图 8-2 和图 8-3 可以看出，2016 年德国东部地区 100 公顷以上的大型农场的占比为 45.41%，而德国西部地区 100 公顷以上的大型农场的占比仅为 19.64%。

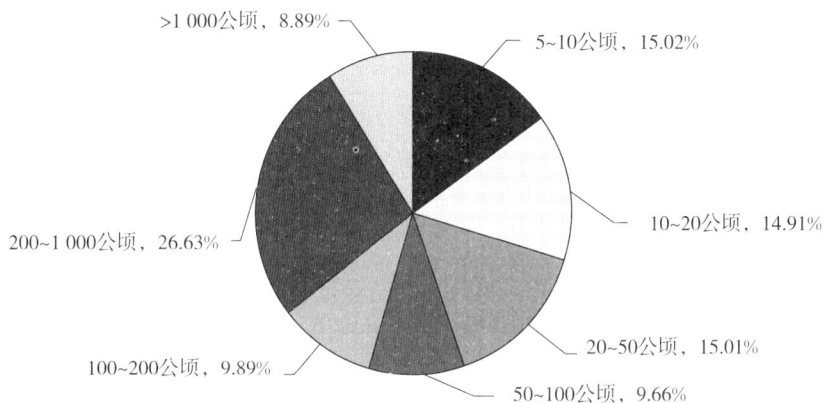

图 8-2 2016 年德国东部地区不同规模农场面积占农场总面积的比例

数据来源：德国农业部网站 http://www.bmelv.de/。

注：德国东部地区是指原民主德国各州，包括勃兰登堡、梅克伦堡-前波莫瑞、萨克森、萨克森-安哈特、图林根，未包括城市州。

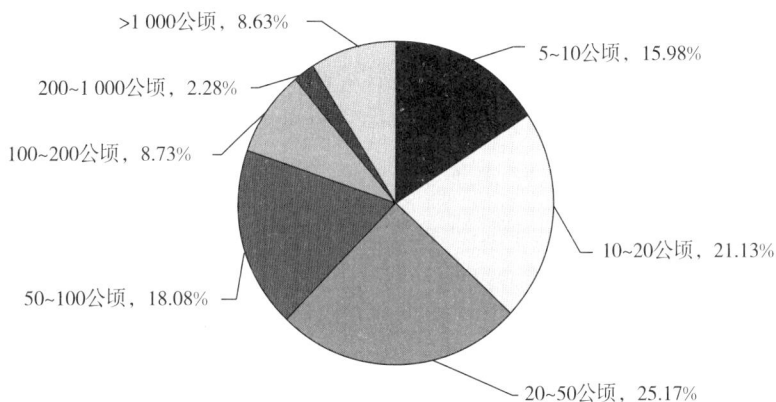

图 8-3 2016 年德国西部地区不同规模农场面积占农场总面积的比例

数据来源：德国农业部。

注：德国西部地区是指原联邦德国各州，包括巴登-符腾堡、巴伐利亚、黑森、下萨克森、北莱茵-威斯特法伦、莱茵兰-普法尔茨、萨尔、石勒苏益格-荷尔斯泰因，未包括城市州。

由于德国东部和德国西部地区农场经营模式的差异，其农业劳动力结构也有很大的差别。德国东部地区的农场采用合作社、合伙制或者股份制的经营模式，因此农场的劳动力结构一般由农场主（雇主）、农业工人（雇员）、实习生①组成。而在德国西部的大部分地区，农场是以家庭为基本经营单位的，因此一般由家庭成员为农业劳动力的主要构成部分，当然也包括实习生。

（二）兼职或全职农业劳动力情况

在德国，一个农场主的主要职业可能并非农业，而只是将农业作为第二职业。同时，德国大部分农作物可以使用机械进行播种、收割，这样在很大程度上节约了劳动力的需求量和支出。然而，一些经济价值较高的作物，如水果、蔬菜和园艺作物等，并不适合使用大型的机械收割，它们属于劳动密集和资本密集的作物，因此，在这些作物收获期间，需要大量的农业劳动力，而德国本土劳动力很难满足这种季节性需求，故这些劳动力通常并不是来自德国本土，而是来自如波兰等处于欧洲中东部地区的国家。这些劳动力并不是永久地移民到德国，只是作为季节劳动力季节性地到德国赚取收入。德国官方允许特定国家的劳动力在德国从事季节性劳动，且规定了在德国逗留的时间长度。综上所述，德国的农业劳动力有很大一部分是兼职劳动力。表8-3从家庭成员和非家庭成员以及是否全职从事农业劳动的角度分析了德国的农业劳动力结构。

从表8-3可以看出，在德国西部，农业劳动主要由家庭成员完成，在两德统一前后，相对于非家庭成员劳动力数量而言，家庭成员劳动力都占据着绝对的优势。如1980年，家庭成员劳动力占农业劳动力总量的91.1%，1990年该比例为89.9%，2001年为70.8%，2007年为63.1%，2016年为53.2%。在德国东部，可以看到完全相反的事实，即家庭成员劳动力所占的比例较低。1993年，家庭成员劳动力占劳动力总量的23.4%，2001年该比例为23.5%，2007年为24.6%，2016年为18.1%。而不论是德国西部还是东部地区，家庭成员劳动力中将农业作为兼职活动的人数比例都超过了50%，也就是说，家庭成员劳动力全职从事农业劳动的人数要远远少于兼职劳动力的人数。非家庭成员劳动力中的长期工，相对于家庭成员劳动力而言，全职从事农业劳动的人相对较多。尤其在德国东部地区，由于是公司化经营，这些较大的农场大部分时间雇用长期工作为农业劳动力，相对于德国西部而言，非家庭成员劳动力的

---

① 因为在德国想成为农民需要经过一定时间的职业培训，包括理论学习和农场实习，农场向有关部门申请得到允许以后即可接受实习生。

长期工当中全职从事农业劳动的人口数量更多。

表 8-3　1970—2016 年德国家庭成员劳动力和非家庭成员劳动力从事农业劳动情况

单位：千人

年份	家庭成员劳动力（包括农场主）			非家庭成员劳动力			
		是否全职从事农业		长期劳动力			非长期劳动力
	总计			总计	是否全职从事农业		
		是	否		是	否	
德国西部							
1970	2 475.8	877.9	1 597.9	130.6	83.1	47.5	101.4
1980	1 827.9	497.4	1 330.5	92.9	71.0	21.9	85.3
1990	1 411.8	373.4	1 038.4	84.6	55.5	29.1	73.3
1993	1 227.7	312.2	915.5	80.5	56.9	23.6	89.1
1995	1 099.2	277.6	821.6	72.0	50.7	21.3	77.2
1997*	999.8	246.7	753.1	92.8	61.1	31.7	73.2
1999	901.7	222.4	679.3	99.1	65.3	33.8	267.4
2001	822.1	198.5	623.6	99.0	64.4	34.6	240.0
2003	782.6	198.6	584.0	103.0	57.9	45.1	251.0
2005	743.8	193.0	550.8	103.4	57.0	46.4	264.1
2007	689.3	176.9	512.4	106.4	55.5	50.9	296.3
2010	526.0	183.8	342.0	112.3	54.7	57.7	290.2
2013	477.0	169.9	307.1	121.2	59.9	61.1	273.2
2016	421.8	151.6	270.0	126.6	63.7	63.1	244.6
德国东部							
1993	42.0	10.2	31.8	128.1	117.2	10.9	9.0
1995	47.8	11.6	36.2	106.2	96.1	10.1	7.4
1997*	42.2	9.1	33.1	100.3	90.2	10.1	7.4
1999	39.1	9.1	30.0	96.9	85.7	11.2	32.9
2001	38.0	8.7	29.3	89.6	78.2	11.4	34.1
2003	40.1	10.6	29.5	88.4	72.8	15.7	38.2
2005	38.9	10.2	28.7	84.0	68.1	15.9	42.2
2007	39.3	10.0	29.3	80.2	63.0	17.2	40.0
2010	28.7	10.3	18.5	79.9	64.1	15.8	39.0
2013	27.0	9.7	17.2	78.7	62.9	15.7	40.0
2016	25.9	9.4	16.3	76.9	60.8	16.3	40.5

数据来源：德国农业部。

　*1997 年以前的统计数据通过计算 4 月 4 周的劳动力数量得出，1997 年以后的统计数据通过计算全年 12 个月的劳动力数量得出。

不同的农业活动需要的非长期农业劳动力的数量也不尽相同。作物种植由于具有非常强的季节性，在播种或者收获季节会需要数量远远大于平时的农业劳动力。因此，在作物种植中，需要大量的非长期劳动力。由于数据的可获得性，以 2007 年的德国从事不同农业活动家庭和非家庭成员劳动力为例进行分析。在德国西部，园艺、混作植物和多年生植物种植所使用的非长期农业劳动力占从事该项种植活动的总农业劳动力的比例分别为 53.7％、53.2％和 56.0％。在德国东部，使用非长期农业劳动力较多的农业活动为多年生植物种植、常规作物种植和园艺，占从事该项种植活动的总农业劳动力的比例分别为 83.7％、36.8％和 35.7％。在德国西部从事饲料生产、常规作物种植和多年生植物种植的劳动力人数最多，分别占农业劳动力总人口的 32.76％、22.92％和 14.68％。在德国东部，从事常规作物种植、饲料生产和种植畜牧混作的农业劳动力人数最多，分别占农业劳动力总人口的 31.16％、21.57％和 20.88％。从全国的平均水平来看，从事饲料生产、常规作物种植和多年生植物种植的劳动力人数最多，分别占农业劳动力总人口的 31.33％、23.97％和 13.84％。

（三）不同年龄不同类型农业劳动力情况

在德国，家庭成员劳动力是农业劳动力的主要构成者，另外由于农业种植和收获的季节性，大量的兼职农民存在，全职农民的数量要少于兼职农民。从表 8－4 可以看出，2016 年德国家庭成员劳动力为 44.9 万人，兼职农民为 13.0 万人，全职农民为 11.4 万人。而就 1999—2016 年不同类型的农业劳动力的变化情况而言，家庭成员劳动力、兼职农民和全职农民人数均呈现下降态势，降幅分别为 52.28％、50.76％和 35.23％。

就不同年龄段而言，德国不同类型农业劳动力都呈现老龄化趋势，即家庭成员劳动力、兼职农民、全职农民的各年龄段占比均呈现由 35～44 岁占比最大变化为 45～54 岁占比最大。具体而言，1999 年家庭成员劳动力中占比最大的为 35～44 岁（23.3％），而 2016 年变化为 45～54 岁占比最大（30.8％），35～44 岁的占比则下降为 15.0％，下降了 8.3 个百分点。兼职农民、全职农民的变化趋势也和家庭成员劳动力一致，其不同年龄段的最大占比分别由 1999 年 35～44 岁的 29.3％、29.2％变化为 2016 年 45～54 岁的 35.9％、37.8％。而 65 岁及以上农业劳动力的占比也均呈现上升趋势，2016 年家庭成员劳动力、兼职农民、全职农民 65 岁及以上的占比分别为 14.8%、9.0%、7.2%，均高于上一年度。

表 8-4　1999—2016 年德国不同年龄不同类型农业劳动力情况

单位：%

年份	总人数（万人）	15～24 岁	25～34 岁	35～44 岁	45～54 岁	55～64 岁	65 岁及以上
全职农民							
1999	17.6	0.6	13.7	29.2	28.2	25.5	2.8
2007	14.4	0.3	6.0	28.0	35.8	25.4	4.4
2013	12.4	0.2	4.7	18.4	38.9	32.6	5.2
2016	11.4	0.3	4.7	15.6	37.8	34.4	7.2
兼职农民							
1999	26.4	1.4	16.4	29.3	24.3	20.6	7.9
2007	20.2	0.6	8.1	28.8	32.8	20.0	4.0
2013	13.3	0.8	7.0	21.1	37.0	26.6	7.5
2016	13.0	0.7	7.3	18.3	35.9	28.7	9.0
家庭成员劳动力							
1999	94.1	3.7	15.4	23.3	19.9	20.9	13.7
2007	72.9	3.4	8.9	23.3	26.8	17.7	16.8
2013	50.6	5.0	8.6	17.0	31.0	23.7	14.7
2016	44.9	4.4	9.0	15.0	30.8	26.0	14.8

数据来源：德国联邦统计局。

（四）农业劳动力不同职业培训情况

在德国，农业领域也有严格的职业教育与培训，也就是说，在德国即便是当农民，从事农业方面的职业也必须具有国家颁发的从业资格证书。表 8-5 选取了典型的农业领域的职业，从不同性别、通过测试获得资格证书方面说明农业劳动力的结构情况。从表中可以看出，农林渔业学徒、农民、园丁是参与培训人数、通过测试获得从业资格证书比较多的农业职业，而马业工人、林业工人、植物技术员是参与培训人数、通过测试获得从业资格证书比较少的农业职业。具体而言，农林渔业学徒通过测试获得从业资格证书的人数是各项农业职业中最多的，2009—2018 年均超过 1 万人，但具体到每年度，呈震荡下降趋势，由 2009 年的 12 111 人下降至 2018 年的

10 500 人，降幅为 13.30%；园丁通过测试获得从业资格证书的人数由 2009
年的 4 406 人下降至 3 390 人，降幅为 23.06%；农民的人数由 2009 年的
3 384 人上升至 2018 年的 3 690 人，增幅为 9.04%。而 2018 年林业工人、
马业工人、植物技术员通过测试获得从业资格证书的人数分别仅为 6 人、12
人、30 人。另外，从各项职业的通过率来看，通过率较低，均值在 30% 左
右，通过率较高的也只有个别年份的个别职业，如 2018 年的林业工人，一
共只有 6 人，通过率为 100%，2013 年和 2016 年的管家通过率超过 50%。
由此可见德国职业教育培训的严格程度，而严格的职业教育也是其农业不断
发展的利器。

表 8-5　2009—2018 年德国农业劳动力不同职业培训情况

单位：人

年份	职业名称	性别		合计	通过测试	通过率（%）
		男	女			
2009	农民	8 156	1 061	9 217	3 384	36.71
2013		7 704	1 026	8 730	3 060	35.05
2016		8 190	1 299	9 489	3 333	35.12
2018		7 646	1 470	8 937	3 690	41.29
2009	农业服务专员	513	10	523	81	15.49
2013		594	12	603	195	32.34
2016		681	18	699	210	30.04
2018		648	24	672	219	32.59
2009	动物饲养员	777	745	1 522	389	25.56
2013		495	435	930	285	30.65
2016		390	447	837	234	27.96
2018		420	396	819	237	28.94
2009	马夫	369	736	2 104	584	27.76
2013		249	1 425	1 674	507	30.29
2016		207	1 392	1 599	510	31.89
2018		213	1 377	1 587	498	31.38
2009	渔夫	238	7	245	35	14.29
2013		225	6	228	54	23.68
2016		198	6	207	51	24.64
2018		171	15	189	63	33.33

（续）

年份	职业名称	性别		合计	通过测试	通过率（％）
		男	女			
2009	管家	3	256	259	36	13.90
2013			159	159	84	52.83
2016		6	123	132	69	52.27
2018		3	117	120	51	42.50
2009	酿酒师	749	150	899	190	21.13
2013		657	201	858	309	36.01
2016		711	192	906	246	27.15
2018		627	189	816	315	38.60
2009	园丁	13 622	3 579	17 201	4 406	25.61
2013		10 518	2 631	13 149	4 002	30.44
2016		9 816	2 439	12 264	3 537	28.84
2018		10 545	2 430	12 975	3 390	26.13
2009	护林员	1 818	93	1 911	381	19.94
2013		1 635	96	1 731	576	33.28
2016		1 536	120	1 656	567	34.24
2018		1 575	135	1 710	552	32.28
2009	乳制品技师	672	154	826	193	23.37
2013		516	165	681	213	31.28
2016		612	177	789	231	29.28
2018		573	180	753	261	34.66
2009	实验室工作人员	112	442	554	65	11.73
2013		117	393	510	171	33.53
2016		111	372	483	168	34.78
2018		132	354	486	153	31.48
2009	植物技术员					
2013		5	10	15		0.00
2016		42	51	93	21	22.58
2018		51	57	108	30	27.78
2009	农业专家	394	47	441	98	22.22
2013		390	33	423	111	26.24
2016		402	63	462	114	24.68
2018		375	57	432	135	31.25

（续）

年份	职业名称	性别		合计	通过测试	通过率（%）
		男	女			
2009	园艺工匠	4 103	1 095	5 198	1 343	25.84
2013		3 108	729	3 753	1 158	30.86
2016		2 556	621	3 180	966	30.38
2018		2 253	561	2 817	861	30.56
2009	林业工人	31	1	32		0.00
2013		18		18	6	33.33
2016		15		15		0.00
2018		6		6	6	100.00
2009	马业工人	12	38	50		0.00
2013		15	36	54	12	22.22
2016		9	27	33	15	45.45
2018		6	21	30	12	40.00
2009	农林渔业学徒	31 614	9 415	41 029	12 111	29.52
2013		26 220	7 365	33 585	12 684	37.77
2016		25 557	7 347	32 904	10 296	31.29
2018		25 107	7 389	32 493	10 500	32.31

数据来源：德国联邦统计局。

第二节　农业劳动力流动状况

俗话说，"人往高处走，水往低处流"，从最初的为寻找食物和水源而进行的迁徙，到后来为了更好的经济或生活条件进行的人口流动，人口及劳动力的流动伴随着人类社会发展的整个历史。根据现代劳动关系辞典的定义，劳动力流动（labor movement）指劳动者工作岗位和工作地点的更换和转换，也包括正在求职的失业者的移动。在许多情况下，劳动力流动的主要原因是社会经济发展变化的结果，社会经济发展引起人们物质利益的变化是劳动力流动的基本动力，劳动力会从经济落后或停滞的地方向经济发达的地方流动。德国在工业化的进程中，大批的劳动力流向城市第二和第三产业；工业革命结束以后，农业劳动力的流动仍然存在，而且呈现出一些新特点。

一、农业劳动力流动的原因

（一）产业结构的变化

德国的工业革命及其引发的国民经济结构的变化是德国整个近现代史中最令人惊异的篇章之一。在德国工业化进程中，德国不断吸收其他国家的先进科学技术，引进先进的机器和设备，不断改造传统工业。在此期间，德国的重工业和钢铁工业发展异常迅猛，20世纪初钢铁产量超过英国，仅次于美国。在工业革命的影响下，德国的产业结构发生明显的变化，以制造业和矿业为主的第二产业比重不断上升，农业在国民经济中的主导地位不断下降，它标志着德国由以农业为主的国家变成以工业为主的国家，由此伴随的是农业劳动力向工业流动。

（二）劳动生产率的提高

农业劳动生产率与农业劳动力的转移之间是相互影响和相互促进的关系。农业劳动生产率的提高是农业人口转移的首要条件，反过来农业人口的转移和流动又会提高农业劳动生产率和农业产品的质量。农业机械化程度的提高，改变了过去传统的农业耕作方式，是提高农业劳动生产率的重要因素，也使得德国农村中农业生产方式发生了巨大变化。由于劳动生产率的提高而产生的农业剩余劳动力成为工业劳动力的后备军和城市人口的源泉。

（三）产业间的收入差异

农业属于传统产业，要经受自然风险和市场风险的双重考验。虽然德国的农业实现了机械化、规模化生产，并且为了保证农民的收入，德国对部分农产品实行最低收购价政策，但与其他的产业相比，农民收入仍然偏低。这种收入上的差异，是德国农业劳动力流动的直接原因。德国农业部的数据显示，德国西部地区和东部地区的工资水平存在一定的差异，德国西部地区的工资水平较东部地区而言整体更高。2007年[①]德国西部地区农业部门工资为9.37欧元/小

---

① 由于2008年德国农业部门工资缺失，本书中以2007年为例进行农业和工业、德国东西部地区工资比较。

时，比东部地区高出 0.66 欧元/小时；工业部门工资为 21.79 欧元/小时，比东部地区高出 7.93 欧元/小时。与此同时，不论是德国东部地区还是西部地区，农业部门和非农业部门之间的工资水平存在较大差距。2007 年，德国西部地区工业工资是农业工资的 1.33 倍，东部地区工业工资比农业工资高出 59.12%。而且随着时间的推移，这种工资水平差距有逐渐扩大的趋势。相对于工业部门的工作，农业部门的工作时间较长而且不固定，使得人们从事农业工作的积极性进一步下降。

（四）更广阔的择业空间和思想观念的改变

由于农业的收入水平较低，对于就业者而言，农业的吸引力较小。同时，德国有非常发达和完善的教育培训体系，这就使得农民从农业部门转换到其他行业成为可能。值得一提的是，相对于父辈而言，年轻一代的农民往往接受了更多的教育，掌握了除农业知识以外更多的知识，因此，他们在选择职业的时候有更大的空间，可以根据自己的意愿选择是否从事农业活动，如是否选择继承父辈的农场成为一个农民，或者完全进入其他行业工作，也可以在从事其他产业活动的同时，将农业作为第二职业。事实上，目前德国很多农场尤其是家庭农场，面临着老人退休而无人继承的问题。农业劳动力中的相当一部分人只把农业当作一种兼职工作甚至是休闲活动，这说明人们有更广阔的择业空间。这种选择上的灵活性，增加了农业劳动力的流动性；铁路等交通工具的高度发达，也在客观上为农业劳动力的流动提供了便利。此外，德国人的思想观念比以前更加开放和自由，更容易接受职业的转变和工作地点的转换。

（五）农业劳动力需求的季节性

作物种植活动需要大量的非长期劳动力，特别是常规作物生产、多年生植物的生产以及饲料生产等农业活动，这是因为农业作物种植活动对播种和收获的时间性要求较高，需要在特定的时间段完成播种或者收获，所以在该时间段内对农业劳动力需求急剧增加，完成播种或者收获后，又要从事其他工作和活动。同时，兼职从事农业的劳动力在农忙时节也会返回到农业领域，之后又返回到原来的工作岗位。总之，农业劳动力需求的季节性，增加了农业劳动力的流动性。

二、农业劳动力流动的特点

德国人口流动的特点和德国原有的历史和国情有着很大的关系。在德国走上工业强国的道路以前，德国是一个工场手工业为主的农业大国。在德国工业化期间，德国充分吸收了英国的先进科学技术，思想受到了法国大革命资产阶级革命的触动，关税同盟的建立及德国政治统一，德国制定了一系列的经济法规和制度，实行自由贸易，在这样有利的宏观环境和制度保护下，德国工业革命得以顺利展开。再加上德意志民族本身勤奋努力，办事严谨认真，近代工业迅速发展。工业化发展到一定程度后，工业化反过来推动农业的现代化发展，伴随而来的是大批农业剩余劳动力向附近的城镇转移，全国各地中小城镇的数量不断增加，农业劳动力转移的规模不断扩大，城市化进程进一步加快。总体而言，德国农业劳动力流动呈现以下特点。

第一，农业人口流动呈分散型。德国在工业化和城镇化的进程中，以全国近距离人口流动占主导地位。大多数农业劳动力首先是向农村附近的小城镇流动，而由于德国的小城镇遍布全国各地，德国农村人口流动呈分散型。另外，德国人有着较强烈的传统文化和家庭观念，村里的人都相互了解又很熟悉，为了寻求新的工作岗位也不会轻易远离家乡和熟悉的地方。工业革命时期，农村剩余劳动力除转移到鲁尔区之外，绝大多数是在家乡或者在省内附近城镇就业，有的仍然住在农村。城市人口的增加主要依靠农业剩余劳动力转移到城市。对比欧洲老资本主义大国英国和法国，德国的工业化过程主要以小城市为主，没有像英国伦敦和法国巴黎那样人口过度密集的大城市。

第二，农业劳动力流动的循环性。德国本土农业劳动力的循环性更多地表现为劳动力在农业产业和本国其他产业之间的循环流动，这主要表现为兼职农业劳动力在农业和非农行业之间的循环。事实上，德国本国的劳动力无法满足农忙季节农场对农业劳动力大批量的需求，需要大量来自其他国家（主要是欧洲中部和东部）的农业劳动力输入，这些劳动力的循环性则表现为农业劳动力在德国和劳动力输入国之间的流动。

第三，时间上有较明显的季节性。这表现在作物收获季节大批的劳动力流向农业领域，收获完成后劳动力又相继离开农业领域。相对于其他时间而言，德国农业劳动力的流动性在收获季节即将到来和刚刚结束时表现得更为明显。

第三节　农业劳动力就业相关政策及演变

　　由于德国特殊的历史条件，德国劳动力市场政策是在国家积极干预下形成的，此后为了应对各种挑战，解决各种矛盾和问题，国家也一直积极干预劳动力市场。为了促进德国劳动年龄人口在农业领域就业，德国政府出台了一系列优惠政策，如针对农业季节性劳动力的法律规定、多层次的农业职业教育与培训政策、农民社会养老保险制度、对农业劳动力的财税支持政策等。在这些政策的综合作用下，德国的劳动年龄人口从事农业的积极性有所提高，农业生产经营理论与技术大大提升，农业产业链不断完善与升级，农业人口外流的现象有所缓解，促进了城乡一体化发展。

一、针对农业季节性劳动力的法律规定

　　一般来讲，季节性劳动力的法律不是针对德国本土居民，而是主要针对来自波兰、捷克、罗马尼亚等东欧国家的劳动力。

　　季节性劳动力立法的目标有两个：一是使农业劳动力的季节性高峰需求得到保障，二是使季节性的劳动力需求能够保证部分德国本土的失业人口就业。因为德国近几年的失业率高居不下，而劳动力的输入必然会增加本国的失业率，因此，这个政策强调雇用外来劳动力的前提是某些工作无法雇用德国人而不得不雇用外国劳动力。

　　在 2005 年之前，对于外国劳动力而言，雇用合同最长的雇用期限是 3 个月，2005 年延长到 4 个月，2009 年该期限为 6 个月。对于农场而言，雇用季节性劳动力的时间长度总共不能超过 8 个月，如果雇用季节性农业劳动力的期限超过了 8 个月，这说明该农场需要的是一个订立长期合同的长期工，而非季节性的劳动力，对季节工雇用时间长度的规定可以避免农场通过长期使用季节性劳动力而节省缴纳社会保障保险等费用的行为。同时，季节性劳动力的工资待遇、工作条件不得低于本国劳动力的工资待遇和工作条件。由于政府的目标是要提高本国的就业率而避免由于外来劳动力的输入导致本国失业率的提高，所以农场在申请季节性劳动力的时候，必须证明德国劳动力不能够满足其需求。一般的情况是，农场主可以轻松得到 80% 的季节性劳动力，而另外的

20%必须要证明这部分工作不能够由德国劳动力来完成。

季节性劳动力主要来自欧盟的斯洛文尼亚、匈牙利、斯洛伐克、捷克、罗马尼亚、保加利亚等国家。非欧盟的国家主要是克罗地亚。

二、多层次的农业职业教育与培训政策

职业技能培训是就业工作的一项重要内容，德国十分重视职业教育的立法工作。对于农业职业教育，1969年颁布的《劳动促进法》涉及就业培训政策。农业培训教育在《职业教育法》《职业促进法》《实践训练师资条例》等法律中均有涉及。以1969年8月颁布的《职业教育法》为例，它对工业、农业、商业等多个领域开展职业训练做出了十分明确的规定，其主要目的是使劳动者通过培训获得基本的劳动知识和劳动能力。

德国职业教育有三个方面的内容，即职业培训、职业进修和转业培训[①]。具体到农业领域，德国农业职业教育坚持循序渐进原则，建立了农业初级培训、农业职业继续教育以及农业在职教育的培养层次，以提高农业从业者从事农业生产的能力与水平。德国高中毕业生都可以直接参加农业初级培训，实行学校培训与企业实践的双元制教学，获取合格的农业职业资格证书之后才能成为农业工人，取得相应的证书有两种教育途径。一般来讲，德国居民到16岁就要选择是到职业学校还是到大学进行学习。进入职业学校的学生，需要学习3年，一般用1/3的时间学习理论知识，2/3的时间进行实践操作。毕业之后便可升级为农业工人。如果他们想继续参加农业教育，必须经过一两年的农业实践，才可以分别进入一年制或两年制职业专科学校学习，以提高他们的综合素质，尤其是管理能力，成为国家认证的初级管理师、农业企业管理师等，才有资质管理或者自己开办农业企业，这些人被称为"农业师傅"。"农业师傅"被全社会所认可，可以带徒弟、有领导企业的资格、可以开展农业相关的咨询等。除了走职业教育的道路，另外一种模式就是大学模式。其中，职业学校毕业的"农业工人"可以报考大学，毕业后成为农业工程师。选择大学教育的学生一般在大学学习4年，毕业后得到相应的文凭，同时成为农业工程师。除了

---

① 刘风彪，2004. 借鉴德国"双元制"职业教育模式加速我国职业教育的改革与发展［D］. 保定：河北大学．

正规的全职教育，德国农民还可以利用各种业余大学教学资源学习农业知识，同时，有各种各样的农业培训班、专题讲座、短期进修等培训方式。在德国，不论从事什么行业，接受培训和教育已经是必不可少的一个环节了。

近几年来，为了适应国际和国内的新形势，德国政府加强了更新农民的专业知识和生产技能的培训力度，以适应生态农业、有机农业和正在兴起的基因农业的需要。

总之，德国对农民的职业培训是一种长期与短期相结合、理论和实践相结合的"双元制"模式。农民在这种教育和培训体系下，不仅能够学到从事农业所必要的知识和技能，也能够通过各种培训及时更新自己的知识体系[①]。

三、农民社会养老保险制度

在德国，一般的社会保障系统关注的是受雇于一定机构或者组织的雇员的利益。农民作为独立经营的个体，在最初的时候，并没有被包含在整个社会保障体系当中，农民及其家庭成员必须独自应对年老、疾病、突发事件等带来的生活风险和变故。为了增强农民的竞争力和改善其生活状况，联邦德国在1957年颁布了针对农民的《农民老年援助法》。这部法律的初衷是保证农民在交出自己经营的农场后，能够得到一部分经济上的支持和补助。领取养老年金的条件是必须缴纳够15年的社会养老保险，而丧失劳动力的农业劳动力和农民遗属必须缴纳够5年的社会养老保险，才具有领取救济金的资格。该法律对于解决老年农民的生活困难具有一定的作用，但其具有很强的救济性质，不能从根本上解决农民的养老问题。

在德国，除了政府补贴之外，农业社会保险资金管理属于现收现付制，每年支付养老保险的农民越来越少而符合领取养老保险条件的人数越来越多，于是在资金筹措方面出现了问题。同时，因为农业兼职比较普遍，农场主的配偶承担了大量的农业劳动而并没有资格享受养老保障政策。为了应对新形势，德国在1995年1月1日实施了《农民老年保障法》。这部法律是对1957年《农民老年援助法》的延续和改革。此外，政府还为在收入不景气的企业中的农民提供保险费津贴。由于领取养老保险的前提条件之一是农民必须把自己的农场

---

① 详见第九章《德国农业科研、推广及教育》。

出卖、出租或者传给继承人，因此，德国的养老保险制度对于调整农业结构、提高农业生产的效率和促进农业生产规模化起到了积极的作用。1988 年，欧盟为了促进农业结构调整，制定了农民提前退休计划。直到 1992 年，只有德国根据欧盟的规定实施了农民提前退休计划。该计划规定，年龄在58～64 岁的农民，如果放弃农业活动，从事农业的中老年人及其在农场劳动的家庭成员，因放弃农场等失业的，可以得到赔偿金。1992 年，欧盟把农民提前退休的年龄降低到了 55 岁。该计划的主要目的是鼓励中老年农民提前放弃农业，把农田交给年轻的农民，使农业生产更具有效率。这在客观上对调整农民年龄结构、增强农业竞争力起到了积极的作用。

农民除了享受养老保险，还有疾病保险、农业事故保险、农业企业结构发生变化进行调整时的援助、社会护理保险、养育子女补贴等福利待遇[①]。由于德国的农民能够享受较为完善的社会保险和保障，保护了农民的利益，可以在一定程度上避免由于从事农业职业收入低、不确定性强等缺点而导致的无人务农的局面；而鼓励农民提前退休的计划提高了农业的经营效率，增强了农业的竞争力，可以使农业结构转变以一种平稳和缓慢的方式推进。

四、政府对农业劳动力的财税支持政策

为了提高劳动年龄人口从事农业的积极性，德国政府在农业财政补贴和农业税收政策上给予了大力支持。

财政补贴方面，制定了一系列以农业补贴为核心内容的农业政策。据统计，2003 年，德国各级政府提供了 77 亿欧元补贴，加上欧盟给予的 67 亿欧元补贴，德国农民当年人均可拿到 2.4 万欧元的补贴。德国农业部数据显示，2007—2013 年来自欧盟、德国联邦政府、州政府三级的农业财政补贴总计为180 亿欧元，另外还可以申请到欧盟农业基金、德国联邦政府、州政府的项目经费。农民人均年收入的 80％以上来自这些财政补贴和奖励。

在税收方面，德国政府对农产品征收 7％的增值税，但在实际征税过程中，有多项优惠政策以减轻农民的税负。如允许农民收到农产品销售款后才向税务部门报告，并可以在当年收入中扣除各项购买种子、农药、化肥等农业生

---

① 详见第十一章《德国农村社会保障政策》。

产所需的开支；对农场主实行税收减免和延期纳税等不同程度的优惠；允许农民将出售土地等固定资产的所得作为长期资本收益，享受高额税费减免[①]。此外，德国的农业企业自成立之日起 10 年内，每年可享受 15 339 欧元的法人税免税额度。

---

① 姜中友，2005. 德国一个农民养活 130 人 [J]. 农村工作通讯（4）：63.

第九章 CHAPTER 9
德国农业科研、推广及教育 ▶▶▶

农业科研是支撑农业可持续发展的重要因素，农业技术推广是将农业科研成果转化为现实生产力的重要环节，而农业科研和农业技术推广又离不开受过良好教育的高素质人才。本章首先介绍德国的农业科研，包括农业科研的主体、农业科研的主要领域、农业科研的经费来源和农业科研的特点；然后介绍德国的农业推广，包括农业推广的主体、农业推广的对象、农业推广的内容和农业推广的特点；最后介绍德国的农业教育，包括农业教育的种类、农业教育的经费来源、农业教育的特色。

第一节　农业科研

德国的农业科研在许多领域处于世界上较为领先的地位，这和德国农业科研的研究主体、研究领域、经费来源和研究特点是密切相关的。本节分别从这几个方面对德国农业科研进行介绍。

一、德国农业科研与开发的主体

德国有众多的科研机构，与农业有关的主要科研机构一般有以下几种。

（一）联邦政府的研究机构

1. 马克斯·普朗克学会（Max Planck institute，MPG）

马克斯·普朗克学会，简称马普学会，成立于 1948 年，其前身是威廉皇家学会（成立于 1911 年），先后出现过 18 位诺贝尔奖得主。根据马普学会英文网站 2020 年的数据①，马普学会有 86 个研究所及研究机构，截至 2018 年 12 月 31 日，拥有 23 767 名员工，其中科研人员超过 1 万人，他们致力于马普学会各科研领域中的科研工作。每年有大量的博士研究生、博士后、访问学者和科研助理在马普学会各研究所从事科研工作。马普学会总部设立在慕尼黑，其下属研究所遍布德国各州。马普学会与国内外的许多高校和科研机构有各种合作关系，在美国普林斯顿大学、法国巴黎大学科学学院、英国伦敦大学和日本东京大学设有研究机构，同时运营 20 个马克斯·普朗克中心。马普学会每年都得到联邦政府和州政府提供的大量研究经费，同时从公共和私人捐款以及欧盟获得第三方资金，2019 年马普学会的经费预算为 18 亿欧元。

2. 弗劳恩霍夫应用研究促进协会（Frauenhöfer institute，FhG）

弗劳恩霍夫应用研究促进协会成立于 1949 年，根据其在北京代表处网站的数据②，截至 2018 年 1 月在德国有 72 家研究所和研究机构，拥有超过 25 000 名雇员，每年研究经费超过 23 亿欧元，其中 20 亿欧元来自科研合同，超过 70% 的研究经费来自工业合同和由政府资助的研究项目，是欧洲最大的应用研究机构。协会与世界各地的顶级科研伙伴和创新公司开展国际合作，关注并研究全球科技和经济领域最新成果。

（二）德国联邦食品和农业部下属的研究机构

德国联邦食品和农业部（Federal Ministry of Food and Agriculture）下属研究所是德国农业科研的重要力量，德国联邦食品和农业部网站显示③，根据研究内容的不同分为 12 个研究所，其中 6 个是和莱布尼茨联合会合作开展研究，具体研究内容涉及农业的各种领域（表 9-1）。各类研究所一般不但从事基础理论和应用科学的研究，而且开展推广咨询和国际农业科研的合作工作。

---

① https：//www.mpg.de/facts-and-figures.

② http：//www.fraunhofer.cn/plus/list.php？tid＝18.

③ https：//www.bmel.de/SiteGlobals/Forms/Suche/EN/Researchprojectsearch/Researchprojectsearch_Formular.html；jsessionid＝4BC502F46AC1835054AD560CE205DD5E.internet2851？view＝processForm&nn＝52512.

表 9-1 德国联邦食品和农业部下属的研究机构

序号	机构名称	主要职责
1	联邦植物保护研究所（中文） Julius Kühn Institute（JKI）（德文） Federal Research Institute for Cultivated Plants（英文）	负责植物保护与安全种植
2	联邦动物健康研究所（中文） Friedrich Loeffler Institute（FLI）（德文） Federal Research Institute for Animal Health（英文）	负责动物的健康和福利，保护人类免受人畜共患病
3	联邦农村地区、林业和渔业研究所（中文） Johann Heinrich von Thünen Institute（TI）（德文） Federal Research Institute for Rural Areas，Forestry and Fisheries（英文）	负责研究再生能源、粮食价格、气候变化对农业、林业、水生物的影响
4	联邦营养和食品研究所（中文） Max Rubner Institute（MRI）（德文） Federal Research Institute of Nutrition and Food（英文）	负责肉类、鱼类、牛奶、脂肪和油脂、谷类、马铃薯、水果和蔬菜质量的研究
5	德国生物质研究中心（中文） German Biomass Research Centre（英文）	负责生物能源的研究
6	联邦风险评估研究所（中文） Federal Institute for Risk Assessment（英文）	负责消费者食品安全研究
7	莱布尼茨农业经济转型发展研究所（中文） Leibniz Institute of Agricultural Development in Transition Economies（英文）	负责农业和粮食部门以及农村地区的经济、社会和政治变化过程研究。研究地理重点包括扩大的欧盟、中欧、东欧和东南欧的过渡区域以及中亚和东亚
8	莱布尼茨农业景观研究中心（中文） Leibniz Centre for Agricultural Landscape Research（英文）	负责研究农业景观中的生态系统，开发生态和经济上可行的土地利用系统
9	莱布尼茨农业工程和生物经济研究所（中文） Leibniz Institute for Agricultural Engineering and Bioeconomy（英文）	负责生物质生产及其作为原料和燃料的食品用途，开发和整合新技术
10	莱布尼茨蔬菜和园艺作物研究所（中文） Leibniz Institute of Vegetable and Ornamental Crops（英文）	负责研究自然科学技术进步在园艺生产中的应用及相关消费者行为
11	莱布尼茨食品系统生物学研究所（中文） Leibniz Institute for Food Systems Biology（英文）	负责食品化学、生物学、化学传感器技术以及生物信息学方面的研究
12	莱布尼茨农场动物生物学研究所（中文） Leibniz Institute for Farm Animal Biology（英文）	研究遗传学和生物计量学、基因组生物学、生殖生物学、行为生理学、肌肉生物学和生长营养生理学

（三）与农业相关的高校

在德国，数量上从事科研工作最多的机构是分布在德国各联邦州的高等院校。威廉·冯·洪堡提出的"教研合一"的理念形成了德国高校科学人才培养和科研工作相结合的传统。高校科研的重点在于基础研究，与此同时也在相应的学科领域进行应用研究。具体隶属于高等院校的农业科研机构主要是 10 多所涉农大学（如波恩大学、霍恩海姆大学、哈雷-维滕贝格大学、卡塞尔大学、慕尼黑工业大学、基尔大学、柏林大学等）的专业院系，其既搞基础研究，又搞应用科学研究和推广活动。德国高校的科研经费主要由政府财政拨款，也接受私人基金会的资助或者接受委托研究。

（四）私人公司

德国企业自身从事的科学研究在国家科研领域中占相当大的比重。在德国有相当比例的企业从事研发工作，不仅是大型企业，许多中小企业也设立了自己的实验室。涉农企业也是如此。这些企业研究的主要是能够给企业带来利润的实用技术和农药等新品种，如拜耳（Bayer）和赫希斯特（Hoechst）公司所从事的农药研究世界闻名。

二、德国农业科研与开发的主要领域

德国农业科研与开发的领域瞄准国际前沿，主要领域有动植物良种培育、生物能源开发、生态农业、生物多样性保护、信息网络技术应用和食品安全等。

（一）动植物良种培育

德国科技界十分重视植物遗传育种和动物优良品种的培育，研究重点已由过去强调高产、稳产转变为以质优、抗性强为目标。德国已经在小麦、黑麦、燕麦等麦类产品品质以及抗倒伏和抗白粉病、锈病、穗病等方面取得了重大成果，培育出了高营养、高品味的啤酒大麦。在转基因的运用方面，德国也取得了较显著的成效。马普育种研究所的科学家利用人工合成的助长素，使茄子的生长受助长素的定性支配，在冬季种植的茄子也可以达到与夏季茄子相似的品质，这种反季节茄子品种试种取得了成功，马普育种研究所与意大利同行合作，研究适合大田生产的反季节番茄和青椒等作物。为解决地球气候变暖对农作物的生长及产量所造成的影响问题，德国的生物科学家通过对植物基因的研究，以求培育出既能适应气温变化又能获得稳产高产的耐热作物新品种。

（二）生物能源开发

德国十分重视利用生物技术培育能源植物，开发生物能源方面起步较早。早在 20 世纪 90 年代初，德国政府就号召农民种植再生经济作物，以替代矿产资源、化工原料等。德国科学家对甜菜、马铃薯、油菜、玉米等进行定向培育，从中制取乙醇、甲烷等，成功地研制出了生物能源产品。到 2006 年，德国生物柴油销售量已经超过 300 万吨，占德国汽车柴油总消费量的 10%。德国拥有的 1 200 万公顷农田中，有 300 万～400 万公顷用于种植提取生物燃料的作物，如油菜、玉米、马铃薯、甜菜等。根据欧盟 2003 年通过的《在交通领域促进使用生物燃料油或其他可再生燃料油的条例》，生物燃料在欧盟交通运输燃料中的比例应当在 2030 年达到 25%。2010 年德国联邦政府发布《国家生物经济研究战略 2030》，计划通过大力发展生物经济摆脱对石油能源的依赖，到 2016 年已经完成第一阶段研究，共投入研究经费 24 亿欧元，主要研究工业再生资源利用、基于生物质的燃料等（钟春艳等，2019）。德国计划到 2035 年将汽车用油总量的 35% 换为生物燃料。

（三）生态农业

德国政府十分重视健康、环保的生态农业发展，支持生态农业方面的研究。生态农产品在德国日益受到大众的欢迎，在超市、专业生态食品市场及露天街市上，带有生态产品标识的食品虽然价格比一般产品高出不少，但依然供不应求。为适应本国和欧美市场的需求，德国大力发展生态农业，以期生产出更多的有机食品。为保护生态平衡，生态种植者协会积极施用农家肥以增加土壤肥力，采用生物技术防止或减少作物病虫害的发生，要求每家企业兼业饲养家畜，种植饲料作物或牧草，注意轮作等，不能使用化肥、化学农药和除草剂等化学合成物。生态农业给消费者带来安全绿色的食品，有利于环境和动物保护、促进地区多样化的形成，同时给德国农业领域创造了更多的工作岗位。联邦食品和农业部根据有机农业和其他形式的可持续农业联邦支持计划，重点研究食品供给、质量和卫生优化、有机和常规食品的可持续加工和销售等。截至2016 年，德国已拥有 2.69 万个有机农庄，约占德国全部农庄的 10%；专门用于生态农牧业的土地达到 120 万公顷，约占所有农牧业用地的 7%，有机产品加工企业数量近万家（钟春艳等，2019）。

（四）生物多样性保护

德国政府十分重视生物多样性保护研究，巩固在该领域的国际领先地位。农业生产是以植物、动物和微生物的生物多样性为基础的。德国农业科技人员十分注重保护农业、林业的基因资源。德国政府制订了生物多样性研究计划，持续实施粮食、农业和林业的基因资源国家计划。除国内研究活动之外，德国农业科技人员还积极参加了欧洲农作物基因资源合作项目，并在国际协约中承担了维持和持续利用森林生物多样性的义务。为了更好地认识和保护生物多样性，德国于 2007 年通过了生物多样性国家战略，2008 年德国研究基金会成立了一个专门委员会，其目的是建立德国生物多样性研究网络，提升其在生物多样性保护方面的国际地位。德国联邦教研部 2019 年提出了新的《生物多样性保护研究倡议》，该倡议是德国《可持续发展框架计划研究》（FONA）的一部分，并对接德国《国家生态多样性战略》（NBS）和联邦政府《高科技战略2025》（HTS2025）。该倡议在三个行动领域推动：掌握生物多样性的现状和变化，理解生物多样性变化的原因、动态和后果，制订系统解决方案和具体行动方案。

（五）信息网络技术应用

德国十分重视信息网络技术和实际应用研究。德国早在 20 世纪 80 年代就开始着手建设与农业相关的各种数据库，随着信息网络技术的发展，这些数据库对接起来变得更加容易，逐渐形成了三大科技信息网络：第一，植物种植与保护管理系统（EDV），用户通过电脑、手机及电话等客户端可以随时随地查询农作物种植、管理及病虫害预警等方法与技术，还可以查询各类农业生产资料方面的变化信息；第二，病虫害防治信息系统（BTX），农民可以通过手机直接获得病虫害防治等各类农业信息；第三，德国农林生物中心研究开发的各类农业综合信息数据库管理系统（GETS），包括农作物保护、土壤改良、农药残留处理、农业生态环境治理、绿色农业发展等（何迪，2017）。2013 年德国将三大科技信息网络进行了对接，同时加入了农业科技、食品检测数据库，为使用者便捷地提供相关信息。为了促进数字经济和智慧产业的发展，研究人员加强了对数字农业和智慧农业的研究和应用。

（六）食品安全

食品安全是各国关注的重点，德国也不例外，该方面的研究为制定食品安全标准和防范食品安全事故提供支持。由于疯牛病在欧洲蔓延的沉痛教训，德国政府于 2002 年 11 月建立了一个不受政治、社会和经济界影响的，能够独立从事研究和发表成果的机构——联邦风险评估研究所[①]。该研究所 2019 年有全体员工 1 075 人，其中科学家数量为 473 人，研究经费预算为 1.08 亿欧元，第三方合作资金为 51.61 亿欧元。2019 年，联邦风险评估研究所参与了 51 个欧盟项目和 49 个德国研究协会及其他联邦机构的项目。主要研究和评估的内容包括：食物中的生物和物质——化学安全的健康评估，物质（化学品、农药、生物杀灭剂）和选定产品（消费品、化妆品、烟草制品、纺织品和食品包装）安全性的健康评估，食物、饲料、植物和动物中转基因生物的风险评估等。除了隶属于德国联邦食品和农业部的联邦风险评估研究所以外，还有德意志联邦基金会（DFG）下面专门设立的食品安全委员会（由食品化学与毒理学、食品营养、医学、药学、微生物学、技术科学、分析化学等领域的专家组成）和农业资源与农用物质委员会（负责农业资源管理、农业生物技术、霉菌毒素和家畜饲养流行病学调查，涉及许多农药、兽药残留检测技术和转基因检测技术问题）。

三、德国农业科研与开发的经费来源

德国农业科研与开发的经费主要来自欧盟、联邦政府相关机构、各州政府和私人企业。德国对研究经费的投入比例高于欧盟多数国家，2017 年实现了科研经费支出占 GDP 比例超过 3% 的目标。德国政府计划在 2025 年前使科研方面的支出占 GDP 比例达到 3.5%，这些支持中包括对农业的投入。

---

① https：//www.bfr.bund.de/en/facts_und_figures-54273.html.

（一）欧盟

总部设在布鲁塞尔（Brussels）的欧盟委员会（European Commission）中有一个负责所有科学研究问题的机构，即欧洲研究理事会（European Research Council，ERC），成立于 2007 年，是欧盟前沿研究资助机构。截至 2018 年底，欧洲研究理事会向 9 000 多名优秀研究人员及其研究团队的 5 万多名博士后、博士及其他工作人员提供资助。在欧盟"地平线 2020"科研框架计划（2014—2020）内，欧洲研究理事会预算总额超过 130 亿欧元，其中 2018 年预算 18.6 亿欧元①。科研框架计划是欧盟促进欧洲研究发展最重要的内容，它在规定范围内涵盖了地区性有关共同的研究措施，其中确立的主要研究领域也包括和农业相关的健康、食品、渔业及生物技术。德国每年的农业科研与开发可以从欧洲研究理事会得到一定的资助经费。

（二）联邦政府的相关机构资助及直接拨款

1. 联邦教育与研究部（Federal Ministry for Education and Research）

德国联邦教育与研究部负责领导和协调德国的科技和教育事务及与之相关的国际交流，同时还为各种研究项目直接提供资助。德国联邦教育与研究部资助项目的研究领域很广，基本从政策角度出发确定重点领域的范围。德国联邦教育与研究部网站显示，其战略规划的首要任务是高科技发展战略，实施高科技 2025 战略，同时重视在全球粮食供给、环境与气候、生命科学、数字技术、能源经济方面的研究②。德国重视教育与科研的投入，联邦教育与研究部的预算持续增加。2017 年德国议会（Bundestag）通过了联邦政府当年的预算，将联邦教育与研究部可用的财政资源增加了近 12 亿欧元，达到约 176 亿欧元，比 2016 年增加 7.6%，增速高于其他部门预算支出。

2. 德国科学基金会（Deutsche Forschungsgemeinschaft，DFG）

德国科学基金会是为促进德国高校和公益科研机构开展科研工作而设立的独立的经费管理机构。DFG 成立于 1952 年，是由 1920 年建立的科学救援联合会与德国研究委员会合并而成，其总部设立在波恩。DFG 组织形式为注册

---

① http：//www.chinamission.be/chn/kjhz/t1665960.htm.
② https：//www.bmbf.de/en/research-2305.html.

法人，其成员有德国研究大学、非大学研究机构、科学协会以及科学和人文学院，截至 2019 年底有 97 个成员组织。德国科学基金会制定出内容丰富的资助计划，主要资助类型有面上项目、大型研究计划、青年科学家资助、科研基础设施、科学会议与学术交流、科学奖项。作为科研资助机构，德国科学基金会对所有专业领域项目和科研活动提供资助，DFG 提供的资助也是德国农业科研与开发经费的重要来源。根据 DFG 2019 年度报告，当年共资助 31 150 个项目，年度预算经费超过 33 亿欧元，其中 69％来自联邦政府，29％来自州政府，除此之外还有欧盟基金和私人捐款①。

3. 德国联邦食品和农业部

德国联邦农业研究中心隶属德国联邦食品和农业部，其下属研究机构的科研经费主要由德国联邦食品和农业部拨给。由于德国联邦食品和农业部是联邦政府的一个机构，因此德国联邦农业科学院的研究经费来源于联邦政府。

4. 联邦政府的拨款

一般情况下，规模较大的科学机构如马普学会、弗劳恩霍夫应用研究促进协会、莱布尼茨联合会等可以直接得到联邦政府的拨款资助。

（三）州政府

各州的科研机构和隶属于大专学校的科研机构由德国各州教育部提供经费，主要包括人员工资、基建、设备和经常费用，政府还根据特殊任务，选择适当的专家、教授或大学承担项目，同时给予经费支持，并要求在限期内提交科研成果或论文。对于农业科研来说也是如此。此外，各州政府的农业部门也会提供相应的研究经费。

（四）私人机构

涉农私人企业主要从事农药、农业机械等产品的开发，经费自负。如拜耳（Bayer）公司是世界知名的世界 500 强企业之一，其总部位于德国的勒沃库森，分支机构几乎遍布世界各国。高分子、医药保健、化工业、农业是该公司的四大支柱产业，在农业领域其主要产品是农药。赫希斯特（Hoechst）公司

---

① https://www.dfg.de/download/pdf/dfg_im_profil/geschaeftsstelle/publikationen/flyer_zahlen_fakten_en.pdf.

是德国化学工业集团三大继承公司（拜耳公司、赫希斯特公司、巴斯夫公司）之一，是一家大跨国公司，总部设在法兰克福。该公司生产的产品非常丰富，主要产品包括药品以及基本化学制品、染料、颜料、塑料、纤维、农业化学制品。克拉斯农机公司是世界著名的农牧业机械和农用车辆制造商，产品主要包括联合收割机、自走式青贮收获机、甘蔗收获机、农用运输机械、拖拉机和割草机、搂草机、翻晒机、打捆机等。这些跨国公司非常重视新产品的研究与开发，每年的科研费用稳定占有产品销售额的一定比例，由于其销售额巨大，因此每年的研究经费总额比较多。

四、德国农业科研与开发的特点

（一）全国性的研究组织较多

德国全国性的研究机构比较多，这些机构的研究领域大部分包括农业研究。这些全国性的研究机构能够全面地掌握整个德国的信息和研究材料，从而为研究的质量打下良好的基础，有利于增强这些机构的研究实力。同时，这些研究机构根据自身的优势选择相应的研究领域和方向，既发挥了特长，又避免了重复。

（二）参与国际研究较多

德国是包括农业研究在内研究实力非常强的国家，参加了很多国际性的研究，在国际研究领域有很高的声望。德国是欧盟成员国中经济实力最强的国家，其研究实力在欧盟成员国中也居于领先地位，这就要求其在欧盟内部的研究中起领导作用，因此德国必然参与很多欧盟的科学研究，这也是其参与国际研究的重要方式。同时，德国很重视和欧盟以外的国家建立国际合作研究关系，加强德国在国际前沿领域的研究地位。德国较大的研究机构往往设立驻外的办事处，为其开展国际研究提供便利。如马普学会自 1974 年以来，通过大量的合作项目与中国科学院保持着紧密的合作伙伴关系。弗劳恩霍夫应用研究促进协会不仅在北京成立了办事处，为支持众多的科研合作提供多种服务，还与中国合作伙伴设立了两个联合科研机构，分别是位于德国柏林的德中联合移动通信研究所和位于中国北京的中德联合软件研究所。德国科学基金会同中国国家自然科学基金委员会于 2000 年共同建立了中德科学中心。中德科学中心是独立的科研资助机构，不同于德国科学基金会驻外办事机构。

（三）企业积极参与研究

在德国有很多大型企业也积极地进行科学研究，包括大型的生产农业生产资料的公司也是如此。企业参与研究的方式有两种，一种是企业直接研究，另一种是企业委托其他研究机构研究。大型公司为了在竞争中掌握核心的技术优势，每年会将销售收入的一定比例投入研发中，这在一定程度上壮大了德国的科研实力。对于中小型企业，为了节约成本，也可以聘请一些大型研究机构为其需要开展研究。企业的本质是为了追求利润，为了达到这个目的，其有动力去了解顾客的需求，因此涉农企业参与研究的一个很大的好处是企业和客户的关系很密切，企业能够清楚地了解农民的需求，开发出农业生产需要的相关产品。而一般的研究机构往往关心的是宏观政策或全社会的公共问题，对于农民中不同群体的特殊需要关注则不多，故企业的研究机构刚好可以弥补公共研究机构的不足。

第二节　农业推广

德国的农业推广主体有多个，并且在不同的州主要的推广主体也有所差别，接受农业推广服务的对象既有分散的农民，又有农民组成的团体，农业推广的内容也不仅限于农业生产技术。本节分别从农业推广的主体、服务的对象、推广的内容和推广的特点等几个方面进行介绍。

一、农业推广的主体

德国农业推广组织的一个显著特点就是推广的主体日益多元化而且变动复杂。从社会角度来说，联邦政府、州政府的推广组织，私人组织、自助群体等都在不同的社会环境下存在并且可以相互补充和协作。德国的 16 个州可以分为 3 种主要的推广组织形式。

在德国北部和西北部的 5 个州即石勒苏益格-荷尔斯泰因州、汉堡市、不来梅市、下萨克森州、北莱茵-威斯特法伦州，官方的推广组织是农会（chambers of agriculture）；在德国南部的 5 个州即莱茵兰-普法尔茨州、黑森州、萨克森州、巴登-符腾堡州、巴伐利亚州，官方的推广组织是州的农业办公室（state agricultural office）；在德国东北部的 6 个州即梅克伦堡-前波莫瑞州、萨克森-安哈特州、勃兰登堡州、柏林市、图林根州、萨尔州，从事推广工作的是各种形式的私人组织（privately organized extension systems）。下面将主要介绍这三种不同的推广主体。

（一）农会（chambers of agriculture）

农会是一个覆盖范围比较大的地区组织，它代表着该地区所有农户的利益。农会的权利由选举出的农民代表行使，而日常运营由专业人士负责。各个州根据大小建立 1～2 个农会，其中石勒苏益格-荷尔斯泰因州、汉堡市、不来梅市 3 个州每州 1 个，下萨克森州、北莱茵-威斯特法伦州 2 个州每州 2 个。每个农会的规章制度和权力不尽相同，农会根据各个农场和企业的经济实力向每个成员收取固定的费用，然而根据农会法农会预算的大部分是由州政府提供的。

州政府赋予农会一定的职责，负责各种事务，包括应用性研究、培训、教育和管理农业部门，大多数情况下是由州政府提供全部资金，但是农业推广部门的经费和员工工资只有部分能得到补贴，如在北莱茵-威斯特法伦和汉堡 2 个州，农业推广补贴的比例为 50%，在石勒苏益格-荷尔斯泰因州补贴比例为 40%。农会只给它的成员提供一些基本的免费服务，如果是一些特殊的服务，如测土、土壤分析和帮助制定农场计划等，则需要另外付费。

大多数农会是根据特定目的组成的机构，如植物种植、家禽养殖、农场经济管理等。然而，覆盖了大半个北莱茵-威斯特法伦州的威斯特法伦州农会却是个例外，它是根据管理、农业推广和教育的职能不同划分成不同的小机构。该地区的农场有个历史悠久的传统，就是只有一个男性能够继承家族企业，这样与其他地方相比，这个地区几乎没有小规模的农场，基本上都是很有经济实力的大农场。很长时期以来，威斯特法伦州农会的农民都受到了良好的教育。他们很清楚自己需要什么，在政治上也很精明。他们总是能够成功地改组自己的农会，使农会中的组织功能更加明确。尽管这个组织的优点明显，但是在其他地方并没有采用。

（二）州农业办公室（state agricultural office）

在南部各个州，州政府的农业推广机构是州农业部（Ministry of Agriculture）中所设立的农业办公室，但是州农业办公室的全部工作并不都是推广工作，这些农业办公室还负责其他工作，如环境和土地发展问题，甚至是范围更广的经济问题或国际事务。农业办公室的组织结构往往根据技术领域进行分类，管理、控制、教育和咨询工作被划归不同技术部门，如农业立法、农场经济、植物种植、市场管理、畜产品生产或家庭经济管理及家庭营养等。

（三）私有推广咨询体系（private extension advisers）

引起推广组织变化的最大推动力来自1991年德国统一。由于曾经属于民主德国的5个州当时面临的是大量农业资产的私有化问题，在法律上德国财政和政策的有关规定已经不利于保留以前的农场结构，因此产生了对咨询服务的大量需求。由于曾经属于民主德国的农场和农民的类型与联邦德国不同，推广组织也需要一个长期稳定的成员基础，因此以前的基础不适合成立农会；州政府担心让这些缺乏经验和信心的农民合作风险太大，所以5个新并入德国西部的州中有3个选择了让外边的私有商业企业进行农业推广而不是由政府提供服务。后来图林根州也开始向相邻的州学习，让私有企业进行推广。私有的农业推广服务可以是私人、合伙企业或公司，但是每一个推广组织或企业必须在州政府注册登记。这样，每个州规范的私有农业推广市场就建立起来了。

尽管在这几个州农业推广部门是私有部门，但是每个州都对农业推广的成本进行了补贴。如萨克森-安哈特州虽然完全进行纯商业性的推广，但州政府仍然对农民支付的成本进行了较高额度的补贴，对这些补贴的额度也规定了上限。在这种体系中，农民需要自己到市场上寻求咨询，然后政府再对其成本进行一定补贴。农民需求是农业技术推广的重要驱动因素。

梅克伦堡-前波莫瑞州的公共有限公司（publicly-limited company）是农民团体和农民个人共同成立并持有一定股份的公司，由该公司为农民提供咨询服务。这个公司有一定比例的股份为政府所持有，一部分为农民所持有，公司提供的服务能够得到农民的付费和州政府的补贴。农民为咨询服务付费的多少取决于得到咨询服务的内容和服务时间的长短。在勃兰登堡州和萨克森-安哈特州，如果是农场调整农业结构，州政府会偿还农民支付的咨询费用，因为这2个州支持建立新型农场。不过州政府也在逐步地倾向于减少补贴，并且补贴程序的复杂性使得农民或推广者感到烦琐。正是由于补偿存在一定的交易成本，这种补贴与其他方式相比正在逐渐减少。

在私有推广咨询体系中，推广者和公司更有责任来让自己的顾客满意，实际上顾客的满意度取决于所提供咨询的质量和服务，这就为以客户（农民）为中心的德国农业推广打下了基础。如果提供咨询者不能够满足农民的需要，他们的顾客信赖度就会降低。由于农民可以在注册过的咨询公司自由挑选服务者，这些咨询公司就会相互竞争来提高自己的服务质量和承担更大的责任。

（四）其他的农业推广者（other extension providers）

除了上述三种主要的农业推广者，德国还有其他的农业推广者。随着农业部门多样化的发展，农民获得咨询的形式变得越来越丰富，农业推广主体也日趋多元化。德国的一些农民也可以从自助生产者组织那里得到推广服务，还可以从农民团体或市场合作组织（经常是有关商品质量或金融问题）、农民协会得到特殊信息或建议。这些农业推广服务的资金结构有多种，但一般还是建立在会费或州补贴的基础上。另外，一些特殊的信息或建议也来自农业生产要素的生产者，如化肥、种子或农药的生产商，生产过程管理或营销组织，信贷机构和银行、保险公司，能源销售企业、农业研究机构、地区发展机构、就业办公室和宗教组织等，也有数量不断增长的支持地区或农村发展的组织提供的各种推广建议。这些推广所需费用的来源多样，一些是加在农产品价格中，也有一些是出于促进社会发展的目的而提供免费服务。但是，这些团体必须依法作为慈善组织、俱乐部、合作组织或公司进行注册。

二、农业推广服务的对象：农民群体组织（organisation of farmer groups）

在德国农业推广服务的对象大部分不是单个农民，而是有组织的农民群体。农民群体组织不但促进了政府推广机构的改革，而且促进了推广效率的提高，并进一步推动了农民群体对推广服务需求的模式，取代或补充个人对推广服务的需求。在这种情况下，农民群体组织与州政府推广组织、农会和私有推广公司同时存在。农民群体接受推广服务日趋盛行，针对一些农民群体提供的咨询服务也增长很快。主要的农民群体组织是由农民组成的咨询环（advice circle）和农场企业主组成的工作组（working groups），大部分州或农会都推行这两种形式中的一种。石勒苏益格-荷尔斯泰因、汉堡、不来梅、下萨克森4 个州 1950 年就成立了咨询环，梅克伦堡-前波莫瑞、萨克森-安哈特、勃兰登堡、柏林、莱茵兰-普法尔茨、萨尔、巴登-符腾堡 7 个州是 1991 年以后才成立咨询环，北莱茵-威斯特法伦、黑森、巴伐利亚 3 个州推行的是工作组。每一种组织形式都有相近的目标和一系列具体目标，这些目标的划分主要依据所面临问题的专业性、内容和咨询强度等。下面对这两种农民组织形式进行具体介绍。

（一）咨询环（advice circle）

咨询环是一些拥有较小农场的农场主或一些农民形成的组织。他们先成立组织（咨询环），然后再以组织的名义雇用一到两个推广机构。咨询环中的成员必须交纳一定的费用并将他们农场的数据交给推广机构进行分析和检测。同时农民可以得到关于他们农场的分析结果和一些生产及营销建议，甚至是一些关于新技术的信息。每一个咨询环必须依法注册并建立由成员选举产生的委员会，且要有明确的标志。委员会和推广单位签订合同，并就费用、服务内容进行谈判，同时监督推广单位履行合同的情况。在下萨克森和石勒苏益格-荷尔斯泰因 2 个州，咨询环是公共推广服务的补充，政府会对其员工和运行成本进行最高 50% 的补贴，不过这些补贴在逐渐减少。在巴登-符腾堡和莱茵兰-普法尔茨州，咨询环在 20 世纪 90 年代才得到政府的支持，在法律上以团体组织的形式进行注册。

咨询环的大小变化很大，一个咨询环的成员通常在 20～40 个农场，但是最大的可达 700 个农场。通常一个咨询人员负责 15～40 个农场。各个州的咨询环的数量差异也很大，其原因是建立咨询环的时间长短不同，并且各地农场的实际情况也不一样。每个成员需要缴纳的费用取决于农场的大小、耕地的数量、饲养动物的数量等，而有的咨询环是每个成员都要缴纳固定的费用而不管其规模的大小。咨询环的财务除了会员费外，一部分还要依靠除了基本服务以外的其他服务收费。

黑森州咨询环向农民成员收取的推广费用最少，主要是依靠政府的补贴。如果有些农民要求的服务频率太高或者是一些特殊的个人服务，则这些农民至少要支付部分的费用。这种半商业化的推广体系考虑的服务对象是两种类型的农民，一种是只限于生产过程，另一种是向整个农场企业提供各种咨询服务，前一种农民缴纳的费用比后一种农民要少。

咨询环与政府推广服务相比的一个好处是可以摆脱与推广无关的其他政府事务，如政府的推广机构还需要负责向欧盟申请补贴。由于一些新的法律规定政府推广部门有部分管理职能，政府推广部门有时变成了执法者。由于这种角色的冲突，农民感觉并没有得到满意的服务。市场化的推广机构并不代表政府，而是被咨询环所雇用；除此以外，所有的咨询环成员都为他们需要的服务付费，并且咨询所带来的利益必须大于咨询的费用。这样，提供咨询者就会非常负责，他们会很好地提高服务质量。实践中，咨询环机构往往受雇于那些咨询环中比较富有的农民而不是最需要咨询服务的农民，较贫穷的农民在选择农业推广服务时受到的限制较多，甚至只能得到政府所提供的有限服务。

（二）工作组（working groups）

工作组形成的原因是农场企业想组织在一起来解决共同面临的问题。与咨询环不同，工作组无须进行注册登记。德国的第一个工作组成立于 1965 年左右，是由莱茵兰-普法尔茨州的州农会建立的，并且很快就在其他州开始推行。在各个州成员的费用不一样，并且与农场的大小也有关，每个成员所消费的单项服务或者所有服务所需支付的费用可以在农民中进行谈判。工作组可以选择推广服务组织，但是农场企业也必须按照要求负责实际工作中的质量控制。推广服务单位只对整个工作组负责而并非单个农场企业。通常，工作组所需要的咨询强度比较大，很多情况下是要求在短期内提供一些特定问题的解决方案。

三、农业推广的内容

（一）农业生产技术推广

在农业生产方面，主要是推广信息化生产技术，以达到确保粮食安全、提高经济效益和维护生态环境的目的。在农业生产基础数据方面，德国政府通过推广先进的遥感技术、地理信息系统和应用卫星系统，实现土地面积、自然环境等数据采集，为土地资源的管理、作物测产、补贴确定提供依据；在农业生产技术方面，政府积极推广先进农业机械使用技术，实现通过计算机自动控制系统操控各种农业机械，完成畜禽精准投料饲喂、奶牛数字化挤奶以及种植业中的精准播种、除草、施肥、采收等。农业生产过程采用轮作和间作、无抗饲养、限制单位面积畜禽饲养数量等措施，实现绿色、有机、循环、生态农业的发展。

（二）农场管理技能推广

在农场管理方面，主要是帮助农场主确定如何合理地利用土地、劳力、资本等生产要素以及拟订农场发展计划。这些农场管理技能的推广主要通过对农场主的培训实现，除了农业生产技术培训外，培训内容还包括农场经营、财务核算、补贴申报等各方面的技能，通过项目培训，德国农民实现了专业化和职业化，成为农场企业化经营的全才。德国专业的农场主除了种植粮食外，还利用条件发展经济作物、生物能源、再生原料等，他们可以在多种选择下作出科学决策，实现农场收入最大化。

（三）农业信息服务推广

在农业信息服务推广方面，主要是通过合作社帮助农民家庭进行决策，尽可能地提供经济、财政、资源管理与家庭消费等方面的咨询，协调各种关系，不断改善其收入和生活状况。长期以来，德国形成了种类多样、遍布农村、服务优良、高度协同的合作社组织，同时配以信息化服务平台、健全的法规、严格的监管审计制度、"民办公助"法制化等一系列举措，保证了合作社组织的相互联结与数据收集、整理、分析和发布，在一定程度上打破了农、工、商、政府之间的界限，加快了信息传递的速度，可以帮助农民在生产、加工、运输、销售、采购等方面提供全方位的信息咨询。

四、农业推广的特点

（一）政府为农业推广提供一定数量的资金支持

在德国，政府为农业推广提供一定数量的资金支持，这包括给推广组织补贴和给农民补贴两种形式。从推广组织方面看，尽管德国的农业推广除了政府推广以外还有多种推广组织，但是这些推广组织也可以从政府那里得到补贴，主要用于组织运行的成本和员工的工资等。从农民方面看，农民所需要的一般农业推广服务是免费的，当其需要特殊的农业推广服务时才支付费用，并且在一些地方这些农民仍可以从政府那里得到补偿。这表明德国所有的农业推广服务只在一定程度上进行市场化。对于一项服务是否能够完全市场化必须考虑它是私人物品还是公共物品。政府的补贴主要是支付给提供公共物品者，而私人物品的费用需要从其受益者那里得到支付。农民应该根据其得到的咨询服务是私人物品还是公共物品来决定是否需要付费。农民需要支付的费用还要考虑其支付意愿和支付能力，然后再决定政府相应补贴的多少。在德国各种补贴能够实施，其原因之一就是农民和他们拥有的土地信息被政府依法通过各种途径进行了登记，这样政府就可以掌握较为准确的数据。

（二）农民广泛参与农业推广

德国农民广泛参与农业推广可以提高农民在农业推广中的主动性与话语权。这主要有两方面的原因：一方面，由于农业推广组织有多个，农民可以在这些组织中选择服务质量高、服务态度好的推广组织；另一方面，德国的农民往往加入了一定的农民组织，如农会、咨询环或者工作组，这大大增强了农民这个群体的影响力。农民组织可以作为一个整体和农业推广服务的提供者进行谈判，解决了单个农民力量小、谈判成本高的问题，并且便于对推广机构进行监督。能够让农民在整个社会中发表自己的看法是农民在农业推广中取得决定权的先决条件。在农业推广中有农民的广泛参与，农业推广就变成了需求驱动型，农民为了获得更多的利润就会主动选择农业推广机构。

（三）农业推广中引入了市场竞争机制

在信息资源交换成为商品的今天，市场竞争的环境使得私有推广组织之间争相保持信息优势并减少相关信息的公开。对于这些私有推广组织来说，获得收入的多少和信息的重要程度紧密相关，如果想得到重要的信息就要支付更多的费用，如果不支付费用就得不到信息。虽然这可能阻止农业知识的传播，但是如果没有收入激励推广组织就无动力提供良好的服务。德国的实践表明，私有推广模式有利于提高推广效率，并且能够提供连续的咨询服务。政府的推广机构一方面往往因为缺乏竞争而造成为农民服务的动力不足，另一方面因为忙于如管理、培训等其他事务而分散了推广者的精力。而私有机构专门致力于农业推广，因为他们的收入多少与他们的努力程度密切相关。这表明根据具体情况在农业推广中引入市场竞争机制也是推广模式的一种选择。

第三节 农业教育

德国的农业教育体系完整，有普通高等教育、职业教育和职业培训，教育经费分别来源于联邦政府、州政府及一些企业。本节分别从农业教育的种类、经费来源和特点等几个方面进行介绍。

一、农业教育的种类

在德国，农业教育的种类按照教育内容的不同可以分为普通高等教育、职业教育和职业培训三种。

（一）普通高等教育

联邦政府教育法规定 6 岁儿童有享受义务教育的权利，小学为一至四年级，四年制普通小学毕业后，部分学生根据成绩可进入高级九年制中学（又称十三年制文理中学），中学毕业后可进入大学学习。德国高等农业教育又分专科大学和本科大学。德国有安哈尔特高等专科学院、罗滕堡林业经济高等专科学院、汉诺威兽医学院等农业专科大学 10 所，学制为四年，主要是应用技术的学习。农业本科大学中有以农业专业为主的大学，也有个别学院涉农的综合性大学，比较著名的与农业有关的本科大学有霍恩海姆大学、柏林洪堡大学、慕尼黑工业大学、柏林自由大学、波恩大学、哥廷根大学、基尔大学等，学制为五至六年，主要培养高层次研究型人才。

（二）职业教育

德国非常重视职业教育，农业职业教育也不例外。德国能够做到让所有农民持证上岗与其发达的农业职业教育密不可分。德国学生在小学毕业后，部分学生根据成绩在不同阶段会选择进入职业教育体系学习。德国农业职业教育分为三个层次，分别是初级农业职业教育、中级农业职业教育和高级农业职业教育，分别介绍如下。

1. 初级农业职业学校

接受初级农业职业教育的学生大部分来自企业，一般年龄在 15～18 岁。

他们接受职业教育前要和企业签订合同。初级农业职业学校同其他行业职业学校学制一样,学习时间为3年,按6个学期分段进行。第一阶段主要是在职业学校进行1年的基础教育,每周4天在学校接受教育,1天在企业接受培训。第2、3年回到企业进行专业技术学习。其中1年到自己所属企业学习,每周在企业3~4天,到学校1~2天。接受学生培训的企业必须具备一定的条件:首先企业培训的教师要获得国家认可的"师傅"头衔;其次企业本身具有一定规模,专业性强,企业管理严格,企业声誉要好,在社会上有一定影响。讲授的内容必须是传授职业中的重要内容和方法,对学生进行一般知识和跨专业的教育。对特别专业的学生采取模块教学法,如林业职业教育,3年时间每年在学校学习3次,每次(期)3周,其余时间在企业或县林业部门劳动,进行基本操作技能的训练。

初级农业职业学校受州农会的管理,具体业务由州、县教育部门负责。课程设置由州食品部和县农业局组织安排,教材根据当地农业生产实际编写。农业机械是必修课,要求各专业学员都要会操作各种机械,掌握多种技能,使学生在职业和社会生活中获得独立的行为能力。学生在职业学校培训的3年里,每天都要写出报告,将所学内容、操作情况、天气变化、学习收获等记录下来。在生产实践劳动和理论学习达到联邦法的要求后,学生需要参加全德统一的职业资格考试,考试合格人员取得职业资格证书方能成为正式的农民。考试由考试委员会组织进行,由农业行会、职业学校教师、企业主三方中有一定资格的人员组成。考试有笔试、口试和实际操作三种形式,以实践操作技能为重点,现场进行作业。考试委员会按培训大纲操作技能标准作出判断,如考试不合格,可延期培训1年。

2. 中级农业职业学校

在初级农业职业学校3年毕业后,可继续上中级农业职业学校(全德国共62所,学员年龄一般18~19岁)学习3个学期。主要学习内容是经营管理,主要目的是由生产向经营转变。第一学期是每年11月至第2年的3月,集中学习专业理论。第二学期在学校学习时间共20天,其他时间回企业接受教育,做一些一般性的实验。8月检查实验情况,即理论与实践结合的程度。第三学期从10月至第2年的3月学习教育学、心理学、市场学、农村经济学、农业会计、企业管理、法律、法规、税收、农业机械,同时学习掌握计算机等信息工具。

3. 高级农业职业学校

从中级农业专业学校毕业并工作 1 年后可继续上高级农业职业学校（年龄一般 21～22 岁），学制 1 年。主要学习企业管理和营销专业，一个班学生大致 10～18 人，不超过 24 人。在 1 年学习中 60％ 的时间集中上课，40％ 的时间分成小组按专业方向讨论、实践。高级农业职业学校主要培养企业管理人才。毕业后部分人将成为国家认可的"师傅"或企业主，自己经营或帮助别人经营某一家企业，部分学生还可以继续深造。

（三）职业培训

Deula 是德国的农业技术培训学校的缩写。德国的农业职业培训有 12 种，即种植、农机、畜牧、园艺、花卉、驯马、家政、渔业、奶业、狩猎、酿酒、林业。这种农业技术培训除了知识层面外，还非常重视实践培训。实践培训是在与 Deula 合作的农业企业中进行的，比较注重实际操作，在实践中强化知识。全德国有 12 个 Deula 培训机构，这些培训机构专业性强，设备先进，特别是新型机械尚未推广时，就有许多厂家免费送到这里为学员提供训练之用。培训学员方法灵活、层次较多，有职业学校、各专业学校毕业的学员，有农民，也有准备报考工程师的在岗人员。德国政府重视农业技术培训的原因是：一方面，已取得农业职业资格证书的学生，虽然学到了一些农业知识，但是想作为一个专业的农民，还要接受职业培训；另一方面，在一个年轻农民未来 40 年的职业生涯里，农业有可能发生变化，要成为有成就的农民，就必须不断地来这里学习和"充电"。

二、农业教育的经费来源

历史传统和联邦制的国体使德国的 16 个州在许多方面，特别是文化教育领域享有充分的自治和自主权。联邦政府除在高等教育原则问题和企业范围内职业教育及科研和学习资助方面有发言权外，在教育领域的权力有限。因此，德国没有全国统一的中小学校法，而是由各个州在《基本法》（德国宪法）的范围内独立管理发展其学校教育事业，州颁布各种专门的法规，规定各级学校的设立、维护和发展，师资的培训和进修，学校的监督和管理，家长和学生对学校工作的参与，学生在学校中的地位，学费和教材费的减免以及教育补助等事宜。这导致各州间的学校教育发展各具特色。为保证全国教育的基本统一，各州文教部长组成文教部长联席会议，共同协商联邦政府和各州政府在教育方面的合作。

高等学校通常由州政府直接开办，普通中小学校一般由地方开办，私立学校比重很小（但有增长的趋势，多数是实施职业教育和特殊教育的）。公共教育系统内，州政府和地方政府按其在教育领域的职能分配情况，共同承担经费。根据《基本法》规定，教育事业由州管辖，即由州提供经费，这既涉及公立学校，又包括国家认可的民办学校。联邦政府在高校建设、科研、促进学生学习和企业职业培训试点及高校教学经验推广等方面和各州政府一起提供经费。民间提供的办学经费主要来自各教会和工商大企业及财团，但国家给予一定的财政补贴。德国的公立学校不收学费。

德国农业教育中的普通高等教育和职业教育是政府办的公立学校，因此其教育经费的来源是联邦政府和各州政府，按照两级政府的职能划分，州政府要承担其中的大部分。而农业技术培训学校运转的经费来源，一方面是来自学校完成政府下达的农业人才的订单培训任务，政府拨付的费用，另一方面来自农民对于感兴趣的课程参加培训所交的学费。

三、农业教育的特色

在德国农业教育中最有特色的是其理论与实践相结合的"双元制"农业职业教育制度和农业教育对从业教师的严格要求，在这里进行详细的介绍。

（一）理论与实践相结合的"双元制"职业教育制度

在德国要想成为一个合格的农民，是要经过严格的实践劳动锻炼和理论学习过程的。能够把理论和实践紧密联系在一起的是"双元制"的职业教育制度。"双元制"职业教育制度是由国家立法、校企合作、企业为主的一种办学制度，强调的是技能和实践能力的培养，是一种以能力为本位的课程模式。"双元制"的职业教育制度具有如下特点。

1. 德国"双元制"授课模式以能力本位为目标

这个目标具体体现在课程结构上的宽基础、课程内容的实用性、课程编排的综合性、课程实施上的双元性、课程比例上的实践性、教学方法上的先进性、课程管理上的开放性，以及课程评价上的实效性等，这一系列的有效措施，对"双元制"能力本位的实现，并对为现代化企业培养实用人才起到了有力的保障作用。

2. 德国"双元制"课程设计以职业活动为中心

"双元制"模式理论课程的设计是以职业活动为中心选择课程内容，并且确立了以职业活动为核心的阶梯式课程结构。这一结构是一种建立在宽厚的专业训练基础之上的、综合性的并以职业活动为核心的课程结构。所有理论课都综合为三门专业课，包括专业理论、专业制图和专业计算，覆盖了专业所需的所有理论，知识面广，深浅适度，综合性强，有利于培养学生的综合分析问题和解决问题的能力；而每门专业课程又都分为基础培训、专业培训和专长培训三个层次，呈阶梯式逐渐上升。无论哪一阶梯的培训，三门专业课始终都是围绕职业实践活动从泛到精、由浅入深开展的。

3. 德国"双元制"课程编制以基础面宽为基点，以双元合作为基础

其课程内容的选择往往涉及一个职业群，通过学习使学生获得宽广的知识技能。采用综合课程的方法把所有的理论课程综合成三门课，其目的也是为了避免不必要的重复，而尽可能地拓宽专业知识面。"双元制"课程实施则是真正以双元合作为基础，学校按照各州总体教学计划实施理论课程的教学；企业则按照联邦培训规章在企业中实施实践课程的培训，双方通过主管部门或自主的形式加以协调，保证理论与实践有效结合，并以此共同合作来达到国家对职业人才的总体教育目标。

4. 德国"双元制"专业设置以职业分析为导向

这主要体现在三项原则上：一是满足企业需求原则，即专业设置应满足行业领域内所有企业的普遍要求；二是相对稳定原则，即专业设置应满足相当长时间内职业发展的需求；三是广泛适应原则，即专业设置应适合较宽的职业领域，并具有综合性。为此，德国政府每隔一段时间对培训职业进行重新界定，1950 年德国"双元制"职业教育的培训职业为 776 个，到 1994 年已减少至 370 个。

5. 德国"双元制"培养目标以职业能力为本位

"双元制"职业教育不仅注重综合职业能力的培养，而且特别强调关键能力的训练。关键能力是指与纯粹的专门职业技能和职业知识无直接关系，超出职业技能和职业知识范畴的能力。关键能力包含的具体能力很多，但最重要的是独立学习、独立计划、独立实施、独立控制与评价的能力。

6. 德国"双元制"考试考核以客观要求为标准

"双元制"模式考试强调统一规范性，同一职业或不同职业的相同科目的考试在同一时间举行，并按照统一标准评分。由于"双元制"职业教育考试的客观与公正，"双元制"职业教育的结业证书不仅在全德国得到承认，而且在欧盟的一些国家得到承认。

（二）农业教育对从业教师的严格要求

农业教育的从业教师要有丰富的教育经历。几乎所有的从业教师都必须经过下述学习过程：4 年制普通小学后，根据成绩与自愿进入高级 9 年制中学，毕业后经过 1 年的职业培训，进入含农学系的大学学习 4 年，其间约有 1/3 的时间是在农场企业里生产实习，一边工作一边学习，以获得真正的农业生产和管理知识；经论文答辩获得有大学文凭的农业工程师称号（相当于我国的硕士学位文凭），再到教育学院学习半年的心理学与教育学理论，之后还必须有 1.5～2 年的教师预备期，才能成为真正的农业教师。如果要在高等农业专科学校或高等农业院校任教，还必须是获得博士学位并学过心理学与教育学的人才。对一名新到学校任教的教师，须经几年的试用期。新教师应聘时，先要试讲，由系主要专业教师听课，并进行评议，同意后，经过一年的期限在教学中听取师生的反映，视其是否合格，合格者可以继续使用，以后每年都要按照条件评定。对于教学质量高、教学效果突出的教师，可以破格提前正式聘用。

农业教育的从业教师要有扎实的实践能力。各类农业职业学校任教的教师要受过职业教育和教师培训，在本专业内有相当的实践经验，能独立完成生物方面、机械方面和工具方面等全面工作，并且还应具备能上好实训课的能力。每位教师除了主要专业课外，通常都兼任多门其他课程，这是为了培养一专多能学生的需要。在许多农业职业学校里，每个教师都负责 2～3 项具体的管理工作，如畜禽饲养、畜牧医疗、大田生产等，或每人管理几个饲养棚，负责全面的工作。每位教师都是某一方面的专家，有很强的实际工作能力，对自己负责的工作都很熟悉。此外，还需安排具体的培训计划，供学生学习与实践。

农业教育的从业教师要经历严格的继续教育。随着科学技术的飞速进步，知识的不断更新，农业教师都要不断进行继续教育。在德国，通常以州为单位设立一所农业教师进修学校。进修学校的办公室、教室、实验室、实物陈列室等设备齐全、先进，有最新的农业生产用具，包括新型收割机、耕作机、畜牧业的饲料进食定量器、新型猪舍框架、新型畜粪池解剖构造等，供进修教师参观学习。教育部规定，农业教师每年必须到农业教师学校进修一期，所有的经费由教育部提供。

（三）完整的农业教育体系和明确的培养目标

德国的农业教育体系不但完整，而且培养目标明确。从农业教育体系上看，包括学校的普通高等教育、职业教育和社会化的职业培训。学校的普通教育分有学士、硕士和博士三个不同的层次，职业教育也分初级、中级和高级三个层次。这些从事农业相关工作的人员在工作以后还可以到社会化的职业培训机构接受培训，以便适应农业领域出现的变化和了解农业科技的新进展。从教育目标上看，普通高等教育培养的目标是一些高层次的研究型人才，因此这些学校的学生所受的教育时间往往比较长，学习的内容不但丰富，而且比较精深，在学习过程中很重视研究能力的培养。职业教育培养的目标是从事农业生产、加工、销售、管理的应用型人才，他们是要走上生产一线的，因此这些职业学校的学生学习的内容就特别重视理论与实践的结合问题，培养的模式也采用比较独特的"双元制"模式，并且根据这些学生所受的职业教育层次（不同层次的职业教育年限不同）确定他们是具有当一般农民的资格还是可以当"师傅"。而社会化职业培训的目标是更新走上社会的农业从业人员的知识，因此培训时间安排灵活，培训内容丰富多样。同时，这种培养目标决定了相应教育机构的数量。在德国，农业职业教育的学校数量比普通高等农业院校要多很多，这是因为根据实际情况从事农业研究的人员需求量要少一些，而在一线从事农业生产的人员需求量很大。农业职业培训也无须太多的机构，原因是这种培训时间短暂，需要培训的人员可以轮流接受培训。

第十章 CHAPTER 10
德国农业合作社与相关政策 ▶▶▶

德国的农业合作社遍布德国农村地区，为农民提供农产品生产、加工、销售以及信贷、农资供应、咨询等服务，成为农业产业化经营的重要组织载体。德国合作社是现代企业的一种组织形式，不属于股份公司，是人的联合。为了保证合作社的独立性，合作社成员携手合作，组建共同的企业，使得合作社成员有了竞争能力和通向销售市场的渠道。德国合作社具有明确的法律使命，就是在发展中让成员受益。德国合作社的发展也不依赖于政府，具有较强的独立性，但是政府也通过立法和优惠政策等，保障其合法权益和健康发展。本章分别就德国农业合作社的产生与发展、类型与特点、组织制度与运行机制、政府的政策支持等几个方面进行介绍，并探讨了德国农业合作社发展的有益经验。

第一节　农业合作社的产生与发展

德国是世界合作社组织的发源地之一，德国的农业合作社也称赖夫艾森合作社，最早是由弗里德里希·威廉·赖夫艾森（Friederich Willheim Raiffeisen）创立的。1864 年，赖夫艾森创立黑德道夫信贷合作社，德国第一个合作社从信贷业务正式起步。19 世纪上半叶，在欧洲诸多国家社会（农民解放）和经济（自由化、工业化）处在一系列深入的结构变革中，许多人陷入严重物质危机的背景下，赖夫艾森在农村创办了信贷合作社。1948 年，在威斯巴登重新成立了德国赖夫艾森协会（DRV），该协会由主要从事农产品收购、加工和营销业务的农业合作社联合组成。19 世纪和 20 世纪初，协会不仅在德国，而且在整个欧洲迅速传播，对世界合作社运动起到了重要的推动作用[①]。经过 150 多年的发展，德国农业合作社种类日趋多样、体系日益完善，遍布德国农村地区，为农民提供农产品生产、加工、销售以及信贷、农资供应、咨询等服务，成为农业产业化经营的重要组织载体，在全球农业合作社经济合作组织发展中扮演着重要的角色。合作社不仅提高了农业生产和销售的组织化和产业化程度，推进了农业结构调整，而且在促进德国农村地区发展、提高农民收入、缩小城乡差别和地区差别等方面发挥了不可替代的作用。德国合作社的发展历程可以简要总结为四个阶段，即初始发展阶段、普遍发展阶段、战期停滞及恢复阶段和现代发展阶段。

一、合作社初始发展阶段：19 世纪上半叶至 19 世纪末

19 世纪中叶，在德国迈向农业资本主义的普鲁士农业改革中，德国许多农民和小手工业者面临着严重的财务危机和生活困境。这些人承受着偿还地主债务的巨大压力，但是又苦于没有经营企业的经验和能力。在农业歉收和饥荒的 1846 年和 1847 年，这种局势进一步恶化。在此背景下，德国合作社之父赖夫艾森在魏尔布施（Weyerbush）建立了"面包合作社（Brodverein）"作为一个慈善和接受外来援助的机构，并于 1864 年成立了德国第一个真正意义上的农村合作社——亥德斯道尔夫贷款基金协会（Heddesdorfer Darlehnskassenverein），首先是解决农民的信贷问题，同时兼营销售、购买和其他服务业务。亥德斯道尔夫贷款基金协会不要求缴纳会费，也不要求成员对协会入股投资，协会运营的盈余作为共同财产不进行分红，这种模式成为后来德国主要的合作社模式之一。当时，著名的合作社先驱除了赖夫艾森，还有德里奇、哈斯等人。

二、合作社普遍发展阶段：19 世纪末至 1930 年

此阶段，农业销售合作社逐渐发展起来，进入普遍发展阶段。这个时期的合作社大多是销售合作社，成立的目的是为了抵制 19 世纪 80 年代中期由于谷

---

① 中国经济网．德国：合作社使农民走上富裕之路．http://d.wanfangdata.com.cn/Periodical_zggx-hzjj 200710019.aspx.

物价格下降而导致的中间贸易中的商业欺诈和不经济现象，并由此使农产品稳定地得到好售价。当时，农业合作社销售机构的建立也得到了普鲁士政府和其他德意志国家的重视以及财政支持。1889 年德国《合作社法》进行修订，进一步推动了合作社思想的传播和合作社的建立。1889 年赖夫艾森组织共有 610 个合作社，而到了 1899 年合作社已经达到了 3 273 个[①]。1930 年，"德国赖夫艾森农业合作社联盟"成立，是当时世界上最大的合作社联盟。

三、合作社战期停滞及战后恢复阶段：1930 年至 1949 年

第二次世界大战中，德国合作社受到了灾难性破坏，甚至沦为国家筹集战争物资的工具。第二次世界大战结束后，德国合作社的重建采取了通过基层合作社的地区性联合来实现的形式，联邦德国按照战前模式、民主德国按照苏联模式，合作社逐步得到恢复。随着联邦德国农业的长足发展和农业生产条件的巨大变化，在农业合作商业中出现了一系列新的重要因素。如由于农业生产现代化和社会化的进展，对外来资本的需求量迅速增长等[②][③]。在这种背景下，农业信用、供销合作社不仅显得更加重要了，而且还必须在组织规模、方式等方面加以改变以适应新的形势需要。同时，除了在信贷、供销领域出现的新变化外，联邦德国战后农业合作商业还逐渐深入农业生产领域，建立了不少"农机环"（agricultural machinery ring）之类的换用、共用、租用农业机器设备的合作组织，目的主要是为了利用技术进步的成果[④]。1948年，联邦德国建立统一的"德国莱弗艾森联盟"，这个联盟的工作区域是整个联邦德国，共有六个业务机构，覆盖商品经营的各个领域。

四、合作社的现代发展阶段：1949 年至今

此阶段，随着社会经济的发展，德国合作社进行了一系列既符合国内情况又适应时代趋势的实践和调整。1949 年，德国赖夫艾森合作社联盟获得了合

① 孙春，孙婷，孔祥智，2010. 德国农业合作社发展历程及经验借鉴 [J]. 世界农业（8）：54 - 48.
② 德拉切娃，1979. 西德农业 [M]. 中译本. 北京：农业出版社.
③ 参见联邦德国《联邦政府 1984 年农业报告》.
④ 裘元伦，1985. 联邦德国的农业合作组织 [J]. 欧洲研究（6）：18 - 24.

196

作社的审计权，并且建构了多层级、分权式的合作社联盟结构。为了解决合作发展中面临的由于地域限制出现的"资本实力弱、经营集约度低"的问题，德国还专门设立了合作社的资金补充机构——地区中心银行。第二次世界大战后，德国经济发展迅速，农业合作社也通过顺应市场及自身的变革不断增强实力，农业合作社也获得了飞速发展。但是，由于市场竞争压力，德国农业合作社出现了营利性的倾向，有向企业转化的势头。1971 年 12 月，成立了"德国赖夫艾森合作社国家联盟"（简称"DGRV"），是由当时德国工商业合作社的最高机构——德国合作社联合会，和农业合作社的最高机构——德国赖夫艾森联盟合并而成。该联盟具有三个层面上的组织机构，即初级合作社、地区合作社联社和国家级合作社联盟，联盟的成立是德国合作社发展中的一个重要里程碑，进一步促进了德国农业合作社的发展，自此德国农业合作社踏上规范和快速发展之路。截至 2018 年底，德国共有各类农业合作社 2 024 个，其中包含农村商品和服务合作社 1 929 个（表 10-1），商品信用合作社 90 个。截至2018 年底，德国农业合作社拥有合作社成员约为 140.9 万人，几乎所有的德国农民都是一个或多个农业合作社成员。

表 10-1　2018 年德国农村商品和服务合作社数量

单位：个

合作社类型	数量
购销合作社	273
奶制品合作社	172
牲畜和肉类合作社	81
蔬果和园艺合作社	84
葡萄种植及葡萄酒酿造合作社	156
农业生产合作社	704
其他合作社	459
合计	1 929

数据来源：https：//www. raiffeisen. de/presse/zahlen-und-fakten。

德国农业合作社的销售额增长趋势明显，1990 年为 390.3 亿欧元，2017年为 630.2 亿欧元，2018 年为 635.6 亿欧元，2018 年为 1990 年的 1.6 倍，合作社使得农业生产效率得到显著提高。尽管德国合作社的数量有下降趋势，但是合作社雇员在经历减少后近几年却有增长趋势，2017 年为 110 164 人，2018年为 111 407 人。德国合作社发展走的是一条扩大规模、合并与联合的道路，以应对日益激烈的市场竞争。德国农业合作社的经营领域不断拓宽，尽管数量在减少，但是规模越来越大。德国农业合作社的数量一直呈现下降趋势（图 10 - 1），1970 年为 13 764 个，2001 年为 3 632 个，2017 年为 2 104 个，2018 年为 2 024 个，比 2017 年减少 80 个。用德国人的话说，这是农业结构调整的必然结果。

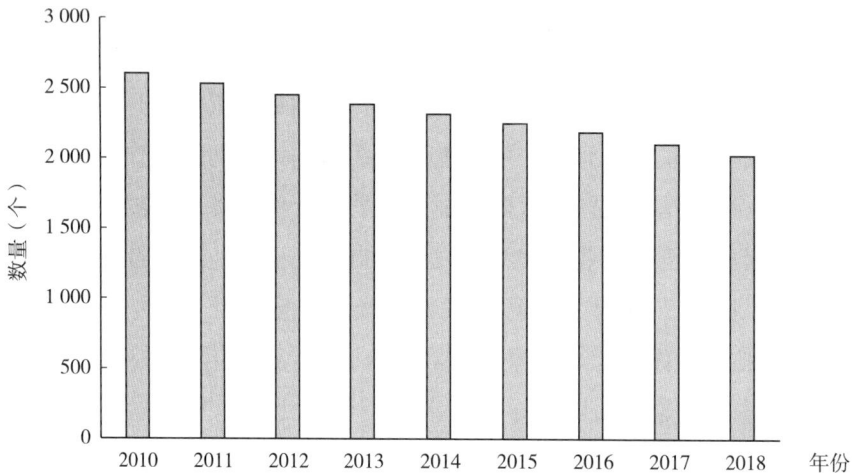

图 10 - 1　2010—2018 年德国农业合作社数量变化情况

数据来源：https://www.raiffeisen.de/presse/zahlen-und-fakten.

德国农业合作社为德国的农业发展作出了巨大贡献，无论是在育种、采购、加工、销售、农机具和农业新技术的普及与推广方面，还是在农业信贷、农民住房、农民培训等方面都发挥了巨大的作用。德国合作社的作用渗透到农业生产和生活的方方面面。

德国农业合作社发展到新阶段，除了在产前、产中和产后各环节形成了集中标准化的生产流程外，在农业生态经济方面的成绩也很突出，在生物能源、再生能源、循环经济方面都给出了农业合作社的替代方案，同时在先进技术的指导下，还向社员提供了多元化的服务，如无公害农业的储存、大型喷洒等，使得社员在需要帮助的时候能够及时且获得有效的服务和业务指导。总的来说，德国经济的发展，特别是农村地区的发展，很大程度上归功于合作社的作用和贡献。在当前国际局势激烈动荡不安、农业发展形势严峻的情况下，德国的基层合作社，在区域性合作社企业和全国性合作社企业以及整个合作社联盟的支持下依然是德国经济体系中不可或缺的一部分，充分体现出了农民对整个国家的意义。

第二节 农业合作社组织的类型与特点

一、农业合作社组织的类型

合作社从不同角度可以划分为不同的类型。从国际合作社发展的经验看，合作经济组织主要有三种类型，即以美国、加拿大、巴西为代表的农场主合作组织，以德国、法国为代表的专业性合作组织和以日本、以色列为代表的社区性合作组织。德国的农业合作社种类繁多，经营领域广泛，体系也非常完善。各种形式的农业合作社，都是农户在完全自愿的基础上参与并由农户自我管理的互助互利的民间经济组织。从合作社规模来看，德国农民合作社包括行业和地区性合作社、跨地区性的合作社及全国性的协会等。从经营的业务范围来看，德国合作社主要包括信贷合作社、农村商品和劳务合作社、工商业商品和劳务合作社、消费合作社、住房合作社共五大类。从经营的领域来看，德国农业合作社包括三类：一是加工和流通类；二是配套服务类，如种子鉴定、饲料、化肥、农机设备和技术培训等；三是金融类。德国农村合作金融很发达，有各种形式的信用合作社，农户可以得到低于普通银行利率的优惠贷款。下面仅就不同经营领域的合作社来进行详细讨论。

（一）加工和流通环节的合作社

德国的菜农、果农、粮农、养牛专业户都各自组建了合作社。加入者按拥有的土地面积一次性向合作社交款，款项主要用于合作社的基本建设，如建厂房、冷藏室，购买制冷机、运输车等。每逢收获季节，农民将生产的农产品送到合作社，对远离合作社的农民，合作社派专人到农民家收集。合作社利用自己的设备负责分类和包装，然后，由合作社的销售人员按合同将各种农产品送到各大批发市场和超市。在蔬菜和水果产出旺季，有条件的合作社会将部分产品速冻储存或加工成罐头，以便在淡季出售。农闲季节，合作社有关人员持续不断地到各大超市、批发商场调研行情，还经常到周边国家了解市场行情，以帮助农民制订第二年的种植计划。此外，合作社还对购买种子、播种、储存、销售等工作制订详细计划，尽量避免盲目性。合作社一般只雇用几名固定的工作人员，负责人由合作社成员推选，收获季节酌情增加一些临时工。人员的工资、管理费、电费和其他支出均由成员分摊[①]。在德国，农民可以自由选择出售方式。事实上，只有少数经济实力强的农民自买运输工具，自己到城市的农贸集市或在自家园子里出售农产品，绝大多数农民都乐意让合作社代卖，因为这样既省钱又省力。各农业合作社一般都经营有方，使农民尽量多受益。

（二）配套服务环节的合作社

合作社不仅在育种、采购、加工、销售、农产品运输等方面发挥作用，而且在农业新技术的普及与推广、信息咨询服务等方面都发挥了巨大的作用。可以说在德国，合作社这种方式已经渗透到农业的各个领域。举例而言，在德国不仅有食品和农业部、农业协会等各种专业性、综合性的为农民提供信息服务的网站，还包括各州和地区专门为农业服务的各种网站。德国农民可从上述网站免费获得以下几类信息：一是政策性和趋势性的宏观信息，如从食品和农业部的网站上可以浏览到德国关于农村地区发展的国家战略规划，食品和农业部的年度工作总结报告，以及欧盟农业和地区政策，包括如何申请和领取欧盟的农业和地区补贴、德国联邦政府的农业科研项目及如何申领科研经费等；二是各种动态性信息，如经合组织对德国农村地区政策的审查报告，农民养老和医疗保险制度的改革，各种类型的农业报告会（例如农村发展新趋势的讨论会）以及农村妇女的前景和问题的报告会等，还有禽流感等动植物病虫害的发生、发展与防治等内容；三是各种行业的信息，如养猪业的行情、渔业的现状与发展、林业的情况、各种谷物的生产与前景、市场对经济类作物如油菜籽的需求、葡萄酒产业的竞争、食品业的销售等；四是农产品和优质食品的销售信息；五是网站公开专家和有关负责人的联系方式，以便农民可以找专家和部门负责人咨询。

（三）金融领域的合作社

德国是合作金融的典范。德国在其工业化和城市化进程中，其农业生产面临的一个主要问题是农业资本积累不足。为解决农户的资金困难，德国政府大力发展农民合作经济组织进行信贷合作，建立起独具特色的信用合作体系。信用合作社是雏形，成立之初是为了满足成员之间的自助，后来逐渐转

---

① 徐步青，2007. 德国：各种形式农业合作社为农解忧［J］. 农村·农业·农民（A版）（7）：59.

向从事一般银行业务，一些信用社被改造成为基层合作银行，在此基础上又建立了地区性合作银行，并根据需要建立起中央合作银行，即德国中央合作银行。德国合作金融体系呈现"金字塔"结构，共分为三个层次且各层次合作金融机构均为独立法人。德国中央合作银行位于塔的顶端部分，仅具有指导性作用，主要任务是推动合作体系发展；区域性合作银行位于塔中，起到上下衔接的作用，为地方性合作银行提供金融服务；而由大量乡村银行构成的基层地方合作银行位于塔底，这些合作金融机构由民间自发组织成立，覆盖面广，可以为社员提供及时、便捷的金融服务[①]。各级合作银行均具有独立的法人资格，独立核算、自主经营，相互之间不存在隶属关系。德国的合作金融通过向农户提供优惠信用贷款，在很大程度上缓解了德国农民在农产品生产和销售过程中的资金短缺问题，促进了德国农业的发展[②]。合作社银行是德国金融业的三大支柱之一，合作银行系统在德国拥有与其他商业银行同等强大的竞争实力。

二、农业合作社的特点

（一）农业合作社专业性强

德国农业合作社的专业性很强。合作社一般只围绕一两种农产品展开合作业务，具有严密的组织体系，并且有政府制定的法律法规保证其健康发展。合作社通常是以某一产品或某种功能为依托，通过成立行业协会或专业性合作社而加以组建的，如奶牛合作社、小麦合作社、销售合作社、农机合作社等。在欧洲，从小麦、玉米、大豆、牛肉到胡萝卜、马铃薯等，几乎每个农产品都有一个行业协会。专业性合作组织不受社区限制，基本上都是跨区经营的，有些专业性合作组织形成了覆盖全州直至全国的网络。一些大的合作组织本身就是经济实体，有的实力特别强，已发展成为规模巨大的跨国集团。

---

① 谌英，2016. 国外农村合作金融发展模式及立法研究［J］. 世界农业（7）：126-130.

② 农民日报. 各国农民合作经济组织纵览. http://www.cnsp.org.cn/ShowInfo.asp？ID=％7BC0A2F772-91A7-45B9-8F19-0F4A4E23F61A％7D.

（二）综合性合作社成为趋势

专业性合作、单一性经营使得农产品的商品率较低，且面临着较大的经营风险，只有综合经营才能维持盈余和实现可持续发展。为了形成规模优势，保证合作组织利益，合作组织之间呈现出联合或兼并的趋势，专业性合作社逐渐演变为综合性合作社，基本包含了与当地农业生产有关的所有经营业务，多功能的经营方式为农民提供了有效服务，满足了农民从事商品生产的种种需求。有的专业性合作组织通过大力发展农产品的深加工和精加工，大幅度增加农产品的附加值，以增加合作组织收入。在北美地区将这种合作组织称为"新一代合作社"，实行交易份额制或限制会员制，只接收事先商定好的特定数量和种类的农产品，无论是运行机制还是制度特征，更接近于普通股份制企业[①]。

（三）合作经营联盟化明显

经过长期的发展、调整和整合，目前德国已形成多层级、网络型、分权式的合作社联盟体系，形成了从中央到地方再到基层共三个层次的五个全国性合作社的纵向组织系统。其中属于国家级合作社组织机构的，有代表信贷合作社的德国大众银行及赖夫艾森银行联合会（BRV）、代表农村商品和劳务合作社的德国赖夫艾森联盟（DRV）、代表工商业商品和劳务合作社的工商业联盟中央联合会（ZGV）、代表消费合作社的德国消费合作社联盟（BDK）以及代表住房合作社的住房经营总会（GDW）。上述的国家级合作社机构主要是由本行业的地方性合作社联合会以及少量具有较大影响和较强经济实力的单个合作社构成。地方性合作社联合会是由本地区、本行业的单个合作社（基层社）构成。基层合作社的成员则是处于一定地域内的同行业的企业主和劳动者。目前在德国最具影响的合作社组织是德国合作社及赖夫艾森联盟总会（DGRV），现阶段三个国家级的合作社机构，即 BVR、DRV 以及 ZGV 均为该组织成员[②]。

与此同时，合作社联盟则是多元化、综合性的。联盟自身不从事具体的业

---

① 国外农民合作经济组织的发展与启示 . http：//agri. chinawuxi. gov. cn/tzgg/508594. shtml.

② 国鲁来，1995. 德国合作社制度的主要特点［J］. 中国农村经济（6）：56－61.

务经营活动,而是扎扎实实地为基层社办实事。合作社联盟的主要职能有五方面[①]:一是对合作社进行法定审计,分析合作社的经济和财务状况,提出改进建议;二是向合作社提供市场信息和咨询服务,解决经济纠纷,处理法律事务;三是对合作社领导人及其成员进行培训,提高其决策水平和经营能力;四是为合作社提供低息贷款担保,或者为银行对合作社进行信用评级;五是代表合作社向政府游说,表明利益诉求,争取优惠政策。各级合作社联盟和专业性协会的经费既来源于合作社上交的会费,也来源于联盟的服务收费和一些经营获利。

第三节 农业合作社的组织制度与运行机制

德国于 1867 年制定了世界上第一部专门针对合作社的法律,现行德国合作社法全称为《工商业合作社和经济合作社法》(以下简称《合作社法》),制定于 1889 年,虽已经历数次修正,但基本框架却保持不变。《合作社法》全法分为 10 章,分别为合作社的设立、合作社与社员的法律关系、代表和业务执行、审计和审计协会、社员的退出、合作社的解散和无效、破产程序和合作社的赔偿义务、责任金额、刑罚和罚金规定和结束条款,共有 165 个条文[②]。

德国《合作社法》颁布百余年来,为适应外部新形势的变化和合作社自身内部发展需要,迄今经历了 5 次大的修改和多次修订,但基本框架保持基本不变,有力地促进了德国合作社的持续健康发展。最新版的《合作社法》是 2006 年 10 月颁布的,最近一次修订是在 2015 年 4 月,与上一版《合作社法》相比,重点在合作社的本质规定及创设、成员制度、合作社治理、合作社审计等方面进行了修订[③]。

一、设立登记

(一)遵循的组织原则

《合作社法》规定合作社成立必须满足以下条件:①能够确定促进合作社

---

① 徐旭初,贾广东,刘继红,2008. 德国农业合作社发展及对我国的几点启示 [J]. 农村经营管理 (5):38-42.

② 本部分主要参考了王东光博士《德国工商业与经济合作社法》的中译文。

③ 苑鹏,2016. 德国合作社法新变化及对我国的启示 [J]. 中国农民合作社 (10):21-22.

社员的收益或经济状况，或者满足成员的社会或文化需求；②除该主要的目的外，还要有益于合作社的公共福利目标。

（二）设立的基本条件

合作社设立的基本条件包括以下内容：社员人数至少为三人；合作社社章须为书面形式，标明合作社名称及住所；经营范围；有关社员大会的召集形式以及大会决议的备案形式和大会主席等；有关债权人在破产程序中不能通过合作社财产得以满足的情况下，社员是否追加无限的或者一定限额（责任金额）的出资或者完全不追加出资到破产财产之规定；每个社员得以加入合作社所需达到之出资额（股份）以及各个社员缴付股金之义务等；有关合作社发布公告的形式以及法律或社章规定在公开报刊上发布公告时公开报刊的确定之规定；社章的其他强制性内容；社章保留条款等。

（三）设立的程序

成立合作社的程序包括：①董事会负责向法院申报将合作社登记到合作社登记簿；②在申报中须进一步说明董事会成员具有何种代表权限；③董事会成员须同时提交经官方公证的签名字样；④社章的副本将由法院作以公证，并附以成功登记证明后返还，其他书面材料将由法院保存；⑤法院审查核准后，公布获得登记注册的社章的摘要内容。

二、会员制度

（一）成员的权利

根据《合作社法》规定，社员享有的权利包括：退出权、表决权、收益权、知情权和其他权利。

（二）成员的义务

合作社社章规定了每个社员得以加入合作社所需认购的股份和有义务缴纳的股金数额，需要缴纳的股金总额至少要达到认购股份的 1/10，也可以以实物出资认购股份。在退出合作社前，社员不能要求合作社支付其贷方余额或者在商业经营中进行抵押，合作社不能免除社员应纳股金，也不能向社员提供以缴纳股金为目的的贷款，社员不能主张抵消应纳之股金。社员缴纳的股金和分得的利润构成了社员在合作社财产中的贷方余额。

（三）成员的退出

社员可以通过与合作社进行资产清算的方式或者通过转让贷方余额的方式退出合作社。社员退出时与合作社之间的资产清算取决于合作社的资产状况和社员退出时合作社的社员人数。合作社需在社员退出后的 6 个月内向其支付贷方余额。社章可以赋予已经完全缴纳股金的社员在退出时请求给付由年度盈余形成的盈余储备金中的应得份额的权利。如果包括储备金和所有贷方余额在内的财产不足以清偿债务，且社员有义务在破产的情形中向合作社支付追加保证金，则退出的社员必须向合作社支付亏空部分中其所应承担的份额。社员可以随时，也可以在营业年度进行之中，以书面协议的形式将自己的贷方余额转让给他人，社员通过这种方式不经与合作社进行资产清算而退出合作社，只要受让人取而代之成为社员或者受让人已经是社员，并且其目前的贷方余额加上新增的数额没有超过股份。

三、决策机制

（一）社员大会

社员大会是合作社的最高权力机关，是社员对合作社事务行使权利的场所。社员大会的权限包括就修改社章作出决议、批准合作社年度决算、决定利润分配和亏损分摊、批准董事会和监事会的工作报告等。原则上每位社员拥有一票表决权，但也不排除复数表决权。复数表决权的设定和行使都是附条件的：首先，复数表决权的设定必须在社章中明确规定，尤其是提供复数表决权的前提条件；其次，任何社员不能获得超过三票的复数表决权；再次，复数表决权只能赋予能够特别促进合作社业务经营的社员；最后，在法定的以加重多数（3/4 或更大的多数）作出决议的场合，以及就撤销或限制复数表决权作出决议的场合，享有复数表决权的社员也只能和其他社员一样行使一票表决权。从表决权的分配上就可以看出，合作社属于人合性组织，社员的权利分配以人为基础，而非资本。

（二）董事会

董事会在诉讼中和非诉讼中代表合作社。作为合作社的代表机关和业务执行机构，至少由两名成员组成，由社员大会从社员中选举产生，非社员不能进入合作社的董事会。社员大会可以随时解聘董事，监事会可以临时解聘董事，都不必因合同具有法律约束力而支付补偿。董事会独立领导合作社，在诉讼内外代表合作社，董事会的权限虽受社章限制，但这种限制对第三人不发生法律效力，尤其是社章规定代表权仅限为某些业务或某类业务，或者仅在某些情况下或某段时间内或在个别地点才有代表权，或者对于个别业务要求征得社员大会、监事会或合作社其他机构的同意。董事会成员在执行业务时应尽到正派和认真的合作社业务执行人的责任心，必须保守因其在董事会供职而获得的合作社的经营秘密或业务秘密，违反义务的董事会成员作为连带债务人向合作社承担赔偿责任。

（三）监事会

合作社必须设有董事会和监事会。对于社员人数不超过 20 人的合作社，可以在社章中规定不设监事会。在该种情形中，如果《合作社法》没有作出其他规定，社员大会承担监事会的权利和义务。监事会负责监督董事会的各项业务执行活动，可以随时要求董事会就合作社事务进行汇报，监事会自身或通过其指定的个别成员查阅合作社的账簿和文件，调查合作社的财产状况。监事会负责审查董事会提交的年度决算、情况报告和使用年度盈余或弥补年度亏空的建议。监事会的其他职责可以由社章规定。为了确保监督职能的有效性，监事会成员不能将其职责委托给他人行使，并且必须严格遵守监事会与董事会成员的身份分离。通常情况下由董事会代表合作社，但在合作社与董事会签订合同时或社员大会决定对董事会成员提起诉讼时，由监事会代表合作社。

四、利益机制

盈余分配和亏损分摊是合作社利益机制的核心。在确认年度决算时该营业年度的收益或损失将分配或分摊给社员。在第一个营业年度将按照社员已经缴纳的股金比例进行分配或分摊，在此后的每个营业年度，将以上一个营业年度结束时加减损益后计算所得的结余款为准，再按比例进行分配或分摊。利润持续累加，直至达到股金数额。这里的分配或分摊都是账务上的财务行为，而不是现实地向社员支付利润或收缴分摊的亏损。社章可以另外设定一个分配利润或分摊损失的标准，以及就在达到股金之前在多大范围内向社员分配利润作出规定。在因损失而减少的结余款项重新获得弥补之前不得分配利润。通过社章可以规定不分配利润，而是计入法定储备金和其他的盈余储备金。

五、监督机制

德国是实行合作社"双轨制"较早、监督法制较为健全的国家之一。早在1889 年颁布的《合作社法》中就对合作社监督有较为明确的规定，此后在对《合作社法》的历次修改中对监督条款不断改进和完善，并适应形势变化不断加强。在德国现行法律中，规定合作社理事会、监事会和社员代表大会是合作社必设机构，不允许任何合作社对此作不同规定（称作"无保留规定"的法律规定）。换言之，在德国成立的任何合作社必设监事会，否则可能视同非法组织或组织的违法行为。

1973 年德国《合作社法》对过去合作社最高权力机构是社员大会的规定作了修订，使社员大会、理事会、监事会权力基本均等，这充分体现了三权分立、相互制衡的合作社管理思想。这一立法使德国合作社监督机构比较健全，并发挥了很好的监督作用，使德国成为战后合作经济发展迅速及成为世界上实行合作社"双轨制"较为成功的国家之一。在德国，由于合作社内部经营管理普遍实行经理聘用制，为了使合作社成员能够有效地监督和控制董事会与监事会，并使董事会与监事会能够更好地管理合作社和控制经理，全国普遍建立了合作社强制审计制度。1983 年颁布的德国《营利合作社和经济合作社法》规定，合作社必须加入一个合作社审计协会，由该协会对合作社的机构、管理制度、业务活动、资产状况和经济效益等方面定期进行审计。审计协会的审计权由所在地的州食品农业部长授予。审计结果向全体成员报告，让成员全面了解合作社的经营管理情况，接受成员监督，使其在表决时能作出正确选择。另外，德国《合作社法》还规定各个合作社必须联合组成审计协会联合会，保持一个有效的审计体系，这个审计协会联合会由政府授予审计权，并对每个合作社采取"强制成员资格"的形式，将加入合作社审计协会作为合作社注册和经营的前提。目前，德国各地合作社审计协会按照国家制定的审计监督标准，分门别类地成立了合作社生产、消费、住宅、金融等不同业务的监督审计委员会，形成了合作社监督管理的完整而严密的体系，充分体现了社员的民主愿望和要求[①]。

六、解散和清算

合作社可以通过社员大会作出决议而随时解散。大会决议至少要获得全部投票的 3/4 多数。董事会应不迟延地申报将合作社的解散登记到合作社登记簿。如果合作社因社员大会决议或因存续期限届满而被解散，只要清偿债务之后剩余的合作社财产还没有在社员中开始分配，社员大会就可以决定合作社继续存在。该决议需要获得全部投票的 3/4 多数。清算时，如果社章或社员大会决议没有委托其他人进行清算，则由董事会进行清算。

七、农业合作社组织制度与运行机制新变化

（一）合作社更加开放

德国农业合作社的目标功能，由经济目标增加到满足成员社会、文化需求的目标，强化了合作社的社会功能，与国际合作社联盟关于合作社的最新定义一致，也不再限制人们组建合作社的类型。合作社的门槛进一步降低，成员最低人数由 7 人降至 3 人，体现了合作社制度的开放性和包容性，为普通大众创业选择合作社的形式提供了更多的机会。

（二）成员制度更加灵活

合作社的成员资格更加开放，与合作社财产的使用或生产及合作社服务的使用或提供无关的人，允许成为投资成员，以缓解合作社市场化导向带来的直接融资能力不足。在成员出资方面，允许以实物出资认购股份，并在合作社成员身份的选择上给予更多的弹性，强化了对被开除成员权益的保护。

---

① 杨少平，陈则生，等，2007. 英国德国合作社考察报告 [J]. 中国合作经济（8）：53-56.

（三）治理机制更加完善

对于 20 位成员以下的合作社，可以以章程规定的方式取消监事会，降低小规模合作社的治理成本。合作社在制定章程时规定了"章程的最少内容"，在强化合作社章程硬约束的同时，为各个合作社制定符合自身发展的章程提供了更大的弹性空间。适应合作社规模不断扩大和成员异质性变化的新趋势，合作社的决策权不再是"以压倒多数票"，而是"以大的多数票"进行投票。

（四）审计制度更加完善

简化审计制度，将审计对象调整为"资产负债总额超过 100 万欧元及营业收入超过 200 万欧元的合作社"，抬高了审计起点，强化了审计的针对性。将规模较大的合作社审计与公司法接轨，强化了公平原则，体现法律营造各类市场主体平等竞争的基本精神。针对合作社审计出现的形式化苗头，德国对审计工作的中立性进行加强，排除相关利益者参与审计。将国家监督引入对合作社审计协会的监督，进一步完善政府对审计的监督。

第四节　政府对农业合作社的政策支持

世界各国农民合作经济组织的发展模式，依据其产生和发展的途径或促动力量，可以被归纳为两种：一种是市场推动模式，一种是政府推动模式。市场推动模式是指农民在共同的市场需求下，为了提高市场竞争力和组织化程度，获取合理的市场交易利益，自我联合起来组成自己的服务组织的一种发展模式。这种发展模式的特点是坚持"民办、民营、民管和民受益"原则，不以承担政府赋予的任务为主要职能，政府不干预合作社的业务经营和内部管理，政府与合作社的关系是法律上的平等关系，政府的作用在于通过法律法规为合作社提供一个宽松而有序的发展空间。市场推动模式比较典型的有美国、法国、德国、丹麦等国家。政府推动模式是指政府为贯彻农业发展战略、落实农业政策而号召农民联合起来，并具体指导和帮助农民组成具有合作性质的农村经济组织的一种发展模式。这种类型的合作社，其组织体系、经济功能等都是在政府的直接推动下实现的。亚洲许多国家和地区的合作社成长模式都属于政府推动模式，如日本、印度、泰国、韩国、越南等。尽管德国的合作社与政府并没有直接的行政关系，也不依赖政府，表现出较强的独立性，然而，长期以来政府通过立法和提供一些优惠政策，保障合作社的合法权益，促进合作社的健康发展①。

一、针对性政策

（一）税收优惠

德国农业合作社如此完善，这与政府有力的支持与提供保障是分不开的。政府承认这些农民组织作为农民利益代言人的地位，在制定涉及农民、农村和农业等方面的政策时，积极与这些组织协商沟通，以减少政府与农户的误解和矛盾，共同促进农业的发展和农村的繁荣。德国政府为支持农业合作社的发展，对合作社用税后利润进行投资的部分免征所得税；农业企业、合作社还可获得免交营业税、机动车辆税的待遇；为农业企业提供咨询、农机出租等服务的合作社还可以免交法人税等。

（二）财政投入

德国政府鼓励农民走联合发展之路，并为农业合作社提供财政支持。政府每年都要从财政经费中拨出一定经费支持合作组织的活动，为其提供贴息贷款、减免税款等优惠经济政策。新成立的农业合作社 5 年内可享受创业资助，包括人工费用、办公设备和咨询费；7 年内可享受投资资助，如采购、加工、销售、仓储、包装等经营性投资成本，此外还有销售等方面的投资，其资助额可达到投资总额的 1/3 以上，但不能高于销售收入的 1/3。由于农业企业的特殊性，德国政府也提出相应的信贷管理策略，由此发展更多的信用合作社，使农民实现低息贷款。财政补贴涉及范围很广，如企业进行增资扩股，或是对内陆水域的治理，还包括互助组织及土地规整等。通过对农村贷款加以限制，尤其是针对农村种养企业的贷款，以限制其最高利率并降低利息率的方式达到降低企业贷款成本的目的。

---

① 四川省雅安市农业局. 德国农业发展的政策支撑. http://yany.yaan.gov.cn/yany/showxx.aspx? id=303.

（三）社会服务等

德国基层农业合作社发端于信用合作，后来逐步扩展到为农民提供物资采购，农机具使用，农产品储藏、加工、运输、销售，农业信贷，农民建房，信息咨询，技术培训，能源提供等全方位系列服务，涵盖了农民生活和生产的方方面面。德国合作社遍布农村，形成一个综合性的社会服务网，其结构完善、法律完备、服务周到，发挥着个体农民和国家都不能替代的作用。健全的社会化服务体系使农民实现了与城市从业人员相比只是岗位不同、同样轻松体面的工作。德国政府高度重视农民合作组织的发展，赋予其政策指导、利益协调、技术交流和社会服务等多方面的职能。在运作过程中，农民合作经济组织反映了农民的社会经济利益，对政府政策制定具有强大和持久的影响力，农民的根本利益可以得到保障。

（四）法律支持

自 1867 年德国制定第一部合作社法以来，德国合作社（包括农业合作社）就一直在明确的法律基础上发生、发展、变化和调整。德国《合作社法》作为与公司法同等重要的主体法，是法律体系中一项不可或缺的基本法，具有综合地、不分行业地规范和调整各种不同类型合作社组织经济行为的特点。最新的《合作社法》对合作社的法人地位、法律责任、社员出资、组织治理、盈余分配、法定审计、解散清算诸多问题作出了详尽的规定。德国基本法明确规定"促进合作制""支持合作自助"，并把这种促进和支持作为"优先目标"。

二、配套性保障措施

（一）土地制度方面

德国宽松的农地制度促进了农地自由流动，扩大了农场规模，为促成专业化农业合作社的形成奠定了良好的基础。20 世纪 60 年代德国政府规定，凡出售土地的农民可获得奖金或贷款，以帮助他们转向非农产业；凡土地出租超过12 年的，每公顷租地可获奖金 500 马克。在法规引导的同时，德国政府还利用信贷、补贴等经济手段来调整土地结构。灵活的产权制度，加上政府支持，有力地促进了德国零星地块的调整和整合，农场规模得以迅速扩大。德国农场

211

之间相互兼并重组、土地租赁经营不受任何制约，而且政府制定《农业法》《土地整治法》保障其稳步推进，使原来规模很小的农场逐步转变成规模较大的农场。德国农场以中小型家庭农场经营为主，2014年，德国100公顷以下的中小型农场占88%，但是大型农场占据农业的主导地位，100公顷以上大型农场占12%，经营土地面积却超过57%。土地的规模化对于农业的规模化生产和机械化经营，以及对提高农地的集约化水平，都发挥了重要的作用。

（二）社会保障方面

完善的社会保障制度是德国农民规避自然风险和市场风险的有效依靠，大大提高了农民在市场经济中的地位和话语权，使得本着维护自身权益、追求更高收入目的的农民合作社吸引了更多农民社员的关注和加入。随着德国农业生产的发展和农村生活条件的变化，德国政府专门制定了适合农村需要的社会保障制度，包括医疗和护理保险、养老保险和事故保险等方面，整个德国已经形成了统一的农村社会保障体系。1989年德国政府出台提前退休制度，鼓励中老年农民提前放弃农业，把农场交给年轻的农民，改善从业人员的结构。从事农业的中老年人提前退休，可以得到补偿金。1995年1月，政府开始对农业社会保障制度进行改革，重点是为农民的妻子提供社会保障及在德国东部实行农民退休养老金制度，逐步统一城乡社保制度，使农民生活有了可靠的保障。

（三）城镇化方面

城镇化对农业合作社的影响是全方位的，城镇化水平的提高直接影响着农村经济水平的提高。对于合作社而言，农村经济的不断发展会带动农业生产条件的改善，如农业基础设施更新、新技术开发和良种的引进等。同时农村市场的完善会进一步刺激加工和流通环节以及金融领域合作的进一步加深。德国几乎1/3的人口居住在85个大城市（10万居民以上），但大多数人住在农村和小城镇，其中700多万人居住在2 000人以下的居民点，4 600万人生活在人口为2 000人至10万人的小城镇。德国政府多年来不遗余力地实施一项旨在缩小城乡差距的村庄更新计划，这项计划重点突出以人为本的理念。在多年的发展中，德国的村庄更新计划已经从最初的建设基础设施等重点，逐渐转向保持活力和特色的新农村建设方向发展。近年来，在全球重视环境保护的背景下，德国更是将大力发展城镇建设提到重要位置，并将其纳入农业改革发展的6年规划。根据该规划要求，政府要投入75亿欧元，进行农村基础设施建设，整治河道，恢复自然生态，为居民提供教育、卫生、邮电、交通、能源等多方面的保障，达到与城市相当的水平，并将"农民"改名为"自然环境保护者"。德国在进行新农村建设中，非常重视规划工作，其规划的特点是自下而上，一般由地方社区进行引导，规划的参与主体非常宽泛，包括村民、企业、协会、管理部门等。

第五节　农业合作社的发展经验

从德国农业合作社发展的实际经验来看，民主、规范、科学、高效的管理是维护社员权益、确保合作经济成果的关键。总结德国农业合作组织的发展经验，主要有如下几点。

一、以"企业思想"运作的合作社模式

德国农业合作社是一种特殊的企业形式，它既是经济企业，又是一个人员联合体。虽然根据德国《合作社法》，合作社是不以营利为目的的组织，即"服务于增进合作社成员的收益或经营，或者服务于合作社的公益意向"，但是，近些年来，随着社会经济的发展和市场竞争的加剧，德国合作社迫于市场竞争压力，越来越呈现规模化组织、专业化经营、企业化运作的趋势，出现股份化持股、差别化投票及按股分配等资本联合与现代企业管理制度。德国对于合作社的监控和对企业的监控是一样的，注册登记的管理部门也是一样，如生产粮食的农民作为企业进行登记注册，他们既是合作社的成员，又是企业家，合作社本身就是"企业的联合"。

德国农业合作社出现了向营利企业转化的显著趋势，主要表现为：①合作社旨在由社员需求导向向市场需求导向转变。例如，那些具有鲜明社员需求导向的兼营商品供销信贷合作社逐渐减少，已不到农业合作社总数的10%。②社员异质性日益增强，导致合作社及其社员越来越倾向于股份化持股、差别化投票及按股分配，在传统合作基础上引入灵活的资本联合形式。③合作社通过联合与合并，进行规模化整合，扩大经营规模，提高市场竞争力。近些年德

国合作社数量不断减少，单个合作社规模明显扩大。1950 年德国西部有 23 842 家农业合作社，到 2005 年底有 3 122 家，2018 年有 2 024 家。④随着合作社经营规模和业务量的不断扩大、非社员业务的增加及向新的经营领域的拓展，合作社聘请专职管理人员也就不可避免，合作社民主管理逐渐为专家管理所代替，全体社员大会逐渐为代表大会所代替。⑤出于市场竞争的需要，合作社的非社员业务不断增长，社员与合作社的关系日渐疏远。⑥在德国，由非营利的合作社转化为以营利为目标的股份公司早已不是个别现象，而且这种情况目前在农业合作社中有所出现。

二、以"自愿与互助"为原则的合作理念

德国成立合作社完全是按自愿和互助原则成立的，并按公司制度经营业务。社员以其资产入股，合作社的经营业绩直接关系到每个社员的切身利益。因此，每个社员都"以社为家"，为合作社的发展献计献策。合作社对内以服务为主，对外以营利为目的，作为市场经营主体，有效地维护其成员的利益。合作社实行规模化经营、标准化生产，如批量采购农用生产资料、规范产品生产和销售标准、使用统一品牌等，降低了成员的生产成本，形成了明显的市场竞争优势。农民参加合作社获得的经济利益主要体现在以下几个方面：①在生产交易活动中减少中间损失；②在融资方面免除债息过高的风险；③在农产品加工和销售方面使用同一标准和品牌而共同享受增值的好处；④在使用大型农业机械和设施方面互通有无而降低成本；⑤通过农业产业内部分工，能享受和提供完善的社会化服务，如良种供应、病虫害防治、卫生防疫、机械维修技术培训、信息咨询等。因此，德国农民自发组织或加入合作社的积极性较高。

三、以"严格"著称的合作社审计制度

德国《合作社法》规定，合作社成立前须经当地审计师协会审计通过，成立后必须加入所在地区的合作社审计师协会，并接受定期审计。合作社每隔两年需接受一次审计，资产负债表超过 200 万欧元的合作社需每年审计一次。合作社审计协会必须具有注册协会的法律形式，有地方主管当局授予的审计资格

证书，其中至少有 1 名拥有 3 年以上审计师资格和 1 名作为质量控制审计师注册的董事会成员或特别代表，在最新修订的《合作社法》中更加强化了国家的监管，合作社审计机构要受有资格的监督机关的监督。审计内容是全方位的，不仅包括合作社的日常业务往来、资产状况，而且包括合作社领导层（董事会）的管理方式和经济效益。审计费用由合作社承担，如在审计过程中发现影响合作社发展的重大问题要立即通知监事会，并与其一起解决问题。审计结束后要形成详细的审计报告，并督促理事会解决存在的问题。理事会要将审计结果通告每一位社员。审计机构不仅有知情权，还要有沉默权，即要保守审计结果秘密，不能对外泄露。德国在法律中专门就合作社的审计制度作了明确规定，其目的不只是加强对合作社内部管理的有效监管和制约，更重要的是对缺乏经验的合作社领导在工作上给予有力的支持。

四、以农业信贷服务为导向的农村金融合作

德国合作社的主要起源之一就是信贷合作社，其后，在德国合作社特别是农业合作社发展过程中，合作金融发挥了至关重要的作用。目前，德国的合作金融组织已经形成遍布城乡的合作金融组织网络和健全的合作金融管理体制。德国的农业信贷政策，对农民提供优惠有两种形式，一种是直接补贴，另一种是通过贷款。从实际情况看贷款比直接补贴的形式更好些，所以越来越多地采取贷款形式，但仍保持一定数额的财政补贴。100 多年来，尽管德国的经济体制和银行体制发生了巨大的变化，但合作银行仍然坚持合作制的组织机构和为社员服务的宗旨。合作银行的股东也就是合作银行的主要客户，合作银行的业务紧紧围绕客户需求开展，中央合作银行把推动合作体系的健康发展作为资金的主要任务。合作银行、信用社等合作金融占到了农业信贷的 60%，德国的合作金融机构在为德国农业提供资金服务方面发挥了很重要的作用。

五、有机的联盟结构

经过长期的发展、调整和整合，德国的合作社在发展中形成了多层级、网络型、分权式的合作社联盟体系。合作社具有自上而下的三级组织结构：基层

合作社，区域性合作社联盟或区域性专业协会，全国性合作社联盟或全国性行业协会。一般情况下，社员自愿组建基层合作社，各基层合作社按照区域组建区域性合作社联盟，各区域性合作社联盟再根据需要组建全国性合作社联盟。合作社联盟是多元化和综合性的。联盟自身不从事具体的业务经营活动，而是扎扎实实地为基层合作社办事。各级合作社联盟和专业性协会的经费既来源于下级合作社上交的会费，又来源于联盟的服务收费和一些经营获利。

第十一章 CHAPTER 11
德国农村社会保障政策 ▶▶▶

　　德国是世界上最早以法律形式实施社会保障制度的国家，因此，可以说现代意义上的社会保障制度最早形成于德国。就德国的农村社会保障制度而言，同大多数国家一样，其发展明显滞后于城市的社会保障，但总体来说，适用范围广泛，立法内容比较健全和完善。第二次世界大战后德国农村社会稳定，农业经济快速增长，人民生活水平不断提高，这一切成果与德国拥有较为完善的农村社会保障体系是密不可分的①。本章在简单介绍德国农村社会保障制度的起源与发展之后，分别就农村社会养老保险制度、农村医疗保险制度、农业事故保险制度、社会护理保险制度、农民失业援助制度等几个方面作出具体的介绍。

第一节　农村社会保障制度的起源与发展

　　在德国，独立就业的农民的社会保障问题曾经长期被忽视，不像企业劳动者那样被政府和社会所重视。1886年5月，德国颁布了《关于农业企业中被雇用人员工伤事故保险法》，为农业从业人员提供风险保障。该法的公布与生效，可以看作德国实施农村社会保障政策的开端。然而，该法针对的对象仅仅是在农业中从业的雇员，而农场主（农民）的社会保障问题仍然未被考虑。后来，随着欧洲农业一体化的不断发展，人们普遍认识到，必须通过对农民实行完善的社会保险来提高农户的竞争能力及改善他们的生活条件。

　　1951年，德国颁布了《农民养老保障法》，开始建立真正意义上的农村养老保险制度；1957年，德国颁布了《农民老年援助法》，开始实施对农民的老

---

① 徐嘉辉，郭翔宇，2009. 德国农村社会保障制度及其借鉴［J］. 商业研究（6）：207-210.

年援助，即对年老的农场主在将其农场交给继承人之后进行现金补贴。农民老年援助作为对传统养老金的一种补偿，标志着德国开始对独立经营的农业企业主及其共同从事农业生产的家庭成员实行一种特殊的老年保障制度。这种针对职业特点的特殊保险体系从一开始就设计为独立于一般的社会保险，尽可能为独立就业的农民的利益着想，并且在农业结构转变时能为农民起到保护作用。自此，德国的农村养老保险体系正式开始建立，标志着德国向建立一个独立、全面的农村社会保障体系迈出了重要的一步。

1972 年，德国开始实行农村医疗保险政策，自雇农场主及其配偶和其他家庭成员、退休农场主首次被纳入法定医疗保险体系当中。农村医疗保险基金的赔偿范围包括：①为提高健康水平和预防疾病的保险；②疾病早期发现的赔偿及患病赔偿、死亡赔偿；③对怀孕或产假以及遵守计划生育及法定节育和堕胎的妇女的赔偿。

1986 年，《联邦养育子女法》开始适用于农民，养育子女的农妇（或者农夫）有权利获得养育补贴。

1995 年，德国《社会护理保险法》颁布实施，农民被纳入保障之列。农村护理保险基金设在农村医疗保险基金之中，凡是参加农村医疗保险的成员均是农村护理保险的成员。

1995 年 1 月 1 日生效的德国《农业社会改革法》对农民老年保障进行了大幅度的改革，将农民老年援助中的零花钱发展为有收入补充功能的一种真正的部分养老保险，意味着农民养老保障被正式归入社会保险领域而不再是社会救济领域。农民老年保险的赔偿范围有：①包括康复在内的医疗；②职业和家庭援助；③年龄超过 65 岁领取的养老金、提前退休养老金及伤残救济金、鳏寡抚恤金等；④为低收入农场主或其在农场工作的有投保义务的家庭成员提供保险税款津贴；⑤给放弃财产及生产的农场主支付养老金和补偿津贴。

1997 年，德国修订后的《事故保险法》分别对一般事故保险和农业事故保险作了详细的规定，由此进一步明确了农业事故保险的保障范围和特殊性。此后，各地区农业事故保险基金相继建立。农业事故保险的受保人主要为农场主及在农场工作的其他人员。农业事故保险赔偿的范围主要包括两方面：一是负担受保人因工作事故或患有职业病而须支出的医疗费用；二是提供职业援助，即根据受保人的素质、才能和先前的职业帮助他们重新找到工作，或者帮助伤者获得从事新职业所应具备的素质资格。

如今，在已建立起现代社会保障体系的德国，从事独立经营的农民与具有雇佣关系的工人和职员一样，能够享受所有的社会保障。从德国农村社会保障制度的发展过程中可以看出，通过不断地完善和充实，德国已经为农业工作者提供了一整套防范生、老、病、残、死等所有风险在内的社会保障制度，其内容之丰富和完整使德国成为一个名副其实的福利国家。但与其他福利国家不同的是，德国实行的不是包括农民在内的一元化社会保障政策，而是将农民与其他从业者区分开来，建立起一套自成体系的、单独的农村社会保障制度，农民以其农业劳动者的具体身份来获得相应的权益[①]。

第二节　农村社会养老保险制度

一、农村养老保险的发展与改革历程

很长一段时期以来，德国的立法机关认为，独立从业的农场主在退出农业经营时可以从继承人那里获得一定数额的现金和实物补偿（如提供住房），因此，没有为他们设立法定社会保障的必要。但由于城市化的影响，老年农场主及其家属的生活需求也在提高，而他们从农业企业移交（出售或出租）协议中获得的现金补偿又无法满足他们的需求，尤其是中小农场主在老年时往往陷入生活困境，导致了他们在达到正常退休年龄后还不得不继续从业，使得企业移交给年轻继承人的时间也被一再往后推。与此同时，欧洲一体化的深入也进一步加重了农业领域的竞争压力，德国的农业经营生产尤其受到了南欧农业大国的冲击。与这种趋势形成鲜明对比的是，农场主及其配偶的保障比例是很低的，根据德国联邦统计局 1956 年的一份调查表明，在 0.5 公顷及以上经营规模的农业企业中，仅有 33％的农场主、16％的家属为其年老以及残疾的风险投了保。

直到 1957 年，德国《农民老年援助法》生效，标志着对独立经营的农业企业主和他们的共同从事农业生产的家庭成员开始实行一种特殊的老年保障制度。立法的初衷是，在终老财产（老年农民将庄园移交给继承人以后，保留下来供自己使用的住房等财产）之外向他们支付一些补充性现金（零花钱），条

---

① 韦红，2007. 德国农村社会保障政策的特点与启示 [J]. 新视野（3）：89 - 91.

件是企业主必须把他的庄园交给他的继承人经营。

1995 年 1 月 1 日生效的《农业社会改革法》对农业老年保障进行了大幅度的改革，将农民老年援助中的零花钱发展为有收入补充功能的一种真正的部分养老保险，制度的名称也从原来的农民老年援助改变为农民老年保障。这就意味着，农民老年保障被归入社会保险领域，而不再是社会救济领域。

1995 年的农业老年保障制度改革基于以下原因：第一，农业深层次结构性变化，尤其是农业企业主补充性的农业之外经营的必然性，使得企业主的配偶在农民家庭企业中承担起全部责任和发挥着重要和主要的作用。尽管如此，农妇基本上没有保险义务，因此在老年和丧失劳动能力时没有自己的保障。第二，世界范围的农业市场困难，导致农业企业的数量和农民老年援助中保险费支付者的数量在大量减少，而越来越多的老年农民有权利获得老年年金，这就使得待遇资金很难筹措。

经过改革的农村养老保险体制对农场主规定了过渡性措施，即一个农场主若在改革法生效之时已经年满 50 岁，那么，他就有权在投保农村养老保险和投保（法定）普通养老保险（包括工人养老保险和职员养老保险）之间进行选择。若转入农村养老保险，原先在普通养老保险中的投保时间在特定条件下可折算入农村养老保险，这既可以确保他们能拥有最低投保时间以便从农村养老保险中获取养老金，又能够提高他们的养老金水平。

1995 年农业社会改革的一个核心内容是在农村养老保险中对农妇实行独立的保障。所有在 1995 年 1 月 1 日改革法生效时不满 65 岁农民的配偶，从 1995 年 1 月 1 日起可以和企业主一样参加养老保险，即《农业社会改革法》要求农妇有自己的而不是派生出的老年和丧失劳动能力的社会保障。

2014 年 5 月，德国政府进行了一系列养老保险政策措施改革。这些改革措施不仅保障了农村参保者退休养老的权利，而且提高了他们的养老金待遇水平。经过多年的发展和不断的改进，德国至此形成了比较科学与完善的农村养老保险体系[①]。

总之，德国的农村养老保险是针对农场主这一特定的职业群体设立的，并且作为一个专门的部分相对独立，这与其他发达国家（如英国、瑞典、美国等）迥然不同。其主要任务在于：给予投保的农场主（包括其配偶）、共同劳

---

① 何园洲，2019. 德国农村保险制度及启示 ［J］. 经济研究导刊（4）：107－108.

作的家属及其遗属在出现诸如年老、丧失劳动能力和死亡等情况时，以现金的形式支付养老金，为老年农民和过早丧失劳动能力的农民提供基本生活保障。德国农村养老保险是一种法定强制保障，但在特定情况下，上述人员也可以依法或申请免除保险义务。

二、农村养老保险的保障对象

在德国农村养老保险的保障对象方面，根据《农业社会改革法》的规定，原则上所有农民都有义务参加养老保险，法定投保人为农场主及其配偶和共同劳作的家属。在这里，对于成为投保人的条件还有一些明确的规定。具体来讲，在农民老年保障中有保险义务的人有以下几种。

（一）农场主

谁作为企业主在独立经营着并达到一定规模的农业企业，他就是一个农场主。这里的企业主是指所有的农业和林业企业主，包括葡萄酒、水果、蔬菜和园林以及养鱼业企业主。如果一家农业企业的经济收益（不包括副业的收益）达到了临界值（由当地农村养老保险机构在与德国农村养老保险机构总联合会协商一致的基础上，且在考虑到当地或地区的具体情况下制定），则这家企业就被看作达到了要求的最低规模。

（二）农民的配偶

农民的配偶是指有同等经营企业权的丈夫或者妻子，在多数情况下企业由丈夫经营，因此农民的配偶一般指农妇。改革法规定，夫妻双方要向农业老年保障金库说明，夫妻中的哪一方作为农业企业主参加保险和哪一方作为农业企业主的配偶参加保险。另外，倘若配偶双方没有持久地分居，农场主的配偶也可以被视作农场主，因此也可以向农业老年保障金库说明，由于两人共同经营企业，双方同时作为农业企业主参加保险。农业企业主和他们的配偶支付相同数额的保险费。

（三）农民共同劳作的家属或者他们的配偶

农民共同劳作的家属必须要在农业企业中专职从业。共同劳作的家属有：

三代以内（直至第三代）的血亲，两代以内（直至第二代）的姻亲，农场主或者其配偶的一个子（女）或养子（女），与企业主或者其配偶长期保持类似家庭关系并且被企业主或者其配偶视为家庭成员的保姆。

必须指出，大型农业企业中被雇用的雇员不属于农村养老保险的范畴，他们应投保于普通的工人或职员法定养老保险。

三、农村养老保险的保障内容

农村养老保险的投保人可享受的待遇有：年龄达到 65 岁时的养老金，丧失劳动能力年金，在劳动能力受到严重威胁时的康复待遇及在此期间提供企业援助和家庭援助，在受保险人死亡时的遗属年金（寡妇与鳏夫年金、孤儿年金），渡过难关补贴。通过提供这些待遇，使农业企业在企业主生病或者死亡时仍能继续运营。

投保人可获得的养老金给付额起初比较低，后来逐步提高。1957 年德国《农民老年援助法》生效时，最初给付养老金的标准已婚者仅为每月 60 马克，未婚者为每月 40 马克；而从 1996 年 7 月 1 日起，德国已婚者获得的养老金最高额达到了每月 1 226 马克。养老金给付开始是几年调整一次，直到 1990 年之后才根据雇员的工资和薪水变化幅度每年进行调整。养老金的给付水平约等于投保人退休前收入水平的 71%，鳏寡孤独老年人为 60%。在 2010 年的计划改革中，该水平分别降低到 67% 和 55%。

四、农村养老保险的资金来源

在资金来源方面，德国农村养老保险体制实行现收现付模式，资金部分来源于投保人缴纳的保险费，但很大一部分支出由联邦资金（联邦政府的补贴）来筹集，特别是养老金给付出现赤字时全部由国家财政兜底。德国农村养老保险实行统一保险费原则，保险费数额是以法律形式确定的，一个农场主即使经营着多个农业企业，也只缴纳一份保险费，且所有农场主的缴纳数额是相同的，与企业的规模及经营结果无关。每一个共同劳作的家属若未依法或根据申请被免除保险义务，也有缴纳保险费的义务，保险费由其所在企业的农场主承担，其费用为该农场主保险费的一半；该农场主在特定情况下也可申请用于共同劳作家属保险费的补贴。

由于农村养老保险旨在谋求农业结构政策的目标，以及缴纳保险费人数与获得待遇人数之间的比例不平衡，联邦资金在农村养老保险资金中占了绝大部分。在农业社会改革之前，从待遇总支出中先扣除联邦补贴部分，然后确定保险费的标准；改革之后联邦资金承担总支出和保险费收入之间的差额，使之与法定年金保险中保险费/待遇的比例相对应。这样农民在获得与雇员数额基本相同的待遇时，所缴纳的保险费比雇员少。在改革之后的 1996 年，农民养老保险总支出为 60 亿马克，保险费收入为 18 亿马克，联邦资金通过提供补贴弥补了 42 亿马克。由于存在着经济上的差别，新联邦州的保险费相应低一些（1997 年为 226 马克，旧州为 328 马克），保险费补贴也要低一些。

在德国所有的社会保险项目中，农村养老保险是唯一的在一定条件下向投保人提供保险费补贴的社会保险。从 1986 年开始实行这项待遇的原因是，所有投保人缴纳同样标准的统一保险费对于收入减少的农民来说在经济上是一种苛求。联邦政府依据投保人的收入状况提供保险费补贴，而收入状况以在缴纳所得税时的收入证明为依据。年收入最多为 16 000 马克的投保人可获得最高补贴额，数额为保险费的 80%。如果夫妇双方不是都经营农业企业，即夫妇中有一方不是农民，那么非农民一方的收入在夫妇双方收入中各算一半。在所有的投保人中，大约有 2/3 的人获得了保险费补贴，且补贴要依据投保人的申请来提供。

五、养老金的给付条件与形式

（一）养老金的给付条件

在养老金的给付条件方面，德国农民要得到养老金必须具备三个条件。

1. 年龄条件

男性农民要年满 65 岁，女性农民要年满 60 岁，才有资格领取养老金；1995 年农业社会改革之后，农民在一定条件下可以提前领取养老金，最多可以提前 10 年，即从 55 岁（男性）开始可以领取预付的养老金。

2. 缴款条件

农民必须符合最低的参加保险的时间，即等待时间，才能领取养老金。所有缴纳保险费的时间都算作完成的等待时间。农村养老保险的最低投保年限一般为 15 年（180 个月），即养老金的等待时间为 15 年；如果投保期间农民丧失了劳动能力，则最低投保年限为 5 年，即丧失劳动能力年金和遗属年金的等待时间为 5 年。

3. 附加条件

养老金的给付是以农场主移交农业企业为先决条件的，即要求农民除了按规定缴纳保险费外，还必须在 50 岁以后开始通过继承、出售或长期租让等方式转移他的农业企业，包括土地、农具等，脱离农业劳动成为农业退休者。这一规定的目的是鼓励农业由中青年人来经营。

（二）养老金的计算

养老金的计算公式为：养老金基值×级数＝月养老金。

其中，养老金基值原则上是根据前一年一名未婚投保人基于 40 年投保年限所测得的养老金值（标准养老金）再除以 40 计算而得，并在每年的 7 月 1 日调整一次，调整的幅度与普通养老保险相同。级数由缴纳保险费的月份数乘以一个因子构成。若投保人早于法定退休年龄（男性 65 岁，女性 60 岁）领取养老金，则领取的养老金要扣除相应的折扣。

（三）养老金的给付形式

养老金的给付形式主要是现金给付，但是在出现特定风险时也可以予以实物给付。例如，在面临或出现丧失劳动能力的情况时，投保者可以获得康复性医疗措施，这些措施的目的在于避免其丧失劳动能力或改善和恢复其劳动能力。如果投保者由于接受康复服务、丧失劳动能力、处于孕期或母婴保护期或死亡，使得企业的正常运营无法维持，那么农村养老保险机构也可以提供经营帮工和家政帮工，以这种特殊的形式给予投保人养老保障。

农民欲获得老年保障的另一条途径是参加法定年金保险。在法定年金保险中，有雇佣关系的工人、职员及部分独立经营者具有保险义务，其他公民可以从年满 16 岁起自愿参加。自愿参加法定年金保险尤其适用于独立经营者和家庭妇女。与法定年金保险相比，农村社会保险的养老金给付有所不同。在法定年金保险中，年金标准是依据投保人以往的收入来确定，因此不同的投保人所获得的年金数额也是不同的。而在农村养老保险中，由于所有的投保人都缴纳相同数额的保险费，因此所有的投保人将来也都领取相同数额的养老金。不同投保人之间获得养老金数额的差别只能通过缴纳保险费时间的长短来体现。共同劳作的家属由于只缴纳半额的保险费，所以跟农场主相比，也只能获得半额的养老金。

另外，在农业和林业领域从事有年金保险义务工作的雇员（农业工人）可以获得旨在补充年金、改善老年整体供养状况、由补充供养金库提供的统一的补充待遇。条件是雇员有年金通知、最低缴纳了 180 个月的补充供养保险费和 1995 年 7 月 1 日已年满 50 岁。雇员的老年年金和补充供养待遇的保险费都是由雇主和雇员各交一半①。

六、农村养老保险的机构设置

在德国，联邦劳动与社会保障部的主要职能是对农村养老保险实行统一立法和管理监督，微观运作则由各州专门的农村养老保险机构具体负责，实行自治管理，这也是德国农村社会保障法律体系中最具特色之处。目前，德国有 13 家农村养老保险机构，它们分别设立在当地的农村同业工伤事故保险机构里，并在全国组建了一个自己的总联合会，即农村养老保险机构总联合会（GLA）。无论是各个农村养老保险机构，还是其总联合会，都是具有自治特征的公法法人，受到国家的监督。它们的自治机关为名义性的会员代表大会和理事会，其中，代表大会负责颁布养老保险的章程及实施农民老年保障法的方针，董事会则管理养老基金和拟订财政计划。在选举会员代表和理事时，会员被分为没有外来劳动力的独立从业者（指只雇用家属的农场主）和雇主（指雇用了家庭成员以外雇员的农场主）两类，以此确保他们都有相应人数的代表进入代表大会和理事会。另外，在农村养老保险机构总联合会的理事会中，也有相关联邦政府部门（如联邦劳动与社会保障部，联邦食品、农业和消费者保护部）的代表参加，但他们只有发言权而没有表决权②。不过，尽管德国农村养老保险实行自治管理，但联邦政府和各州政府都设立了专门的保险监督机构来履行监督职能，以维护投保人的权益，保证国家政策的贯彻执行。

---

① 德国农业社会保障制度简介 . http：//china. findlaw. cn/info/baozhangfa/bzlw/94337. html.
② 朱立志，方静，2005. 德国农民的权益保障体系 ［J］. 中国农村经济（3）：75 - 80.

第三节　农村医疗保险制度

1972年，德国建立了农村医疗保险体系。这不仅提供了一项社会保障，而且降低了农业企业的经营风险，因为在此之前，一个家庭成员的一场重病会很快危及企业的生存。

一、农村医疗保险的保障对象

在保障对象方面，根据《自我雇用农场主法定医疗保险法》的规定，农村医疗保险的被保险人是农民、共同劳动超过15年的家庭成员和终老财产者。妻子、子女和其他有赡养权者参加农民医疗保险，在一定条件下免交保险费。同时，自耕农（自雇农场主）及其配偶和其他家庭成员、退休农场主首次被纳入法定医疗保险当中。如果农场主在私立医疗保险机构为自己及家人投保，并且个人企业产值超过3万欧元的，可以申请不参加法定农业医疗保险。

德国的农村医疗保险与一般医疗保险在保障对象方面有严格的区分。德国一般医疗保险的对象是工人、职员和接受职业培训而不领取劳动报酬的受雇佣者；一定的劳动促进待遇的获得者，例如失业保险金和失业救济金领取者；还有年金领取者。没有职业的配偶和子女没有保险义务，他们通常作为家庭成员参加共同保险。受保险人可以按照自己的意愿在地方的、企业的、手工业同业公会或者补充的医疗保险金库参加保险。然而，农民只能在农业医疗保险金库参加疾病保险，而不能像一般医疗保险的投保人那样，可以自由选择保险机构。

二、农村医疗保险的保障内容

在德国的社会保险制度中，医疗保险不能仅仅理解为在人们生病时提供医疗待遇，保持和促进健康也是医疗保险的重要内容。例如，提供预防疾病和确认疾病早期症状、治疗疾病和医疗康复待遇以及通过支付病假工资或者提供企业援助和家庭援助给投保人以支持。此外，医疗保险还为养育子女者提供补贴和在投保人死亡时提供丧葬费。虽然农民只能在农村医疗保险机构参加医疗保险，而不能像法定医疗保险的投保人那样可以自由选择保险机构，但农村医疗保险的待遇与法定医疗保险待遇原则上没有区别。农村医疗保险基金的赔偿范围包括：为提高健康水平和预防疾病的保险；疾病早期发现的赔偿及患病赔偿、死亡赔偿；对怀孕或产假及遵守计划生育和法定节育、堕胎的妇女的赔偿。由此可以看出，德国农村医疗保障服务的范围十分全面，覆盖了疾病预防、治疗和调养全程。唯一不同的是，农业企业主在生病时获得的不是病假工资，而是在一定条件下的企业援助和家庭援助。

三、农村医疗保险的资金来源

在医疗保险资金的筹措方面，农民同职工一样，要遵循共同承担经济责任的原则，即农民按照自己的经济能力缴纳一定的医疗保险费用。但是与一般医疗保险不同，政府对农民参加医疗保险予以一定补助。由于确定农民的收入比较困难，德国的医疗保险机构按照所谓的收入替代标准为农民确定了 20 个保险费等级。收入替代标准的计算基础是 20 世纪 50 年代联邦德国农业部根据每一块耕地的肥力和农作物单位面积平均产量确定的计分体系。每个州的农场都依据其拥有的农地分值在州内的排序，由低到高划分为 20 个等级，医疗机构为每一个等级确定了应缴纳的保险费数额，并且规定最高保险费数额不得低于最低保险费数额的 6 倍，而农场主则依据自己对应的等级缴纳保费。农场其他人员应缴纳保费数额，参照农场主的缴费级别按一定比例进行折算。为了减轻农民的负担，联邦政府为农民医疗保险提供津贴。农村医疗保险资金是农村医疗保险的关键，因此，在制定《农民医疗保险法》时，德国根据各地的经济发展水平和农民的承受能力确定适当的医疗保险费标准，并确定国家为农民提供医疗保险津贴的原则，具体由联邦政府和州政府按 1∶1 的比例进行分担。2003 年，在联邦农业医疗暨护理保险联合会 21.6 亿欧元的总收入中，约 12.3 亿欧元为联邦政府提供的津贴，可见政府的财政支持力度之大[①]。这种国家为农民提供医疗保险津贴同农民缴纳医疗保险费一样，都是法定义务。也正因

---

① 温馨，2014. 德国农村社会保险制度考察［D］. 济南：山东大学.

为如此，具有社会保障性质的农村医疗保险体系在德国才能够有效地建立起来①。

德国的农村医疗保障项目较为全面，覆盖面也广，最突出的是在社会保障资金的管理方面。德国的农村医疗保险由联邦农业医疗暨护理保险联合会进行管理，并将医疗保险金库作为农业社会保障的营运机构，不仅在确定保险费标准、发放年金或其他补贴等方面行使管理职能，而且就被保险人的权利和义务提供指导、说明和咨询②。管理机构的统一使得德国农村各地区的医疗保险制度完全一致，彻底消除了地区差别，保证了所有参保者的公平性；也有利于全国不同地区之间的协作，防止地方保护和条块分割。此外，由于对管理机构的监督措施比较严格，医疗保险资金的安全性很高，基本没有滥用、挪用和贪污的现象发生③。目前大约有 60 万德国农民在联邦农业医疗暨护理保险联合会投保，尤其是个体农民及协助其务农的家庭成员。如果算上家庭保险范围内免费投保的 30 多万家庭成员，共有近百万人进行了投保。投保农户平均每月支付保险金约 300 欧元。

随着农业人口老龄化的到来，参保人员对医疗服务的需求进一步提高，德国政府不得不支出更多的公共资金来保障农村医疗服务的发展，这导致政府的财政压力越来越大。为此，德国于 2004 年颁布了《法定医疗保险现代化法》，重点对农村医疗保险进行改革；2005 年又对《农民医疗保险法》进行了第二次修改，以呼应前述法律的出台。按照这两个法律，改革的重点是增加民众在医疗健康服务上的个人承担份额及责任。联邦政府具体推出了两大措施：一是鼓励参保人员自身积极投入到疾病预防中，如果遇到重大疾病，要尽早联系医院制订医疗计划，以防止疾病拖延而增加医疗费用的支出；二是增加参保人员个人支出部分的比例。这些改革措施在一定程度上减少了政府的财政支出，扩大了政府医疗保险的覆盖范围，使德国农村医疗保险制度更加趋于完善④。

① 张燕，李晶晶，张汉江，2008. 德国、瑞典农村社会保障法律制度研究［J］. 中国乡镇企业会计(2)：18 - 19.

② 应永胜，2009. 从德国和瑞典的经验谈我国农村医疗保障法律制度的完善［J］. 福建商业高等专科学校学报（6）：29 - 32.

③ 李明辉，2013. 中外农村医疗保险制度比较［J］. 世界农业（9）：79 - 84.

④ 丁宏术，2017. 德国和巴西农村医疗保险制度及其对中国的启示［J］. 世界农业（3）：153 - 158.

第四节　农业事故保险制度

1886 年 5 月,《关于农业企业①中被雇佣人员工伤事故保险法》的公布和生效,是德国农村社会保障体制的开端。该法针对的对象是农业中从业的雇员,而农场主(农民)的社会保障问题未被提及。1997 年 1 月 1 日,修订后的《事故保险法》生效,其中分别对一般事故保险和农业事故保险作了详细的规定,由此明确了农业事故保险的保障范围和特殊性。

一、农业事故保险的保障对象

法定事故保险是义务保险。通常一个企业的受雇者都是被保险人。与职业事故保险不同,在农业事故保险中农场主及其配偶也有保险义务。如果农业企业主及其配偶经营的耕地没有超过 1 200 米²,他们可以申请免除农业事故保险的保险义务,而且申请不能撤回。

二、农业事故保险的保障内容

由于预防事故重于赔偿事故,因此同业工伤事故保险联合会作为法定事故保险的营运机构,其主要任务是预防工伤事故和职业病。这一"预防优先"的任务随着《事故保险法》的修订被扩展到预防劳动条件危及健康。在预防工伤事故、职业病和劳动条件危及健康方面,同业工伤事故保险联合会采取了许多措施:在发生工伤事故和职业病时,它首先致力于用适当的方法恢复被保险人的健康和劳动能力,除了必要的照料外,也包括大量的医疗康复和职业康复措施。此外,通过向被保险人或者他们的遗属提供现金加以补偿。与一般事故保险不同,在农业事故保险保护中,可能会提供顶替人员(企业帮手和家庭帮手)或者支付这些人员的费用。

法定事故保险待遇是在保险事件即工伤事故和职业病出现时提供。只有被保险人可以获得待遇。法定事故保险的保护也适用于事故发生在从事受保险的

---

① 指农林业中的企业和庄园,还包括园艺业、葡萄种植业、渔业和池塘养鱼业的企业。

工作时往返所经过的道路上，例如，乘车从农家庭院前往农场或者林场等。

工伤事故和职业病的待遇有：通过治疗尽可能完善地恢复被保险人受到损害的健康和劳动能力；提供职业康复待遇；提供企业帮手和家庭帮手；安排顶替人员或者提供受损害补贴；提供作为事故补偿的年金待遇；在被保险人劳动能力降低 50% 的情况下，从联邦支持资金中提供严重受损害津贴，作为对年金的一种补充。

三、农业事故保险的资金来源

在事故保险中只有企业主有缴纳保险费的义务，在农业企业中即是农场主，如果他们在提出申请后没有被免除保险义务的话。农业事故保险中缴纳保险费义务原则上不依据企业规模的大小，而是将一年中发生的支付在下一年分摊到有缴纳保险费义务者身上。标准由农业同业工伤事故保险联合会确定，联邦政府对此不加干预。

为了改善农业收入状况，自 1993 年以来联邦政府通过向农业同业工伤事故保险联合会提供津贴，以此减轻负有缴纳保险费义务的农业企业主的负担。农业企业主可以从自己的保险费单上得知，从联邦政府的这笔资金中分摊到自己名下的保险费津贴有多少。此外，欧盟也为德国农民提供事故保险津贴。

四、农业事故保险的机构设置

法定事故保险的任务由行业的同业工伤事故保险联合会实施，在农业领域则由农业同业工伤事故保险联合会实施。联邦农业同业工伤事故保险联合会下辖 8 个地方农业同业工伤事故保险联合会和 1 个联邦园艺同业工伤事故保险协会，通过专业技术督察官员监督事故预防条例的执行情况，并对工伤事故展开调查和对农民进行救护培训。同业工伤事故保险联合会是具有自治权的公法上的法人团体，其管理机构是代表大会，农业企业主和参加保险的雇员也是自治机构（代表大会和理事会）的成员。其中，投保的农业企业雇主、农业企业雇员和家庭农业企业成员各占 1/3。代表大会还承担制定事故预防条例等任务。目前，德国共有 168 万农业从业及相关人员在联邦农业同业工伤事故保险联合会投保。

第五节 社会护理保险制度

护理保险属于德国社会保险的五大险种之一，与其他的医疗保险、事故保险、养老保险和失业保险互为支撑，形成德国社会福利国家的重要特征。

自 20 世纪 70 年代末开始，德国人口老龄化程度越来越严重。到 80 年代后期，大约在 37 万老年人中有 70％的老人生活相当困难，无法支付医院或护理院日益增加的高昂费用。进入 90 年代，失业的人群越来越庞大；其中，老年失业队伍庞大，而且平均失业持续期也从 1990 年的 24 周上升为 1999 年的 29.6 周。按照 1995 年的情况来看，65 岁以上老年人口中的 15％、65～80 岁的老年人口中的 5％、80 岁以上的老年人口中的 20％有护理需求。在此背景下，德国于 1994 年颁布了《护理保险法》，并于 1995 年 1 月 1 日正式生效，开始对家庭中需要护理的人群实施强制性护理保险。德国的公务员、法官和职业军人由国家负责，他们患病和需要护理时有专门人员负责，并由政府承担有关费用；除此之外的所有公民则均被纳入到了法定护理保险体系当中。护理保险对德国社会的稳定发挥着十分重要的作用。目前，德国每个月均有超过 216 万人口享受保险带来的各项服务，其中包括将近 145 万人口的家庭护理和将近 71 万人口的住院护理。

根据德国《社会法典》的相关规定，对于护理需求的评估有着严格的程序和条件，只有符合条件的投保人经过评估后才可以享受到相应的护理服务[①]。护理保险机构提供的护理服务是事先规定好的，包括家庭护理、门诊护理以及住院护理三种类型，又根据不同的护理强度将每种类型划分为三个护理等级。除此之外，还有一类比第三等级强度更大的极高强度护理，只有 5％的门诊护理和住院护理投保者以及 3％的家庭护理投保者可以享受这类护理[②]。

随着社会结构和人口生命周期的变化，德国社会护理保险所面临的压力也在不断增大。1995—1998 年，德国社会护理保险的保费共结余 55 亿欧元，1999 年后保险给付的支出开始超过保费收入，到 2004 年护理保险费赤字高达

---

① Gaertner Gansweid Gerber Schwegler von Mittelstaedt（Mrsg），2012. Die Pflegeversicherung, begutachtung Qualitaetspruefung Beratung Fortbildung，2. Auflage，de Gruyter Verlag，1-11.

② 温馨，2014. 德国农村社会保险制度考察［D］. 济南：山东大学.

8.2 亿欧元[①]。根据统计，德国 60 岁以上的人口将从 2005 年的 850 万人上升至 2030 年的 2 850 万人，而 80 岁以上高龄的人们一般生活都无法完全自理，从而进一步加大了未来社会对护理需求的增加。这些护理需求给高龄人口的亲属带来的不仅是经济上的，也包括生理和心理上的负担。德国目前许多高龄人口家庭中的子女尚处在工作阶段，因此无法全身心地投入到对高龄人口的护理中。为了减轻普通家庭的负担，提高保险质量，2008 年 7 月 1 日，德国开始实施护理保险改革，即 2008 改革（pflegereform 2008）。护理保险的保费率通过收支盈亏来确定，即护理保险义务人根据自己的收入情况承担一定比例的保费，如果整个护理保险运营体系出现亏空，该亏空将通过提高保险比例费率的方法，由所有的投保人负责弥补，从而实现护理保险同一时期内的收入与支出的平衡。在保险护理压力日益增加的情况下，2008 改革上调了护理保险比例费率，将其由原来的 1.7% 上升为 1.95%，并且采用了社会互助原则，即社会保险机构的运营费用通过个人、雇主和国家三方共同承担，其中个人与雇主承担接近总费用的 2/3，其他 1/3 的费用由国家财政予以解决；投保人的家庭成员如果满足医疗保险中家庭联保规定的，允许其免费投保。此次改革还进一步改进了护理保险的服务质量，加强了护理保险的质量监督，增加了护理保险的透明性和服务内容的可比性，同时也不同程度地提高了每人每月护理保险给付的最高金额。2008 改革体现了德国社会保险的基本特征，同时也兼顾了护理保险自身的特点，使得新的护理保险更好地满足了被保险人的护理需求，保证了德国较高的福利水平。2015 年 1 月、2016 年 1 月，护理加强法案第一部、第二部先后生效。新法案制定了全新的长期护理需求评估体系，并将原来的护理等级标准由三级进一步细分为五级。近年以来，护理保险费率历经几次提升，目前已达到个人应税收入的 2.55%，无子女者为 2.8%[②]，进一步增加了德国社会保险给付的储备金。根据德国联邦卫生部公布的数据，家庭护理第一级别每人每月保险给付金额由 2007 年的 205 欧元提高到了 2015 年的 244 欧元，第二级别和第三级别分别增长了 48 欧元和 63 欧元；住院护理的第一、二、三级别分别提高了 41 欧元、51 欧元和 180 欧元[③]。

---

① 王建魁，2018. 国外长期护理保障制度实践及对我国的启示 [J]. 福建金融（4）：62－67.

② 赵秀斋，2018. 德国长期护理保险制度运行及其启示 [J]. 北京劳动保障职业学院学报（1）：18－23.

③ 刘芳，2018. 德国社会长期护理保险制度的运行理念及启示 [J]. 德国研究（1）：61－76，135.

社会护理保险的实施也毫无例外地使农民家庭的社会保障得到了极大的改善。特别是在几代人共同生活在一个家庭的农民家庭中，通常扶养着严重的或者特别严重的需要护理的家庭成员，而农妇便是首当其冲的护理者。但是随着人口老龄化的加剧及妇女就业率的提高，农妇在家中护理老人的负担也越来越重。护理保险的引入使农村社会中普遍存在的此类问题得以有效解决。

由于社会护理保险隶属于法定医疗保险机构，因此针对农民的护理保险也没有单独设置管理机构，而是在农村医疗保险金库下设置了一个农业护理保险金库。在农村医疗保险金库参加保险的农民、共同劳动的家庭成员、终老财产拥有者或者自愿参加保险的人，也是农业护理保险金库的成员。农场主的配偶和有权利被抚养的子女通常免除缴纳保险费而一同参加社会护理保险。

在法定社会护理保险中，目前保险费率为有缴纳保险费义务者收入的2.55%，但保险费的这种计算方法对于农民是比较困难的，因为农业和林业的实际收入往往不能确定。因此向农业护理保险金库缴纳的保险费算作向农村医疗保险金库缴纳的保险费的附加费。1997年在原联邦德国地区附加费为法定医疗保险中平均保险费率的12.7%，在同一时期新州为12.8%。共同劳动的家庭成员的护理保险费由农场主承担。农民老年年金领取者、企业停业年金领取者或者调整补贴领取者的护理保险费率为待遇的1.7%，由待遇的领取者和农业老年保障金库各承担一半。联邦政府为农业老年保障金库承担一部分保费。同时，护理保险还体现了保险给付的社会公平原则，即不因投保人收入和财产悬殊而有所区别。由于护理保险为农民提供的风险保障是最为基本的保障，因此，所有投保人所得到的服务是相同的。

第六节　农民失业援助制度

在农业领域，由农业职业特征所决定，德国没有设立失业保险制度，而是设立了在农业企业结构发生变化并进行调整时给予援助的制度。

在1996年12月31日以前提前歇业的农业企业的农民，在1996年12月31日这个规定日期年满55岁或者年满53岁而丧失劳动能力者，都可以获得企业停业年金。年纪较大的农业雇员和共同劳动的家庭成员在一定的条件下可以获得调整补贴，条件是在农业结构发生变化的范围，农业企业或者企业的一部分在大范围停业，他们因此失去工作岗位。调整补贴在旧州最高为每月 500 马克，最低为每月 200 马克；在新州最高为每月 400 马克，最低为每月 160 马克。

此外，自 1990 年 1 月 1 日以来，德国政府还在一定的条件下向愿意改行的农民在参加非农业职业的职业培训措施期间提供转产补贴，以使他们转产容易一些。转产补贴作为每个月的津贴提供。在旧州，成人每月基本数额为 850 马克，孩子每月为 150 马克；在新州，成人每月基本数额为 510 马克，孩子每月为 90 马克。与参加职业培训有关的实际花费都予以报销。

企业停业年金和调整补贴最长提供至权利人可以获得农民老年保障法中规定的 65 岁，即可以领取老年养老金的时候；而对于非农业职业调整的转产补贴最多只能提供 5 年[①]。

第七节　农村社会保障制度的成效

德国的农村社会保障制度为战后德国国民经济的迅速恢复和发展、社会的稳定、农民生活水平的提高等提供了重要的保证，确实是比较完善和成功的。纵观德国农村社会保障制度的建立与健全，其主要成功之处体现在以下几个方面。

（1）德国的农村社会保障制度较好地协调了国家与社会在农村保障资金负担方面的关系。德国的人均社会福利支出是随着国民生产总值的增加不断提高的。在农村社会保障资金的筹措方面，德国较为重视社会职能的发挥，首先让农村社会保障的受益者来担当构筑社会保障大厦的重任，政府则承担了第二位的责任，从而较好地协调了国家和社会在农村社会保障资金负担方面的关系。

（2）德国的社会保障制度较好地处理了国民基本生活保障与农民个人生活自立之间的关系。德国的农村社会保障追求的是公众的福利，给农民提供基本的生活保障，旨在免除农民的后顾之忧。同时，德国十分重视事前预防机制，避免农民因各种因素陷入依赖社会保障的不利境地。例如，除给予农民以生活救济外，积极通过各种途径，帮助农民重新获得自力更生的机会，使其生活水平不至于长期维持在社会保障的水准。

[①]　德国农业社会保障制度简介 . http://china. findlaw. cn/info/baozhangfa/bzlw/94337. html.

（3）德国的社会保障制度较好地界定了国家、社会、农民三者之间的责任。在德国，由国家主导农村社会保障制度的建构和运行；农民个人是承担缴纳社会保障费用义务的主体，他们负担的费用占总费用的 1/3，之后才享有农村社会保障的各种权利；同时，国家给予农民必要的财政支持，注入一部分社会保障资金，以使农民都能享受到社会保障。这样的责任分配避免了政府承担过多的社会保障资金负担，因此德国的财政压力并没有像北欧高福利国家那样沉重。

（4）完善的立法为德国农村社会保障制度的顺利实施提供了保障。在德国，每一个农村社会保障项目都是通过立法而建立，并按相应的法律规定进行管理和运营，做到有法可依、有章可循。如 1957 年制定的《农民老年援助法》、1969 年制订的《劳动促进法》、1972 年制定的《自雇农场主法定医疗保险法》、1986 年制定的《事故保险法》和《联邦养育子女法》、1988 年制订的《健康改革法》、1989 年制订的《养老保险金法》、1995 年制定的《社会护理保险法》等。建立在法律基础上的农村社会保障制度具有强制性，一经颁布，全社会就必须遵守执行，实施和参加各种社会保障措施成为一种法定义务，也有效地避免了行政的过多干预，避免了农村社会保障制度建构的随意性和政策的不确定性。

（5）德国农村社会保障由社会保险机构进行管理，更加专业化与规范化。社会保障机构实施自治管理是德国社会保障体制中最具特色之处。德国的社会保障由准政府性质的社会保险机构进行管理，社会保障的承担机构独立于政府、议会和公共权力机构，具有法律上的自主权。以德国的农村养老保险为例，由联邦和各州农村社会保险经办机构管理，这些机构是自治的法人组织，农场主和参加保险的农业雇工是这些机构中代表大会和董事会的成员。代表大会负责颁布养老保险的章程、管理工作的原则及实施农民老年保障法的方针，确定保险义务的最低标准。董事会则管理养老基金和拟订财政计划。农场主和农业雇工的加入，既可以有效监督农村养老保险制度的实施，又保证了他们能够行使各项权利，使各方面的利益诉求得到充分表达①。农业事故保险业务则由农业同业工伤事故保险联合会管理，此联合会同样是具有自治权的法人团体。专门的社会保障管理机构有利于管理的专业化和规范化，而社会组织的身

---

① 何园洲，2019. 德国农村保险制度及启示［J］. 经济研究导刊（4）：107 - 108.

份更好地体现了被保障对象的意志，有效地避免了政府利益与国民利益的错位。

（6）德国分步骤分层次来建立健全农村社会保障制度，符合时代变迁的要求。德国的农村社会保障体系是随着时代的变迁而逐渐形成的，最先有农业事故保险，然后有农村养老保险，最后才有农村医疗保险等，并最终形成一个完整的体系，逐步覆盖到农村发展的整个过程。德国依据本国农业的特点及新的经济发展形势，为农业生产者提供了一套自成体系的农村社会保障制度，这是符合时代变迁要求的。

然而，德国的农村社会保障制度并不是尽善尽美的，也存在一些弊端。一是社会保障水平过高，在不同程度上影响了人们的工作积极性。二是农民个人缴费的负担在不断加重。以农村养老保险为例，由于农业劳动生产率和土地生产率的提高，从事农业生产和经营的人口数日益下降，因此缴纳保费的人也在逐年减少，而领取养老保险金的农民却相对增多。在现收现付制的条件下，被保险人的缴费负担越来越重。三是社会保障支出的过度膨胀，使财政和社会的负担也在加重，特别是两德统一后这一问题更加严重。2016 年德国联邦政府预算总支出为 3 169 亿欧元，在部门预算支出中，劳动与社保部门预算占到了40.99%，是第一大支出项。从一些社保项目联邦政府财政的补贴缺口看，近年每年仅养老保险联邦财政补贴就占总支出的 30% 多[①]。尽管与北欧一些高福利国家相比，德国的财政压力并没有那样沉重，但仍然出现了收不抵支的状况。为了解决此问题，政府只有提高税收以填补收支差额，导致劳动者用于税收的支出已经接近工资的 50%。四是统一管理虽然优点很多，但风险过高，也容易造成官僚主义而降低效率，并且限制了社会保险方面的个人自由。

针对上述存在的问题，德国已经开始实行农村社会保障制度的改革，这种改革的核心可以概括为增收节支，具体来讲主要包括以下一些措施：第一，进一步减少国家干预，充分发挥市场调节的作用，使整个农村社会保障体系进一步向私有化转变，让私有企业在社会保障体系中发挥更大的作用；第二，积极发展商业性保险，政府采取各种政策来支持商业保险的发展，并给农民创造更加便利的条件，鼓励其积极参加商业性保险；第三，改革社会保障基金管理方式，由原来的现收现付制改为现收现付和个人资本积累相结合的混合制；第

---

① 桑助来，2018. 德国社会保险体系的特点及启示 [J]. 中国党政干部论坛（3）：90 - 93.

四，注重加强对保险基金的运作，委托专业管理机构对基金进行多元化组织投资运营，提高基金收益水平；第五，积极探索与建立多重保障机制，如在农民的养老方面，可以充分发挥土地养老、社会养老、家庭养老等各种养老途径的作用，实现农民的老年生活保障①。通过以上措施进行的改革已经开始起到预期的作用和效果，而德国仍在为构建更加安全可靠的农村社会保障体系而继续努力。

①　王昊，2007. 部分国家农村养老保险制度的比较与分析 [J]. 世界农业（11）：25 - 27.

中德农业合作 ▶▶▶

　　德国拥有先进的农业技术，中国是农产品消费市场大国，两者在农业领域的合作能够优势互补，推动双方农业发展，对世界农产品贸易也具有重要的影响。本章首先介绍了德国农业对外合作的基本政策；之后简述了中德农业合作的主要历程，并介绍了中国在德国进行农业投资的基本情况，以及德国在中国进行农业投资的典型案例；最后提出了中德农业合作的主要启示。

第一节　德国农业对外合作的相关政策

　　德国是对外投资大国。根据联合国贸易和发展会议（UNCTAD）发布的《世界投资报告2017》，截至2016年底，德国对外投资存量约为1.37万亿美元，全球排名第五。德国积极支持企业拓展海外市场，有关外贸和对外投资的各类支持政策统称为"对外经济促进"，主要目的是帮助企业开拓国际市场、规避风险、消除市场准入限制、提高透明度等，具体包括法律法规、政府支持体系、金融支持和信息服务等各类促进措施。

　　农业对外合作也是德国对外合作的一个重要领域。但是德国并没有专门针对农业对外合作制定相关法律法规和政策，在农业领域的对外合作政策分散在对外经济政策以及农产品贸易政策等一系列相关文件中。关于农产品贸易政策，本书第五章已作相关介绍。本章将从总体上介绍对外经济合作政策，如无特别说明，均适用于农业。

　　德国主要从法律制度、组织机构及政策服务三大方面推进对外经济合作。

一、法律制度

德国管理对外经济贸易活动最主要的法律依据是 1961 年 9 月 1 日颁布的《对外经济法》（AWG）及同时生效的《对外经济条例》（AWV）。除军民两用品、武器、监控设备和技术出口等特定领域受到法律限制或官方监管外，包括农业领域在内的所有德国企业原则上可以与外国企业自由进行商品、服务和资金往来，在境外投资也无须事前审批和登记，但大额资金的转移须符合银行法等有关规定。

目前，德国已和超过 130 个国家和地区签订了双边投保协定，来保障德国企业在海外的经济利益。协议的主要内容包括：投资者可以享受国民待遇和最惠国待遇，保证资本和盈利自由汇出，保护私有财产，投资者与投资所在国发生争议时可提交国际仲裁法庭解决等。政府对跨国经营活动进行监督管理的重点是雇工、环保、竞争手段和纳税等。

二、组织机构

为了保障德国对外经济合作的顺利开展，德国确定了四个部门的组织体系，为参与对外经济合作的主体提供服务。①德国联邦经济和能源部是对外经济促进的主管部门。主要负责制定对外经贸政策和政府间经贸磋商机制。包括政府间混委会/联委会、经济论坛等双边合作机制，双边投资促进与保护协定，自由贸易协定等。为鼓励中小企业出口，德国政府还制定了具体的扶持政策，如综合性的中小企业市场开拓计划以及针对能源、环境技术、健康经济、民用安全技术和服务等未来重要行业的特定计划。②驻外使领馆负责相关政策与外交事务的沟通与联络。德国在全球拥有 220 多个使领馆，在对外交往中负责维护本国经济利益。③海外商会。德国工商大会（DIHK）是 70 多个德国地区性工商会（IHK）的联合机构。根据德国有关法律规定，所有德国境内企业（除手工业者、自由职业者及农业加工业外）均须加入德国工商大会。该会是 360 万德国企业的利益代言人，承担了大量服务企业的职能。德国工商大会在全球 90 多个国家设有 130 多个海外商会（AHK）及代表处，为企业"走出去"提供信息、咨询、培训等专业服务（多为收费项目），其海外机构也得到政府的资金扶持（如购买服务等）。④德国联邦外贸与投资署是德国官方经济促进机构，以有限责任公司形式设立，隶属于德国联邦经济和能源部，在全球50多个国家和地区设立了分支机构，兼具贸易促进、投资促进、吸引外资等多重功能。

除上述机构外，德国各行业协会、德国经济之家以及各地方政府也是推动德国企业"走出去"的辅助力量。

三、政策服务

德国政府为推动包括农业企业在内的主体"走出去"，出台了一系列的金融信贷支持政策。主要包括：①出口信贷担保政策。政府通过出口信贷担保计划帮助出口商防范与出口交易有关的商业和政治风险，以促进德国产品出口到新兴市场和发展中国家并保持国际竞争力。政府委托裕利安宜股份有限公司（Euler Hermes AG）承担出口信贷担保业务。2016年德国政府提供的出口信贷担保额为206亿欧元，申请者大部分是中小企业，其中出口目的地为新兴国家和发展中国家的相关担保额占全部担保额的80%。排名第一的是俄罗斯。②投资担保政策。投资担保主要是帮助德国企业在发展中国家、新兴市场国家及转型国家投资时更好应对政治风险，对企业海外经营的政治风险予以担保。2016年，联邦政府投资担保额为43亿欧元，涉及投资项目72个，涵盖22个国家。25%的申请者来自中小企业。③融资支持政策。德国政府还通过灵活、有效、多样的融资服务支持企业出口和对外投资。提供融资服务的主要机构是出口信贷银行、复兴信贷银行、德国投资发展公司。出口信贷银行主要支持出口贸易及国际贸易融资，复兴信贷银行主要支持项目融资和出口融资以及大型项目的结构性融资，德国投资发展公司主要支持私有企业在发展中国家或新兴市场国家的投资。

除了政策服务外，德国政府也为"走出去"企业提供全方位的信息服务网络。①政府部门发布法规和政策信息。各级经济主管部门负责对外经济事务，在部门官方网站发布国内相关政策信息。全球220多个驻外使领馆调研并掌握驻在国经济、税收、投资法律法规等政策信息。企业在对外投资遇到困难时，驻外使领馆是其主要求助机构之一。②联邦外贸与投资署经营专门网站。受联邦经济和能源部委托，联邦外贸与投资署经营德国对外经济门户网站，网站汇集了来自70多个机构和组织有关企业"走出去"的信息。同时通过网站发布、印制信息手册和出版杂志及邮件推送等方式，为德国企业提供国外市场信息，包括目的国经济形势、行业趋势、法律和海关规定、项目招标信息、企业合作意向等。③德国海外商会提供广泛服务。服务范围包括：驻在国市场及产品分析、商务咨询、公司研究、展览代理、项目咨询及跟踪、法律和关税咨询、职业教育和培训、商业伙伴介绍等。2006 年德国海外商会打造了 DE international 服务平台，为德国企业特别是中小企业"走出去"提供专业的市场服务，企业可根据自身需求选择国家、行业及服务内容。④德国经济之家搭建对接平台。德国经济之家也称德国中心，主要设在重点新兴市场国家，汇集了联邦政府、各州政府和德国经济促进机构的力量，为中小企业开拓海外市场提供服务，通过组织研讨会、论坛等为德国企业与当地企业建立联系搭建平台。

第二节　中德农业合作历程

中德两国同属农业大国，农业产业各具特色和优势，互补性较强，且农产品贸易相对平衡。2016 年，中德农产品贸易总额 39 亿美元，同比增长 12.15%，其中中国对德出口农产品 17.2 亿美元，自德进口农产品 21.8 亿美元。中德双方作为彼此重要的农产品贸易伙伴开展农业合作，有助于提升两国的农业发展水平，促进两国的农业科技进步。且对于中国而言，中德农业科技合作有利于强化中国与欧盟的整体合作，提升中国对外农业合作水平。

德国拥有先进的农业技术，中国市场需求广阔，两国在农业领域一直保持密切交流与合作。1981 年，中德成立农业科技合作组[①]。2006 年，两国农业部签署《中德农业合作协议》，建立副部级农业联委会机制。双方在种植业、畜牧业生产和疾病防治、渔业生产、农产品加工、农业生物技术、乡村发展等 12 个领域开展了 500 多个科技合作项目。德国政府还为双方农业合作提供价值 1 亿多欧元的资金和实物援助。2010 年中德农产品贸易总额 44.2 亿美元。中国同德国在提高农业生产技术水平、促进农业可持续发展等方面继续开展互利共赢的合作，共同为维护全球粮食安全作出贡献。

德国是中国在林业领域最大双边合作伙伴和援助国。1983 年起，两国林

---

① 俞建飞，姜爱良，2018. 探索新增长点："一带一路"背景下中德农业科技合作的现实困境与模式创新 [J]. 科技管理研究，38（22）：31 - 35.

业部门在《中德农业科技合作协定》框架下就林木育种、生物遗传、造林研究、森林遥感、森林恢复等方面开展了 45 个林业合作项目。1985 年以来，德国政府为双边林业合作提供无偿援助 2.05 亿欧元，贷款 1 850 万欧元，惠及中国 110 多个经济贫困、生态严重恶化的县，完成营造林 67.7 万公顷。2007 年，中国国家林业局与德国联邦食品、农业和消费者保护部签署《关于林业、林产工业和狩猎管理合作的协议》，并于 2009 年签署《中德林业生物质能源示范项目合作备忘录》。今后双方将在野生动植物管理、生物多样性保护、森林可持续经营、林业企业合作、生物质能源等领域加强合作。

2014 年 3 月，习近平主席访德期间，两国农业部签署了框架协议，拟共同在华建立"中德农业中心"，旨在整合资源、共同打造中德农业合作的统一平台。

2014 年 10 月，农业部韩长赋部长赴德参加第三次中德政府磋商期间，举行了首次中德农业部长对话，双方正式成立部长级对话机制（迄今已对话 3 次）。标志着双方正部级对话、副部级的中德农业联委会（2006 年建立）和司局级工作组（1981 年建立农业科技工作组）三个层级全方位沟通机制的建立。

2014 年 10 月 10 日，中德双方共同发表《中德合作行动纲要：共塑创新》。在农业和食品方面，双方决定，进一步深化两国农业互利合作。在中德农业中心框架下开展的双边合作项目有：中德农业现代化种植示范农场、中德畜牧合作项目、中德沼气技术合作与工程示范、中德企业技术创新展示园。

2015 年 3 月，中德农业中心正式运行，总部设在北京，由两国农业部分别委托中国农业部对外经济合作中心和德国技术合作公司共同运行。为推动中德农业合作，双方共同建立了中德农业中心合作平台。中德农业中心既是德国农业部在海外与贸易伙伴国联合设立的全球唯一的双边农业中心，也是中国农业部与贸易伙伴国在华共建的唯一的双边农业中心。2017 年 1 月，两国农业部长又共同发表了关于中德农业中心延期到 2020 年 10 月的联合声明。目前，该中心仍然在运行。

2017 年 11 月，第三届中德农业合作项目交流会在京举办。会议对全年中德农业中心框架下的各个项目进行了系统梳理和全面总结。三年来，中德农业中心在政策对话、企业交往、学术交流和技术示范等多个领域开展活动，切实有效推动了中德农业合作的务实发展。在政策对话方面，每年精选攸关"三农"发展的重大现实热点问题，通过专家互访考察和广泛深入的研讨交流，开展中德农业政策对话，形成相关政策报告，为决策者提供政策建议。在农民职业教育和培训方面，连续开展三期中德青年农业实用人才能力建设项目，开展了有机农业农民欧洲考察活动，建立了中德农业职业教育和培训网络等。在科研对话方面，成功举办中德斑翅果蝇综合管理研讨会，就"有机农业"进行研讨，中国农科院与 Thünen-Institute 签署合作谅解备忘录，建立涵盖专家、项目及研究机构的数据库，召开"食品与营养—战略和研究"研讨会等。此外，还开展了中德农业食品企业对话、中德作物生产与农业技术示范项目开放日等一系列活动。双方在农资、技术研发、农机、种养结合、地力、环境、景观保护等方面具有较大的合作潜力。

第三节　中国在德国农业投资基本情况及中德合作案例

由于德国农业科技明显比中国发达，因此中国在德国的农业投资很少，主要集中在非农产业。2019 年，中国对德国农业投资流量 0.02 亿美元，占对欧洲农业投资流量总额的 0.67%；截至 2019 年底，中国对德国的农业投资存量为 0.25 亿美元，占对欧洲农业投资存量总额的 6.7%。在德国直接投资的农业企业有 4 家，为其他产业企业。

相反，在中德农业合作中，德国对中国农业进行了一定的投资。其中在江苏的"中德作物生产与农业技术示范园"是典型代表。"中德作物生产与农业技术示范园"是德国在华投资的首个现代农业种植合作项目，正式落户江苏农垦，揭牌仪式在位于盐城市响水县的江苏省农垦农业发展股份有限公司黄海分公司举行。

江苏农垦是我国现代农业的国家队，是江苏农业现代化的先行示范区，垦区机械化、规模化、组织化程度高，稻、麦种子市场份额稳居全省 40% 以上，经济效益位居全国农垦系统第一方阵。作为中德双方农业合作的主要基地，德方先后 6 次实地考察，最终将中德农业现代化种植示范农场项目实施的地点选在了江苏省农垦农业发展股份有限公司黄海分公司。经双方磋商，并报两国农业部批准，项目正式定名为"中德作物生产与农业技术示范园"。

"中德作物生产与农业技术示范园"占用耕地 2 250 亩，示范园建立了中德农作物生产和农业技术合作平台，组织农作物生产及相关示范和试验，提供农作物生产和农业技术方面的实践培训，在农作物生产、业务操作和管理方面开办研讨会和讲习班，并与中德农业中心的其他项目进行协调。依据协议，项目顾问方委派国际专家，负责项目的协调和示范试验田的管理规划，组织项目的技能培训和示范工作；中方保证提供的可用耕地作为示范试验田使用，并为试验田提供农机操作员；来自德国/欧洲的德欧合作方提供机械、种子及其他投入品（植保产品等），为示范田中方技术人员提供培训。为加强协调，双方商定成立了项目指导委员会。

"中德作物生产与农业技术示范园"是迄今为止江苏省与西方发达国家开展现代农业合作的规模最大的项目。示范园的建设，对于学习和借鉴德国先进农业技术、管理经验和安全绿色的农产品生产理念，发挥现代农业国家队的示范、辐射作用，加速全国农垦系统和江苏农业现代化发展步伐，实现现代农业和生态文明同步发展，实施国家粮食安全战略，具有十分重大的意义。

第四节　中德农业合作启示

中德农业合作的发展历程，以及德国为推动农产品贸易和农业企业"走出去"的政策措施和发展经验，对中国农业发展以及推动农业国际合作具有重要的启示和借鉴意义。

一、发挥外交机构的作用，增设农业外交机构和官员

目前，国内还只靠派几个团组考察调研、组织几家企业开展农业"走出去"工作，明显缺乏连续性，不能将中德农业合作推向更高水平。发达国家普遍重视农业外交机构的设立和农业外交官的选派工作。德国自2006年起连续在德国驻中国使馆派驻专职农业参赞，迄今已派出三任农业参赞。而相比较而言，中国驻德国使馆就从未派驻农业外交官。建议争取中央的支持，解决中国驻德国使馆设立农业处问题，在全国农业系统择优选派既懂德语又懂业务的优秀干部前往德国长驻。

二、加强顶层设计，注重中德农业合作规划的制定

主要是将现有中德农业合作战略规划作为总依据和总体规划，在其项下进

行细分，制订出分行业、更加突出重点的具体规划，进行分类指导，增加战略规划的可操作性。建议制订中德农业合作战略规划的年度实施计划，并定期向社会公开，吸引和鼓励地方、企业、协会等力量特别是民间力量参与实施，增强规划的指导性和影响力。建议将规划实施和绩效管理相结合，在统一规划下确定优先推动的重点项目，明确重点项目实施单位，制订项目计划书，对执行进度和效果做出指标约束，提高规划的执行力和监督检查力度。

三、加强对德农业合作的领导和管理，形成推动中德农业合作的合力

随着经济全球化和贸易自由化，中国企业进入德国农产品市场或者开展对德国农业投资都需要得到政府在信息上的服务和帮助。而受人员编制、经费等制约，农业部门很难给企业提供个性化的服务。因此，建议农业部门可以与协会或咨询公司签订合约，向其购买服务，再将购买的服务提供给企业，这样有助于整合社会资源和力量来开展与德国的农业合作。

四、增强风险意识，加强中德农业合作的风险管理

农业合作受政治、文化、市场以及突发事件影响较大，如 2020 年暴发的新冠肺炎疫情给农业国际合作带来了巨大的冲击，因此需要构建风险管理体系，提供相关紧急处置预案。要及时捕捉、更新公布投资目标国家相关信息和数据，加强整体风险环境预警分析，构建风险防范机制并加强境外突发事件应急管理。健全风险防控体系，关注市场风险的同时关注目标国的自然风险和政治风险，做好项目规划、可行性论证和风险防控预案。引导涉农企业利用国内外技术等资源，全面提升产品竞争力，做好贸易摩擦防范及提高应对各方面挑战的综合能力。

第十三章 CHAPTER 13

德国农业发展的经验与启示 ▶▶▶

德国农业政策的制定符合德国的实际情况，总体是比较成功的，但是随着德国国内和国际形势的发展变化，也有不适应之处并着手进行了改革。我国农业发展的阶段和整体水平落后于德国，因此有对德国农业政策进行借鉴和学习的必要。本章总结了德国农业发展的经验及对中国的启示。

第一节 德国农业发展可借鉴的经验

一、随着经济社会的发展，畜牧业在农业生产中的地位日益凸显

德国种植业和畜牧业产值占农业总产值的比重，一直呈现畜牧业比重高于种植业的状况，种植业比重维持在 30% 左右，而畜牧业比重一直保持在 60% 以上的水平，并且畜牧业比重有升高的趋势。这与德国人的饮食习惯和食物消费结构的变化规律有关。德国及其他多数发达国家传统的饮食习惯主要是畜产品，尤其是对牛奶的消费量很大，这就决定了德国的畜牧业在整个农业产值中的地位举足轻重。从多数国家农业生产发展的过程看，随着经济社会的发展，种植业和畜牧业产值的比重会发生变化，畜牧业产值的比重有所增加，种植业产值的比重有所下降是较为普遍的现象。这种变化是人们饮食结构升级的必然结果。随着经济发展，人们的收入水平提高，以前食品需求中需求弹性较大的畜产品由"高档品"变成了需求弹性较小的"必需品"。人们每天需摄入的食物数量一定，畜产品摄入量的增加，必然会减少粮食的消费。在德国，居民消费的恩格尔系数较低，食品的价格也比较稳定，居民对食物的消费结构呈现出稳中有变的趋势。总体上，德国畜牧业在农业生产中的地位会比较稳定或有所提高。

二、农业在生物能源领域发挥着重要作用

传统能源的有限性和一次性促使人类不断探索新的可替代能源。生物能源是近年来发展较快的一个领域，尤其是包括德国在内的许多发达国家，生物能源在能源消费中的比例已经较大。而生物能源的原材料来源于农业中的种植业，农业这种新的功能强化了农业在国民经济中的地位，也改善了农业在三次产业中处于弱势地位的状况。生物能源的消费促进了种植业尤其是油料作物的播种面积扩大，如近年来，德国油料作物产量不断上升，其主要原因在于德国是世界最大的生物柴油生产国和消费国，而生产生物柴油的主要原料是油菜籽，为了满足生物柴油的消费，油料作物的产量不断增加。油菜籽种植面积大幅增长的主要原因在于它是生物柴油的主要原料，生物柴油生产的迅速扩大带动了油菜籽种植面积的扩大，同时政府在 2008 年以前一直对生物柴油实行免税，更加促进了生物柴油及油料生产的发展。尽管粮食危机在世界多地尤其是一些贫困国家时常发生，国际上一些组织呼吁减少生物能源对耕地的消耗，但是对于像德国这样能够保证自身粮食安全的国家来说，保证自身的能源安全也很重要。农业在生物能源领域将会继续发挥重要作用。

三、依靠科技促进农业发展

德国谷物的单产要高于世界平均水平，且单产水平不断提高，这与科技进步是分不开的。德国发达的农业科学研究为农业新技术的发明和推广提供了良好的基础。同时德国有比较完善的职业教育体系，为农民掌握科学技术创造了很好的条件。德国各种农业技术推广渠道也有效地促进了农业技术的应用。德国灵活的产权制度，加上政府信贷、补贴等经济手段的支持，促进了德国零星地块的调整和整合，这促进了种植业的规模化生产和机械化经营，有利于农业科学技术的推广。德国农业已经全部实现机械化，小麦、谷物等农作物的生产、收储、翻晒、起堆、打包及牧草的收割等作业环节，全部使用机械。德国农业从育种到收获的各个环节均能体现出科学技术对农业发展的促进作用。在科学技术的强大支撑下，德国 1 个农民生产的粮食能够养活 150 人。

四、通过深加工提供安全丰富的农产品

德国几乎没有卖未加工过的肉类、瓜果和蔬菜的市场，大多数是居民从大、中、小型超级市场采购的已经过加工的"工业制成品"或"工业半成品"，如香肠、面包、罐装蔬菜水果等。小麦经过加工制成各种各样的面包、面条；大麦经过加工制成啤酒或麦片；畜禽宰杀后按部位加工成冷冻产品，或制成直接食用的香肠等食品。在农产品深加工的过程中，农产品从种植、养殖的农场主开始，经过各种食品加工企业，再经过各种批发、零售等流通主体，加上长途运输、重重质检等众多环节，最后到达居民餐桌上。经过深加工的农产品，一方面提供了安全的食品，因为在加工的每一个环节，德国都有相应的法律和机制保障加工后的食品的安全性；另一方面提供了更加丰富的食物品种，因为农产品经过加工可以创造出新的食品，或者以更方便食用的形式提供给消费者，这不但丰富了食物的品种，而且丰富了食物的消费方式。德国食品加工业产值约为种植及畜牧业产值的 6 倍，这表明深加工农产品还创造了新的增加值和就业岗位，同时提高了德国农产品及其深加工产品的国际竞争力。

五、采用超市销售，保证农产品质量

在德国，农产品直销只占极小一部分，而且主要是仅有的几种农产品，如马铃薯、鸡蛋、鲜奶、酒类等。德国马铃薯、鸡蛋两种主要的直销农产品是通过周末市场直接销售的，其销售额占总销售额的比例不足 10%，且有进一步下降的趋势。这是因为在农产品流通体系中，"最后一公里"的德国零售业发展非常成熟，各种销售业态均有，零售业基本上已实现连锁化。德国的农产品和食品最后主要通过连锁超市销售，该销售比例在德国已达到 95%。连锁超市销售一个很大的优点是便于统一管理，政府制定的各种法律法规便于实施和监督。德国政府设立了食品检验机构，从联邦政府到各个州政府和地方政府都设有负责检查食品质量的部门，各部门工作人员大多是食品类的专家。已经上市的食品仍在政府相关部门的检查之下。对不同种类食品分别进行管理，如对肉、蛋、奶等易变质食品每月检查 1~2 次，对酒、饮料、罐

头类不易变质食品每年检查数次。如果德国的食品零售不是通过连锁超市销售，政府的监管效果就不一定很好，因为繁杂的销售方式会增加监管难度和监管费用。

六、提高居民收入，促进消费，保证农产品自给率

德国为发达国家，2018 年人均国民收入高达 48 235 美元，2019 年第一、二、三产业产值占比分别为 0.8％、28.0％、71.2％。德国不同收入水平的家庭消费农产品的情况是：随着家庭收入的增加，高收入家庭用于食品、饮料开支的平均比例在缩小，不同收入家庭中用于食品、农产品的消费比例都没有超过 15％的，农产品消费不是家庭中最主要的消费支出项目。根据德国统计局抽样调查，家庭消费支出结构中，2018 年每月食品、饮料与烟草的消费支出平均占家庭消费总支出的 13.3％，且 2010—2018 年每月食品、饮料消费支出平均占家庭消费总支出的变化幅度基本很小，呈现略下降的趋势，总体上，收入对德国居民农产品消费的影响有限。可见德国居民消费的恩格尔系数比较低，农产品的消费基本能够得到充分满足，这与德国居民的高收入是分不开的。德国居民平均收入不但高，而且不同行业之间的收入差异不大，这促进了整个社会对农产品的购买力。

德国农产品价格相对于整个欧盟的波动略小，价格多数低于欧盟的价格水平。德国农产品价格波动幅度小主要是由于德国农产品生产供给相对稳定，同时德国居民较高的收入水平使得收入效应抵消了部分价格波动所产生的替代效应。德国有效地保证了主要农产品的自给率，如近年来德国谷物国内生产数量不断增长，并可以完全满足国内市场需求，谷物净进口数量一直下降。德国畜产品的供给主要依靠国内生产，由原来的净进口国逐步转变为净出口国。德国消费类食品出口额较大的是奶酪、香烟、各种杂项食品、巧克力、猪肉、大麦啤、饮料、葡萄酒等。德国进口额较大的消费类食品为奶酪、葡萄酒、杂项食品、咖啡、绿茶、焙制食品、水果、番茄、未加工烟草等。德国进出口同一种类的食品主要是为了丰富食品品种以满足多种层次的需求，而非国内生产不足。除了少部分农产品外，德国大部分主要农产品的自给率比较高。

七、实施市场准入制度和多元支持政策，提高本国农产品在国际市场上的竞争力

德国实施的市场准入是对德国商品进口所制定的相关政策，主要包括关税税率、进口配额分配、进口许可证制度及其他一些非关税壁垒措施，同时从价格支持、收入补贴、提供农业公共服务三个方面支持农业。这些政策在过去对保护德国国内农产品市场和提高本国农产品在国际市场上的竞争力发挥了一定作用，但是其中有些政策属于"黄箱"政策，德国正在转变这些支持方式，实施更多的"绿箱"政策，如加强对农业科研、病虫害控制、农民培训、技术推广和咨询服务、检验检测、基础设施建设、农业灾害救助、生态环境补贴、贫困地区发展等领域的支持力度。德国也采取一系列措施来提高德国农产品的国际竞争力，如加大对农业企业及项目的补贴和融资支持力度，给予农业企业全面的税收优惠，建立完善的公共信息服务体系，加强对农产品和食品贸易的指导和服务，鼓励建立农业联合体和合作社以作为农产品进入流通领域的载体等。此外，德国重视食品安全，为顺利出口创造条件，积极促进对新兴市场产品的出口。

八、实施财政、税务和金融多元惠农政策

德国对农业的支持政策是多元的、全方位的。德国的财政支农政策主要由三部分组成：一是欧盟提供给农场主的直接补贴和市场政策补贴，目前德国农场主平均每公顷得到欧盟直接补贴300欧元左右；二是联邦政府提供涉及农业、农村、农民的各项社会事业补贴，如农民社会保障体系建设、大型的基础设施建设、环境保护等；三是州及州以下的地方政府提供农业科技推广、农民培训、结构调整、救灾、环保以及支持农场合并、平衡自然条件不同农场的经济利益等支出。在德国的农业税收政策方面，涉及农业领域的税收主要包括个人所得税、增值税、土地税、赠送和遗产继承税、土地买卖税、机动车辆税等。这些税收看起来种类较多，但实际执行时真正向农民征收的税很少，对农业企业的税收也采取了优惠措施。在农村金融政策方面，德国政府采取农业低息贷款、直接资助、间接利息补贴、金融机构税收减免等一系列的信贷、投资

与财政措施，这一系列措施的实施满足了农业发展对资金的需求。正是这些多元的财政、税收和金融惠农政策有力地促进了德国农业和农村的发展。

九、建立与财政收入相适应的财政支农体系

德国农业财政政策的实施取得了显著成效：它有效地保护了农民的利益，缩小了城乡差别；加速了技术进步，提高了农业生产的科技含量；改善了农业基础设施，为农业生产提供了有力的保障；促进了生态农业的发展，为保持农业和国民经济的可持续发展创造了条件。然而，德国农业财政政策也存在一些弊端。德国各级政府每年都将相当规模的预算资金投资农业，以促进农业经济的发展。随着农业的发展，由于政策实施中需要的补贴越来越多，德国政府的财政负担也越来越重。特别是世界贸易组织关于降低关税的规定，使得德国财政收入有不断减少的趋势，农业财政政策的实施更加困难。鉴于这种情况，德国已经开始着手进行这方面的改革，即减少相应的补贴，把节省下来的资金用于搞生态农业、创造更多就业机会的农户，或对比较偏僻山区的农民进行补贴等。虽然对农业实施补贴是很多国家采取的措施，但是补贴的力度和方式应该与本国的财政状况相适应，否则会变成财政负担，补贴政策不能持久。

十、重视农业科研前沿研究，促进现代农业发展

德国农业研究具有国际性和前沿性的特点。德国是包括农业研究在内研究实力非常强的国家，参加了很多国际性的研究，在国际研究领域有很高的声望。德国是欧盟成员国中经济实力最强的国家，其研究实力在欧盟成员国中也居于领先地位，这就要求其在欧盟内部的研究中起领导的作用，这样德国必然参与很多欧盟的科学研究，这也是其参与国际研究的重要方式。德国农业科研与开发的领域瞄准国际前沿，主要的领域有动植物良种培育、生物能源开发、生态农业、生物多样性保护、信息网络技术应用和食品安全。在德国的众多研究机构中，除了政府、高校和各种基金外，企业也是研究的重要主体。一般的研究机构往往关心的是宏观政策或全社会性的公共问题，对于农民中不同群体的特殊需求则关注不多，而企业为了达到追求利润的目的，有动力去了解顾客的需求。因此，涉农企业参与研究的一个很大的好处是企业和客户的关系很密

切，他们能够站在市场的前沿，开发出农业生产需要的相关产品。德国一些大的涉农跨国公司每年都会投入大量的资金用于科研，可以与公共研究机构的功能进行互补。

十一、成功的农业职业教育为农业发展提供人才支持

现代农业的发展离不开专业人才，专业人才的培养离不开良好的教育。德国的职业教育被认为是非常成功的，其中包括德国的农业职业教育。德国职业教育最显著的特点是能够把理论和实践紧密联系在一起。这种职业教育制度是国家立法、校企合作、企业为主的一种办学制度，强调的是技能和实践能力的培养，是一种以能力为本位的培养模式。职业教育培养的对象不仅是适龄青年学生，而且包括普通的职业农民，为农民举办时间长短不一、内容丰富多样的培训班，这样可以更新走上社会的农业从业人员的知识，使农民有终身学习新知识、新技术的机会。德国的农业职业教育为农业现代化培养了大批的人才，德国普通的农民也具有较高的文化素质，这为他们学习和掌握现代农业技术打下了良好的基础，也为德国农业的长期健康发展打下了良好的基础。

十二、发挥农业合作社在农业发展中的重要作用

德国农业合作社在农业发展中发挥了重要作用。从实际经验来看，合作社对内以服务为主，对外以营利为目的，作为市场经营主体，有效地维护其成员的利益。合作社实行规模化经营、标准化生产，如批量采购农用生产资料、规范产品生产和销售标准、使用统一品牌等，降低了成员的生产成本，形成了明显的市场竞争优势。农民参加合作社可以在生产交易活动中减少中间损失；在融资方面通过合作金融机构免除债息过高的风险；在农产品加工和销售方面使用同一标准和品牌而共同享受增值的好处；在使用大型农业机械和设施方面互通有无而降低成本；通过农业产业内部分工，能提供和享受完善的社会化服务，如良种供应、病虫害防治、卫生防疫、机械维修技术培训、信息咨询等。德国农民自发组织或加入合作社的积极性较高，多层级、网络型、分权式的合作社联盟体系有效地提高了农民群体的影响力。

十三、健全的农民社会保障体系促进农业稳定发展

德国农民的社会保障体系比较健全，这有利于为农业的稳定发展保留相应的劳动力。德国农民的社会保障体系包括养老保险、疾病保险、农业事故保险、社会护理保险、养育子女补贴，以及农业企业结构发生变化进行调整时的援助等福利待遇。农村养老保险的投保人可享受年龄达到 65 岁时的养老金、丧失劳动能力年金，在劳动能力受到严重威胁时的康复待遇和在此期间提供的企业援助和家庭援助，在受保险人死亡时的遗属年金（寡妇与鳏夫年金、孤儿年金）和渡过难关补贴。保障的内容涉及各个方面，这些福利保护了农民的利益，可以在一定程度上避免由于从事农业职业收入低、不确定性强等缺点而导致的无人务农的局面。如果没有这些保障体系，从事农业和从事其他行业的收入和福利就会存在较大差异，再加上丰富的城市生活的吸引力，农业劳动力就会以较快的速度流向其他行业，对农业发展造成不利影响。

第二节　德国农业发展的启示

一、大力发展畜牧业，满足市场需求

长期以来，我国大部分居民的饮食习惯是以谷物作为主要食物，畜产品在居民整个消费结构中的地位远不如谷物。近年来我国城乡居民的食物消费发生了较大变化，粮食消费在整个食物消费中的比例下降，畜产品在整个食物消费中的比例上升。总体上城镇居民畜产品的人均消费量比较稳定，农村居民畜产品的人均消费量有快速增加之势，这与我国经济快速发展，人均收入较快增长有很大关系。我国经济整体的发展水平与德国相比还有很大差距，尽管居民饮食习惯有很大差异，但是根据人们的食物消费结构变化规律，将来我国居民对畜产品的需求量仍然会有较大幅度增加。我国目前每年从国外进口大量的畜产品，尤其是奶类，并且肉类、蛋类、奶类的价格在近几年的波动也比较大，这与我国的畜产品供给有很大关系。我国大部分畜产品的供需呈现出紧平衡的特征，还有一部分畜产品的供给不足。从我国的实际情况看，畜产品已经成为人们日常消费的必需品，部分畜产品供给不足对价格的影响已经传递到很多家

庭，造成了一些负面的社会影响。为了稳定物价和满足未来居民的消费需求，我国应大力发展畜牧业，保障畜产品供给充足。

二、统筹粮食安全与能源安全关系，发挥农业在生物能源领域的作用

包括德国在内的很多发达国家和部分发展中国家都在积极发展生物能源，试图减少对传统能源的依赖。我国是能源生产大国，更是能源消费大国。近年来，我国能源消费对国外的依赖程度居高不下，严重影响着我国的能源安全。因此，发展生物能源对于保障我国能源安全有着非常重要的意义。我国发展的乙醇汽油在一些地方已经使用，并且取得了一定的效果。但是，我国人均耕地面积有限，如果将粮食或油料作为发展生物能源的原材料，将会造成生物能源与人争粮的局面，乙醇汽油并没有大量生产与普及，用乙醇替代汽油的数量和比例都是有限的。作为一个能源消费大国和基于长期发展战略的考虑，我国不能就此停止对生物能源的研究和开发，必须统筹粮食安全与能源安全关系，发挥农业在生物能源领域的作用。我国可以在耕地有限的条件下，统筹安排，探索符合我国实际情况的生物能源发展之路。例如，开发新的生物能源原材料替代粮食或油料作物，或者在不宜种植农作物的土地上种植生物能源原材料等。

三、发展农业科技，实施科技兴农战略

德国大多数主要农产品的单产高于世界平均水平得益于其先进的农业科技。我国人多地少，多种农业资源人均数量较少，成为发展农业的制约性因素。要保证我国的农业稳定健康发展，必须走依靠科技集约化发展之路。从食品数量安全方面看，我国耕地面积难以大量增加，只有靠增加单位面积上的农产品产出来增加总产量，单产的提高依赖于育种技术、管理技术等技术的提升；从食品质量安全方面看，科学技术的发展可以提供先进的加工和检验方法。我国农业生产方式和生产过程与德国相比都有较大差距，尤其在环境保护方面差距更大。我国农业生产将来的发展情况取决于农业科学技术的发展和推广程度。农业科学技术的发展需要从多个方面创造条件，如从事科学研究人员的数量和素质、对农业科研的投入、农民的素质、生产或经营条件的改善、技

术推广体系的有效性等。从当前的情况看，我国在这些方面与德国相比还有较大差距，我国可以加强对农民的职业培训，促使其掌握先进生产经营技术；对土地进行整合以适应规模化和机械化生产的要求；完善农业技术推广体系，加快新技术、新方法的传播速度。

四、大力发展农产品深加工业，提高农产品深加工率

与德国相比，我国农产品加工的深度和广度都明显不足。虽然我国的食品加工业有了很大的发展，但是直接销售的农产品仍然占很大比例。农产品不经过深加工就进行出售存在不少弊端。一是销售的价格较低，不利于生产者收入的提高。二是提供不了太丰富的食品。生鲜农产品的种类是有限的，而经过深加工之后会衍生出多种食品，可以大大丰富食品种类。三是生鲜农产品有的不方便消费。农产品通过深加工后可以改变传统的消费方式，方便人们消费，如各种方便食品便于携带和保持良好的口感。四是生鲜农产品有的不安全。有的农产品在生产过程中使用化学制剂以提高产量，直接食用不安全。农产品在深加工过程中，往往经过多道程序处理，处理过程中会将一些不利于人们健康的东西消除，同时可以适当添加对人体有益的营养成分。经过科学合理的处理，人们可以享受到安全丰富的食品。五是附加值低，不能创造就业岗位。因此，我国也要大力发展农产品深加工业，为消费者提供安全丰富的食品。

五、建立农超对接，提供物美价廉的农产品

德国零售业发展非常成熟，各种销售业态均有，零售业基本上已实现连锁化。德国的农产品和食品最后主要通过连锁超市销售，该销售比例在德国已达到95%。德国通过连锁超市销售农产品的比例远远高于我国。我国目前虽然有较小比例的农产品也是通过超市销售，但是大部分还是通过蔬菜市场、水果市场、路边地摊等形式销售。通过农超对接的连锁超市销售农产品与传统销售方式相比有很多好处：一是价格较低。农超对接后，可以减少中间环节，避免中间商从中加价。二是营造良好的购买环境。一般情况下，超市销售的农产品为了保持和超市的整体环境相协调，都经过简单的加工，变得干净整洁。三是便于保证质量安全。超市销售都有固定的门面，便于工商管理部门进行管理，

即便质量出了问题也容易追查源头。当前，我国农产品销售农超对接方式已经发展到一定规模，但在广大农村地区很多地方没有规范化的超市，建立农超对接的销售模式还任重道远。政府应根据各个地方的实际情况，积极推进农产品销售农超对接，提高农产品通过超市销售的比例。

六、保证主要农产品的自给率，稳定农产品供求关系

收入是影响消费的首要因素，德国是发达国家，人均收入水平较高但差距不大，居民消费的恩格尔系数较低，居民农产品消费水平比较稳定。我国是发展中国家，人均国内生产总值在 2019 年已经超过 1 万美元，我国城乡居民消费的恩格尔系数比德国要高很多，并且我国居民收入差距较大，居民对农产品价格上涨反应敏感，消费波动较大。我国近年来经济发展迅速，整体上居民收入增长较快，居民消费的恩格尔系数在逐步下降，关键是调整收入分配结构，缩小居民收入差距，尤其是城乡差距。同时应保证主要农产品的自给率，减少供求不平衡所引起的价格较大波动情况，从而减少对居民生活的影响。近年来，我国某些农产品如猪肉、绿豆、大蒜等存在有些年份供求不平衡的现象，价格波动剧烈，由于农产品是生活必需品，这些波动已经在一定程度上影响了居民的生活。今后要减少类似情况的发生，关键在于稳定农产品供求关系。

七、采用多元化支持政策，提高农产品的国际竞争力

包括德国在内的欧盟国家的农业生产规模与美国等国相比不占优势，因此在国内市场保护和国际市场竞争方面采取了一系列的政策，虽然有的政策不符合 WTO 准则，但是已经实施的那些政策给德国的农业发展提供了很大支持。我国农业与德国农业相比，生产条件、现代化程度等很多方面都比较落后，这就要求我国在 WTO 谈判的时候要争取更多的保护我国农业的条款。加入WTO 后我国某些种类农产品市场受到一定的冲击，为了减缓这些冲击，可以在市场准入方面采取应对的措施。一个国家对农业的支持应该是多元和多方面的，包括财政、金融、保险、税收、科研等，我国在一些方面已经做得比较好，如实施了一系列的惠农政策，免除了农业税收等，但是在农村金融支持方面做得并不理想，农村资金出现大量外流现象而资金回流比较少，这给农业发

展带来了不利影响。另外，为了提高我国农产品在国际市场上的竞争力，我国还需加大对农业企业及项目的补贴和融资支持力度，给予农业企业全面的税收优惠，建立完善的公共信息服务体系，加强对农产品、食品贸易的指导和服务，鼓励建立农业联合体和合作社等。

八、加强农业科学前沿研究，保障农业发展后劲

德国农业科研与开发的领域瞄准国际前沿，主要的领域有动植物良种培育、生物能源开发、生态农业、生物多样性保护、数字网络技术应用和食品安全等，并且研究的主体除了政府研究机构、高校外，企业也是重要的研究主体。我国的农业科研一般由政府研究机构和高校承担，企业研究所占比例有限。我国农业科研力量整体数量较多，但是能够参与国际前沿研究的不多，地处北京、上海等一线城市的研究机构有较多机会参与，而其他城市的研究机构参与国际前沿研究的较少。因此，今后应平衡研究资源的分配和为其他地方性研究机构参与国际前沿研究创造条件；另外，积极支持大型的涉农企业自主开展或与其他研究机构联合开展农业前沿研究，为农业发展提供动力。

九、大力发展农业职业教育，培养高素质农民

德国的职业教育被认为是非常成功的，其农业职业教育为德国农业发展提供了人才。我国农业教育的特点是高等教育机构较多而职业教育机构较少。今后应该大力发展农业职业教育，培养有知识、懂技术的高素质农民。也应让职业教育机构承担起对农民进行职业培训的职能，使我国农民可以获得终身的学习机会。发展农业职业教育可以学习德国，将职业教育分为不同的层次和实行证书制度，根据学习者的实际水平和能力颁发相应的证书，这些证书可以作为其就业的重要参考。另外，在职业教育的教学内容上应学习德国，突出职业教育重视实践的特点，重点培养学习者的实际操作能力。

十、加快发展农业合作社，提高农民组织化程度

德国是世界合作社组织的发源地之一，经过长期的发展，农业合作社已经

遍布德国农村所有地区，这表明农业合作社具有旺盛的生命力和较强的吸引力。农业合作社可以为农民提供农产品生产、加工、销售以及信贷、农资供应、咨询等服务，是农业产业化经营的重要组织载体。根据我国工商总局的统计，2017 年全国各种农民专业合作社共有 193.3 万家，入社的农户超过 1 亿户。虽然我国的农业合作社在不断地发展，但是在农民入社比例和功能方面与德国的农业合作社相比还有较大差距。从我国农业发展来看，我国农业经营主体具有数量多、规模小、分布散的特点，更需要进行有效的组织和整合。分散的农民通过农业合作社能够更好地将社员的各种信息和诉求收集整理后理性地传递给政府，也能够更好地将政府的各种支农政策落实到具体农户，还可以较大程度地降低技术推广成本和提高市场议价能力。

十一、完善农民社会保障体系，提高农民福利水平

德国实施了健全的农民社会保障体系，为农业发展留住了适当的劳动力。在我国，城乡二元结构比较明显，早期的农民没有任何社会保障，由于农业的比较利益低下，农民处于收入低、社会福利水平低的局面。农民是一种身份，是处于社会分层的弱势群体，一旦有机会改变农民身份，农民就不愿意再当农民。直到国家实施了免除农业税和一系列惠农政策后，农民的收入保持了较快增长，同时实施了新型医疗保险制度、养老保险制度、义务教育阶段免除费用和给予伙食补贴等，这些社会福利制度的建立给予了农民很多生活的信心和幸福感。虽然我国农民社会保障体系建设与以前相比已经取得了很大进步，但是与德国相比仍然是水平低、内容少，政府可以根据经济发展水平，逐步完善农民社会福利，使农民尤其是新生代农民也愿意务农，避免农业劳动力短缺。

参考文献

References

陈建民，2008. 土地征用补偿机制研究 [D]. 苏州：苏州大学.

陈武，2006. 欧盟共同农业政策演变与德国农村信贷市场概况 [J]. 农业发展与金融 (1)：46-49.

程列辉，朱建平，2018. 德国、荷兰合作金融体制考察及启示 [J]. 金融纵横 (8)：35-40.

程启芬，2007. 德国有关农业生产、粮食加工及消费概况 [J]. 农产品加工学刊 (1)：70-71.

戴小枫，边全乐，付长亮，2007. 发达国家发展现代农业的若干作法 [J]. 中国农学通报 (4)：472-476.

德拉切娃，1979. 西德农业 [M]. 中译本. 北京：农业出版社.

丁宏术，2017. 德国和巴西农村医疗保险制度及其对中国的启示 [J]. 世界农业 (3)：153-158.

丁声俊，2001. 德国近期农业科研的重点与发展概况 [J]. 世界农业 (8)：10-12.

杜受祜，1998. 合作制与德国现代化农业 [J]. 经济体制改革 (1)：121-124.

方西屏，1994. 联邦德国的土地交易 [J]. 中国土地科学 (1)：38-42.

高启杰，1996. 德国的农业推广 [J]. 农业科技管理 (2)：41-43.

高启杰，齐顾波，1997. 德国的农业规模经营 [J]. 中国农垦经济 (3)：46-48.

关兵，2008. 中国对欧盟农产品出口贸易发展影响因素分析及对策 [J]. 北京工商大学学报 (3)：27-30，35.

国家税务总局海南省税务局课题组，2018. 试析德国增值税对我国的借鉴意义 [J]. 今日海南 (12)：61-62.

国鲁来，1995. 德国合作社制度的主要特点 [J]. 中国农村经济 (6)：56-61.

何迪，2017. 美国、日本、德国农业信息化发展比较与经验借鉴 [J]. 世界农业 (3)：164-170.

何园洲，2019. 德国农村保险制度及启示 [J]. 经济研究导刊 (4)：107-108.

洪涛，2004. 借鉴法、德农产品批发市场 [J]. 中国市场 (5)：34-35.

黄政军，1998. 德国农业职业教育教师特点 [J]. 世界农业 (3)：48-49.

姜中友，2005. 德国一个农民养活 130 人 [J]. 农村工作通讯 (4)：63.

李明辉，2013. 中外农村医疗保险制度比较 [J]. 世界农业 (9)：79 - 84.

李延敏，罗剑朝，2005. 国外农地金融制度的比较及启示 [J]. 财经问题研究 (2)：84 - 88.

梁留科，2002. 中德土地生态利用问题比较研究及其案例分析 [D]. 杭州：浙江大学.

梅隆，2009. 德国农业职业教育印象 [N]. 农民日报，06 - 17.

刘芳，2018. 德国社会长期护理保险制度的运行理念及启示 [J]. 德国研究 (1)：61 -
    76，135.

刘风彪，2004. 借鉴德国"双元制"职业教育模式加速我国职业教育的改革与发展 [D]. 保
    定：河北大学.

刘继芬，2005. 德国对核心农户的扶持政策 [J]. 世界农业 (8)：31 - 33.

刘艺卓，2007. 林产品国际贸易及其影响因素研究 [D]. 北京：中国农业大学.

刘英杰，李雪，2014. 德国农业科技创新政策特点及其启示 [J]. 世界农业 (12)：1 - 3，6.

刘颖，2008. 国外农村合作金融立法主要经验及启示 [J]. 哈尔滨金融高等专科学校学报
    (12)：20 - 22.

刘正坦，2001. 德国的农业职业教育 [J]. 现代农业 (8)：34.

刘知仁，2008. 农村土地流转中的信托机制研究 [M]. 长沙：湖南教育出版社.

吕立才，庄丽娟，2011. 中国农业国际合作的成就、问题及对策 [J]. 科技管理研究，31 (9)：
    37 - 40.

罗必武，1985. 联邦德国的土地管理 [J]. 世界农业 (10)：4 - 6.

梅坚颖，2018. 欧盟共同农业政策（2014—2020）的主要做法及对我国实施"乡村振兴"战略
    的启示 [J]. 西南金融 (11)：64 - 69.

孟凡，1996. 德国的农业教育学校 [J]. 世界农业 (1)：41 - 42.

聂振邦，2003. 世界主要国家粮食概况 [M]. 北京：中国市场出版社.

农发行 2017 赴德国专题培训班课题组，2017. 德国农村金融的现状及启示 [J]. 农业发展与金
    融 (11)：89 - 93.

农业财政政策培训团，1999. 德国的农业和农业财政政策 [J]. 农村财政与财务 (3)：44 - 46.

潘宇，2010. 耕地资源保护法律保护研究 [D]. 北京：中国政法大学.

平欲晓，彭继增，2006. 德国农业贸易促进体系对我国的启示 [J]. 企业经济 (4)：133 - 135.

秦秀红，2008. 世界主要发达国家农村金融的发展经验探讨 [J]. 安徽农业科学，36 (16)：
    6991 - 6992，7021.

裴元伦，1985. 联邦德国的农业合作组织 [J]. 欧洲研究 (6)：18 - 24.

桑助来，2018. 德国社会保险体系的特点及启示 [J]. 中国党政干部论坛 (3)：90 - 93.

宋波，2003. 欧盟共同农业政策的改革及其特点 [J]. 国际经济合作 (5)：20 - 23.

孙春，孙婷，孔祥智，2010. 德国农业合作社发展历程及经验借鉴 [J]. 世界农业 (8)：

54 -58.

孙志亮，杨焕玲，2007. 欧盟国家支持农产品加工业发展的税收政策及启示［J］. 经济纵横
（7）：53 - 55.

田艳丽，王鹏杰，郭斌，2018. 德国农业地租银行发展经验对中国农业发展银行的借鉴［J］.
世界农业（2）：79 - 84，94.

田玉福，2014. 德国土地整理经验及其对我国土地整治发展的启示［J］. 国土资源科技管理，
31（1）：110 - 114.

涂萍，2000. 德国劳动力市场新措施［J］. 劳动保障通讯（9）：42.

庹国柱，王国军，2005. 农业保险［M］. 北京：中国人民大学出版社.

庹国柱，朱俊生，2004. 国外农民社会养老保险制度的发展及其启示［J］. 人口与经济（4）：
60 - 66.

王昊，2007. 部分国家农村养老保险制度的比较与分析［J］. 世界农业（11）：25 - 27.

王建魁，2018. 国外长期护理保障制度实践及对我国的启示［J］. 福建金融（4）：62 - 67.

王俊豪，2005. 德国与英国农业部组织再造之研究［J］. 台湾大学农业推广文汇：89 - 121.

王晓博，2009. 我国农村合作金融组织创新与存款保险制度构建［J］. 金融理论与实践（4）：
62 - 67.

王中军，2007. 国外农产品物流的经验简述［J］. 世界农业（4）：8 - 9.

韦红，2007. 德国农村社会保障政策的特点与启示［J］. 新视野（3）：89 - 91.

魏爱苗，2009. 德国：农业保险成熟品种多服务好［J］. 农村财政与财务（1）：47 - 48.

温馨，2014. 德国农村社会保险制度考察［D］. 济南：山东大学.

夏霖霖，2009. 论德国合作金融对我国农村合作金融的启示［J］. 现代商贸工业（6）：168.

谢安，陈和钧，2001. 德、美、日三国农村信用合作制的比较及对我国的启示［J］. 金融理论
与实践（1）：51 - 53.

徐步青，2007. 德国：各种形式农业合作社为农解忧［J］. 农村·农业·农民（A 版）
（7）：59.

徐嘉辉，郭翔宇，2009. 德国农村社会保障制度及其借鉴［J］. 商业研究（6）：207 - 210.

徐旭初，贾广东，刘继红，2008. 德国农业合作社发展及对我国的几点启示［J］. 农村经营管
理（5）：38 - 42.

徐玉波，刘江，2015. 中德农业合作深入发展研究［J］. 世界农业（4）：13 - 15.

杨国新，2011. 德国的农地产权管理［J］. 农村经营管理（2）：47.

杨莲娜，李先德，2007. 中国农产品对欧盟出口结构分析［J］. 农业经济导刊（8）：56 - 57.

应永胜，2009. 从德国和瑞典的经验谈我国农村医疗保障法律制度的完善［J］. 福建商业高等
专科学校学报（6）：29 - 32.

于小丽，2013. 德国土地产权与土地征收补偿制度介绍［D］. 济南：山东大学.

俞建飞，姜爱良，2018. 探索新增长点："一带一路"背景下中德农业科技合作的现实困境与模式创新 [J]. 科技管理研究，38（22）：31-35.

苑鹏，2016. 德国合作社法新变化及对我国的启示 [J]. 中国农民合作社（10）：21-22.

宰守鹏，2002. 英德芬三国农业财政政策的比较——兼论对我国的启示 [J]. 财会研究（1）：59-60.

张蓓，2016. 国外农产品折扣超市营销因素组合及启示 [J]. 世界农业（4）：29-34.

张清，2009. 美国和欧盟农产品贸易政策的比较分析及启示 [J]. 山东经济战略研究（3）：46-49.

张庆忠，1993. 李宾斯基教授谈德国的农业合作体系和农村金融体系 [J]. 中国农村经济（12）：57-60.

张天佐，张海阳，居立，2017. 新一轮欧盟共同农业政策改革的特点与启示——基于比利时和德国的考察 [J]. 世界农业（1）：18-26.

张笑寒，2007. 美国早期农地金融制度及其经验启示 [J]. 农村经济（4）：126-129.

张新光，2008. 农业资本主义演进的"普鲁士道路"历史终结及其启示 [J]. 中国农业大学学报（4）：57-63.

张燕，李晶晶，张汉江，2008. 德国、瑞典农村社会保障法律制度研究 [J]. 中国乡镇企业会计（2）：18-19.

张亦春，甘少浩，2001. 德、美、日农村合作金融比较 [J]. 发展研究（8）：52-53.

张雨，孙晓明，2004. 发达国家农产品加工业的经验与启示 [J]. 农产品加工（11）：10-11，13.

赵秀斋，2018. 德国长期护理保险制度运行及其启示 [J]. 北京劳动保障职业学院学报（1）：18-23.

钟春艳，张斌，2019. 德国农业农村科研管理及创新政策 [J]. 科学管理研究（12）：171-176.

周茂荣，杜莉，2006. 中国与美国货物贸易互补性的实证研究 [J]. 世界经济研究（9）：45-52.

朱立志，方静，2005. 德国农民的权益保障体系 [J]. 中国农村经济（3）：75-80.

朱行，2008. 德国农业发展近况 [J]. 粮食科技与经济（3）：50-51.

朱秀清，黄凤洪，2004. 中国农产品加工赴欧洲培训结业报告（续二）[J]. 大豆通报（6）：24-27.

邹雪丁，王转，2009. 基于国际经验的农产品流通模式研究 [J]. 物流技术（1）：20-22.

LUDWIG T，ANNABELL F，2007. The role and success factors of livestock trading cooperatives：lessonss from German pork production [J]. International food and agribusiness management reviews，10（3）：90-112.

VOLKER H，JOHN L，ANDREW D K，2000. Reforming the organisation of agricultural extension in Germany：lessons for other counties [J]. Agricultural research& extension network（98）：1-9.